U0115941

筆尖上的成長

名師教你寫作文

卷二

上

黃春 編著

教真正的語文*

劉長銘
北京四中校長

　　我曾多次聽黃春老師講課，感到他對語文教學有不少獨到見解，於是就鼓動他寫些東西。本書的內容既是他自己的教學思想，也反映了北京四中全體語文老師的共同追求和探索：「教真正的語文」。

　　難道還有假的語文？當然有！一位班主任曾對我講過這樣一個故事：高一時他發現一位學生寫作很差，於是就約來談話。「我看你中考作文分很高呀？」「我在考前報了個補習班，是專提作文分的，承諾達不到四十八分（滿分五十）就全額退款。」「真會這麼靈嗎？他們用什麼方法提分？」「老師給了十篇作文讓我們背下來，說是能應付任何作文題。」這樣的偽教育，不僅誤人子弟，而且還毒害著整個社會。而今天，這樣的語文教學還普遍存在著。

　　語言作為表達和交流的工具，它必然會更多地觸及學生的思想和情感，影響學生的人生觀、價值觀以及對生活的態度。我個人認為，母語教學的重要任務是通過發展學生的理解與表達能力來豐富其精神世界。同樣，作為書面表達的寫作，也是要以理解和感悟為前提的，任何人都無法將自己完全不理解完全沒感覺的東西表達得清晰生動。

　　儘管很多老師在教寫作時都強調閱讀的重要，但是，今天的語文教

---

*編按：本文原收入《筆尖上的成長：北京四中黃春老師教你寫作文》。

學在廣泛閱讀的基礎上培養學生的閱讀習慣，豐富學生的內心世界，提高學生的文化修養，形成正確的人生觀、價值觀和積極樂觀的人生態度方面，顯然還不能令人滿意。近幾年來發生的由於厭世和精神扭曲而報復社會的案件越來越多，且行徑之惡劣手段之殘忍令人髮指。青少年中也普遍存在內心空虛、信仰缺失、人格扭曲的現象。其原因之一，就是缺少閱讀，尤其是缺少經典閱讀。主持面試時我問一位中考分數很高的學生「十幾年來讀過什麼書？」他望著我，竟說不出一個書名來。

僅僅是讀書還不夠，還要行路。長期以來，北京四中將「遊學」列為實踐課程的重要部分。曾有人對我說，校園和課堂可以讓學生讀到更多的書，學到更多的知識，何必在路上浪費時間？我知道，在他的眼裡，學生只是一個接受知識的容器而已，他看不到學生還有多方面的身心發展需求。看照片永遠不能替代旅遊，你也不會和一個名字談一場戀愛。所以，如果你不去體會先賢創造知識的場景，不去體會這些知識是在什麼樣的地方、什麼樣的情況、什麼樣的環境、什麼樣的生活中被創造出來的，不去追尋知識的源頭，不去親近並觸摸知識，你就永遠不會感到知識的親切，不會與知識建立起情感，這些知識也永遠不會轉化成你的思想情感。所謂文化修養，往往是在知識與情感相結合的過程中培養起來的。

除了讀書和行路，在黃春老師的寫作教學中還涉及多個主題，如生活、親情、愛情、自然、思想等，這些都是真正的教育應當去高度關注的。真正的寫作是基於生活的表達，與真實的生活緊密聯繫。當然，所謂真實的生活，並非簡單的流水帳，而是一個人在對生活進行細膩的觀察和深刻的思考中感悟出的思想和智慧，感受到的審美和情感，以及培育出的態度和精神。「在苦難中尋求快樂的人，他們才是真正快樂的持

有者。或者說，快樂，這人世間最純粹的情感，與苦難無關。」我給許多人讀這段文字時，聽者無不感動，並讚歎和欣賞這位學生對於苦難的深刻理解。這是學生從語文學習中所獲得的人生智慧和生活態度，這樣的語文教學才能真正教會學生做人，做一個智慧的人，幸福的人。

本書中除了大量的範文和精彩的點評，還有一部分內容是已畢業的學生所寫的寫作心得，是他們在進入到大學有了不同於中學生的生活感受之後對中學寫作教學的反思。這些來自學生內心的意見和呼籲，對我們中學寫作的教與學，必然有非常寶貴的參考價值。

總之，真正的語文教學，絕不是要教給學生得分的技巧，而是要教會學生做一個會思考、懂生活、有情感的「真性情」的人。真正的語文教學是師生共同的情感體驗和靈魂昇華的過程，真正的語文教學要激勵學生不斷追求崇高的精神境界，真正的語文教學要引導學生向真，向善，向美。我想，這也正是本書給予讀者的最誠懇且最重要的觀點。

用黃春老師的話說，好好生活吧！

「作」亦多術*

顧德希

北京四中特級教師長

指導學生作文的辦法很多。比如，拿文本構成要素當抓手，從中心、選材、結構與表達等方面予以指導；拿文本體式當抓手，進行記敘、說明、議論等不同文體的寫作訓練；拿觀察體驗當抓手，就各類事物的觀察體驗一一演練；或者突出思維能力的培養，或者突出語言技能的練習，或者從閱讀寫作的結合上尋求突破，或者把寫作與各類社會實踐活動結合起來等等，加上許多針對性強的具體辦法，林林總總，幾乎數不清。近年，還有從作者與周邊世界、讀者與各類寫作樣式的互動來探尋寫作規律的，頗具前瞻意味。

五十年前，我剛當語文老師的時候，沒這麼多方法，那時對怎樣指導學生作文常感棘手。後來方法日多，上面列舉的這些，多數我都用過，給過我不少幫助，但又很難說哪套辦法完全好用。

也許是悟性不夠，或者是有點敝帚自珍吧。我的經驗告訴我，指導作文最要緊的，是使學生能有許多要說的話，而且寫出來的東西自己還有幾分滿意。能在這樣的過程中給學生以幫助，就是極好的指導。而且，有時教師的指導並不是最重要的，同學之間相互的意見，可能更到位。

---

*編按：本文原收入《筆尖上的成長：北京四中黃春老師教你寫作文》。

基於以上見解，我對黃春老師強調「真性情作文」，非常贊同。

兩千多年前，我們的老祖宗就說「修辭立其誠」（《易經》）。誠，即真誠。強調語言表達必須真誠，是乃立身、立業之本。這句話歷經幾千年，沒聽說誰反對過，非常值得研究。黃老師的「真性情作文」，大概能算是從指導學生作文的操作層面上的一種研究。書中七個章節的劃分，生活、讀書、行路、自然、親情、愛情、思想，無不涉及「真誠」的體驗。有幾分真誠，便有幾分體驗，誠於中則形於外，訴諸言語，便可成為有價值的文章。

「真性情作文」，不否定方法的作用，但更注重從寫作內容上 明學生寫好作文，這是北京四中作文教學的傳統。作文即做人。對於怎樣把真性情的陶冶，貫穿到學生寫作的方方面面，黃老師七個章節的劃分，豐富了過去的傳統，更貼近學生實際。相信學生讀這本書，更容易得到啟發。

本書除「老師講解」、「每篇點評」之外，還附以「部分學生寫作心得」。我認為這不僅僅是錦上添花。同齡人的心得，往往有老師不可替代的作用。人們說北京四中教學品質高，其中固然有教師的功績，但同學之間的激勵、啟迪，尤不容忽視。因而「學生寫作心得」，可能對本書讀者的作用更直接，甚至是雪中送炭。

人們無不認同「真善美」。「真」居首位，無真則無以言善言美，所以「真性情」對寫作至關重要。但「真」並不等同於善和美。我想，這無疑是「真性情作文」的題中之義。因此，把「真性情作文」寫好，少不了要多所借鑒，花費一番心力。本書中的「範文」，未必沒有求善求美的餘地；本書七個章節所涉及的不同方面，即使高明的寫手想要兼善也難。重要的，是這裡提示了許多可參考的思路。

文章寫作與詩歌創作源於一理。下面試集清人徐嘉論詩舊句：

亂石荒苔畫入神，

滌除靈府靜無塵。

真儒循吏文章伯（「伯」，仄聲，指文章出眾者），

白雪青雲絕妙詞。

也許，這有助於我們領會「真性情作文」的底蘊。

2013 年 7 月 20 日

寫出你的「性情」*

黃春

記得曾有某機構做過一項小小的社會調查：你最不能接受的人性缺點是什麼？統計結果中，名列第一的是「虛偽」。人性的缺點有很多：魯迅以為是「愚昧麻木」，巴爾扎克以為是「貪婪自私」，莫泊桑以為是「勢利眼」……而竟由「虛偽」摘了桂冠，這是出乎我所料的。

後來一想，彷彿還真是如此。做老師和未成年的學生打交道久了，更是感受著「虛偽」之大害。有個同學難以教育讓我頭疼，無非就是因為他每次都說「我改」、「我再也不」、「我一定會」，如此這般信誓旦旦地欺騙我；另一個同學惺惺作態讓我很不舒服，無非因為他當面一套背地裡還另有一套；還有一個同學的演講讓我頭疼，也無非就是因為他一到臺上就哇啦哇啦又假又大又空地自我偉大一番（或許是受了成人世界的影響）。

虛偽，實在是這個社會的罪魁禍首。——連高中生的作文都不放過。

我篤信兩件事兒：其一，絕大多數中學生，作文的時候都曾虛偽過；其二，絕大多數的中學生，都已經將這種虛偽由起初的不好意思，漸漸地做成了不知不覺。

---

*編按：本文原收入《筆尖上的成長：北京四中黃春老師教你寫作文》。

比如，某些同學動不動就「感動得熱淚盈眶」，而我明明看見他專心致志地寫著數學作業而對一旁播放的《感動中國》節目視而不見，無動於衷。

再如，某些同學動不動就喊「為中華之崛起」，而我明明知道她是喜歡文學的可還是選報了金融專業，她說「這個專業可以掙大錢」。

寫數學作業，錯了嗎？沒有啊。

掙大錢，丟人了嗎？不至於啊——我做夢都想呢。

那麼，同學們為什麼非要用一些冠冕堂皇的東西來掩蓋自己的真實世界呢？

想起某運動員奪得某項冠軍後說「謝謝我的爸爸媽媽」、「我要給他們買個大房子」，多偉大的人啊！比起那些一邊哭著喊著「感謝黨和人民」、「我的榮譽屬於祖國」，一邊卻忙著辦理移民更改國籍否認出身的人來，高尚一萬倍。

作文的虛偽，和做人的虛偽，有相同之處，也有本質的差別。我同樣篤信絕大多數的中學生，在做人的時候是真誠的，至少不會太虛偽。那麼，我所謂「虛偽」的意思，無非就是：

「你本來好好的，為什麼就不實話實說呢？」

還記得你小時候寫作的故事嗎？大凡一寫到父愛母愛的話題，很多小朋友便言必稱病——大病。似乎不來個高燒四十二度，不來個車禍折了腿，不來個「眼裡布滿了血絲」，不來個「風雪無阻」……就不足以證明那是我的親爸親媽。

為什麼要編造？其實，不過就是因為自己沒發現真實的東西，或者習慣了真實的東西之後反而麻木不仁了。

比如，你父親顧不得大大的將軍肚死命地貓著腰拉著你的小手陪你

學走路，你忘了嗎？你母親說「考得不好也沒關係啦」讓你覺得他們都不管你不要你了，可是你爸媽那幾天晚上都睡不著，兩口子靠在床頭琢磨著要給你請個家教報個補習班什麼的，卻又怕你自尊心太強始終沒敢向你開口，你看見了嗎？

有一回我讓學生以「勤奮」為話題，寫一篇文章。面批的時候我問一個學生的構思過程。他脫口就說：「這個嘛，審題很簡單；還有，立意也沒得選擇……」「為什麼沒得選擇？」我打斷他的話。面對我驚訝的追問，他的反應比我還驚訝：「這還能選擇？我只能說『勤奮』很重要啦。勤奮是成功的基礎，沒有勤奮，何談成功？」

然而，他自己明明是一位根本談不上勤奮但卻極其成功的學生。他從沒上過什麼補習班，他每天放學必玩籃球，他一有空就掏出遊戲機來，他經常不交作業，他上課還時不時打個盹兒；可他考試成績在北京四中名列前茅數一數二（畢業後去了清華大學，現在在麻省理工念博士）。在他的「人生經驗」裡，怎麼會有「勤奮」的概念？可你讀他的文章，有的卻是：古人「頭懸樑錐刺股」、「囊螢映雪」、「鑿壁偷光」的典故，自己「為解一道數學題熬到深夜母親幾次三番地催促也不肯去睡」、「排隊買飯的時候必定要捧著英語單詞狂背一通」的事蹟，「把別人喝咖啡的時間都用在學習上」的名人名言……

你相信嗎？反正我不信——即便我不了解這個學生的真相。

我和他的對話在繼續。他之後的一句話，道出了虛偽的幕後主使：

「你們老師不就是要這樣積極向上的立意的嗎？難道我還敢寫『勤奮不那麼重要』，像我這樣弔兒郎當也照樣可以學得很好？那我豈不是找死？」

這裡我不準備討論他所以為的「積極向上」是誰教授給他的，我只

想說，他不知道，他的那篇虛偽之作，已經死得很慘，何來「找死」只說？

「為什麼不可以呢？」我問。

「你聽說過〈不誠不信不為過〉嗎？你聽說過〈該縮手時就縮手〉嗎？還有〈退一步又何妨〉、〈我只要第二〉、〈我不是英雄〉、〈你上你的大學，我賣我的豬肉〉⋯⋯現實中，太多的事例證明：勤奮者不一定就能成功，成功者也不一定僅靠勤奮。再說了，勤奮是什麼？何謂勤？何謂奮？何謂真勤奮？有沒有假勤奮？有沒有無效勤奮？」

最後我告訴他：「如果我是你，我就寫個三部曲：〈勤而不奮則殆〉，〈奮而不勤則惘〉，〈不勤不奮，怎麼了〉。」

還有一次全班同學以「失去」為話題進行課堂作文。「不能失去」、「珍惜擁有」、「後悔」、「遺憾」、「痛惜」⋯⋯我翻看著一篇篇聖賢般真理似的作文稿紙，只有這一篇讓我眼前一亮：〈我竟然習慣了失去〉。

一天傍晚突然收到小如的短信，她似乎失去了一個很要好的朋友，她似乎不能接受五年的友情就這般散去，化為烏有。而我又是輕描淡寫地說：「我們剛剛經歷過幾個五年？一切隨緣吧。」

我不知道她最後是否已經釋然，然而平靜下來之後我卻不禁自問：「我難道已經理性到了這般地步嗎？」

曾以為祖母是我生活的依靠，她的葬禮上我嗚咽不止難以自己，然而七年後的今天我竟淡然不為所動了。

曾以為 Amy 是我永遠的戀人，但我卻親口說出分手。儘管獨自度過痛不欲生的幾十個日夜，而今卻也處之泰然，心安理得。

曾以為軍子是我可以信賴的兄弟，我們一起瘋過一起哭過，一

起在二環路上與公交飆車，一起在 KFC 裡閒侃吃冰塊。今天呢？誠然，我們並未傷害過彼此，但時間和空間卻已磨損了我們的激情，MSN 上相對無言的場景每個周末都會出現。我索性不再登錄，大概只是為了逃避那份尷尬。

我發現我總是在不斷地失去著。

於是我在 blog 上寫道：「如入火聚，得清涼門。」於是我寫道：「Nothing to have, nothing to lose.」

我不再信任擁有，正如我不信任黑暗中的點點光亮。那或許是一處人家的燈光，但也可能是狼的眼睛。那或許帶給我生存的希望，但也可能是對我生命的吞噬。只不過我已不願去冒險，寧願在黑暗的迷失森林中自生自滅。

我喜歡和杏兒聊天，因為我總是喋喋不休地倒苦水，而她卻總是很耐心地勸慰我。我知道這是一種索取，甚至是一種壓榨。不過當我問她有沒有不高興的時候，她說：「還好吧。」

她總是說：「還好，」然而下一句是，「其實也無從說起，因為你其實並不怎麼了解我。」

我其實是並不怎麼了解她的，一點沒錯。我害怕某一天她終於厭倦了一味地付出，厭倦了我的喋喋不休，然後一走了之。她的夢在巴黎，而我一定要去統治世界的美利堅合眾國看一看。

我們早晚要分離。

但這會是失去嗎？我不敢想，並非懼怕分離，懼怕失去。而是懼怕我的習慣，我不要繼續習慣於失去。

其實，我也是習慣了失去的人呀。學生畢業前的最後一課，我走上

講臺，發現講桌上赫然放著一包紙巾。課代表見我疑惑，跑到我耳邊輕聲提醒我：一會兒您可以用它擦擦眼淚，我們特意給每個老師準備的。

啊？——

哦。——

我確乎是為學生的離去和一段歲月的結束而傷感流淚過的，那都是剛做老師的頭幾年的事兒了。隨著一茬一茬的迎送，我早已習慣了開學迎新——畢業告別——再開學迎新……我不再流眼淚了呀。

直到讀到這篇學生作文，我才想起來，我的屢屢，在學生那裡都是唯一。那天，我努力地當著學生的面，老淚縱橫。

作文，得有這樣引人共鳴打動人心的效果，方為佳作吧！

且究其動人之由，又無非就只是：

說了真話，而已。

說真話，就是要在文章中表達自己的真性情，用文字塑造一個真性情的「真我」形象。只有「真」的形象，才真實，才可信，才親切，才動人，才可愛。且不說我們未成年的中學生，就是大作家，也不能（不會）為了顯得如何如何而就肆意地捏造出個高大的自己來。

你看朱自清的《背影》：

我們過了江，進了車站。我買票，他忙著照看行李。行李太多了，得向腳夫行些小費才可過去。他便又忙著和他們講價錢。我那時真是聰明過分，總覺他說話不大漂亮，非自己插嘴不可，但他終於講定了價錢；就送我上車。他給我揀定了靠車門的一張椅子；我將他給我做的紫毛大衣鋪好座位。他囑我路上小心，夜裡要警醒些，不要受涼。又囑託茶房好好照應我。我心裡暗笑他的迂；他們

只認得錢，托他們只是白托！而且我這樣大年紀的人，難道還不能料理自己麼？唉，我現在想想，那時真是太聰明了！

為人子女，自己長了幾根羽毛，就開始嫌棄父母的囉唆嘮叨、膽小怕事、軟弱無能，覺得他們做的一切都「沒必要」、「無意義」，甚而有了「給我丟人」的怨恨。這些，難道你我沒有嗎？父愛母愛之所以偉大，正是在於這份情感從始至終都不可能被子女完全理解，更別奢談什麼回報。這才是「真兒子」。

再看魯迅的《祝福》：

那是下午，我到鎮的東頭訪過一個朋友，走出來，就在河邊遇見她；而且見她瞪著的眼睛的視線，就知道明明是向我走來的。我這回在魯鎮所見的人們中，改變之大，可以說無過於她的了：五年前的花白的頭髮，即今已經全白，全不像四十上下的人；臉上瘦削不堪，黃中帶黑，而且消盡了先前悲哀的神色，彷彿是木刻似的；只有那眼珠間或一輪，還可以表示她是一個活物。她一手提著竹籃。內中一個破碗，空的；一手拄著一支比她更長的竹竿，下端開了裂：她分明已經純乎是一個乞丐了。

我就站住，預備她來討錢。

「你回來了？」她先這樣問。

「是的。」

「這正好。你是識字的，又是出門人，見識得多。我正要問你一件事——」她那沒有精彩的眼睛忽然發光了。

我萬料不到她卻說出這樣的話來，詫異的站著。

「就是——」她走近兩步，放低了聲音，極秘密似的切切的說，「一個人死了之後，究竟有沒有靈魂的？」

我很悚然，一見她的眼盯著我的，背上也就遭了芒刺一般，比在學校裡遇到不及豫防的臨時考，教師又偏是站在身旁的時候，惶急得多了。對於靈魂的有無，我自己是向來毫不介意的；但在此刻，怎樣回答她好呢？我在極短期的躊躇中，想，這裡的人照例相信鬼，然而她，卻疑惑了，——或者不如說希望：希望其有，又希望其無……人何必增添末路的人的苦惱，一為她起見，不如說有罷。

「也許有罷，——我想。」我於是吞吞吐吐的說。

「那麼，也就有地獄了？」

「啊！地獄？」我很吃驚，只得支吾著，「地獄？——論理，就該也有——然而也未必，……誰來管這等事……」

「那麼，死掉的一家的人，都能見面的？」

「唉唉，見面不見面呢？……」這時我已知道自己也還是完全一個愚人，什麼躊躇，什麼計劃，都擋不住三句問，我即刻膽怯起來了，便想全翻過先前的話來，「那是，……實在，我說不清……其實，究竟有沒有魂靈，我也說不清。」

我乘她不再緊接的問，邁開步便走，匆匆的逃回四叔的家中，心裡很覺得不安逸。自己想，我這答話怕於她有些危險。她大約因為在別人的祝福時候，感到自身的寂寞了，然而會不會含有別的什麼意思的呢？——或者是有了什麼豫感了？倘有別的意思，又因此發生別的事，則我的答話委實該負若干的責任……。但隨後也就自笑，覺得偶而的事，本沒有什麼深意義，而我偏要細細推敲，正無

怪教育家要說是生著神經病；而況明明說過「說不清」，已經推翻了答話的全域，即使發生什麼事，於我也毫無關係了。

　　對弱者懷有同情憐憫之心，又不願意真心相助；對科學之真理抱有篤定的信仰，又心懷善意不願意傷害一顆窮途末路的苦難的心靈；對自己的撒謊敷衍行為心生愧疚，又會很快地找到一個藉口替自己開脫。這才是「真知識分子」。

　　再看蕭紅的《一條鐵路的完成》：

　　「有決心沒有？」
　　「有決心！」
　　「怕死不怕死？」
　　「不怕死。」

　　這還沒有反覆完，我們就退下來了。因為是聽到了槍聲，起初是一兩聲，而後是接連著。大隊已經完全潰亂下來，只一秒鐘，我們旁邊那陰溝裡，好像豬似的浮游著一些人。女同學被擁擠進去的最多，男同學在往岸上提著她們，被提的她們滿身帶著泡沫和氣味，她們那發瘋的樣子很可笑，用那掛著白沫和糟粕的戴著手套的手搔著頭髮，還有的像已經癲癇的人似的，她在人群中不停地跑著：那被她擦過的人們，他們的衣服上就印著各種不同的花印。

　　大隊又重新收拾起來，又發著號令，可是槍聲又響了，對於槍聲，人們像是看到了火花似的那麼熱烈。至於「打倒日本帝國主義」，「反對日本完成吉敦路」這事情的本身已經被人們忘記了，唯一所要打倒的就是濱江縣政府。到後來連縣政府也忘記了，只「打

倒員警；打倒員警……」這一場鬥爭到後來我覺得比一開頭還有趣味。在那時，「日本帝國主義」，我相信我絕對沒有見過，但是員警我是見過的，於是我就嚷著：

　　「打倒員警，打倒員警！」

　　孔慶東教授在《文章千古事》中高度評價說：「真情的文章，即使有些囉嗦，也仍是好看……蕭紅敢於直面自己的記憶。……真實的畫面組織好了，其意義也自然就噴薄出來了。」的確，一心血來潮，就衝動；一衝動，就自以為無畏。這才是「真青年」呀。

　　真性情，從哪裡來？

　　哪裡有真實的世界，哪裡就可以有且應該有真實的性情，從而，就能夠有真性情的好文章。

　　比如，真性情可以從生活裡來。

　　我這裡所說的「生活」，是一個狹義概念，就是指每個人每天的日常生活：吃喝拉撒睡，學習、工作；廢寢忘食也好，茶餘飯後也好，總之，就是活著的你所要做的那些瑣碎而鮮活的事情。

　　比如，真性情可以從讀書裡來。

　　個人的生活再廣義，也終歸是有限的。要使得生活更長更寬更深厚，少不了讀書。我所謂「讀書」，自然是廣義的概念了。讀教科書，讀課外書；讀名著，讀雜誌；欣賞一部電影，觀看一場話劇，聆聽一個故事，都是讀書。凡從他人處獲取人生之經驗，皆為讀書。

　　比如，真性情可以從行路裡來。

　　除讀書外，最能拓展個體生命體驗的方式，無非就是行路了。所謂「讀萬卷書，行萬里路」嘛。長途旅行也好，附近走走也罷；異國他鄉

也好，上學路上也罷。只要邁開雙腿，就能打開心扉。你的世界，便會因為更闊大而更豐富，便會因為更實在而更真實。

比如，真性情可以從親情裡來。

沒有什麼比親情更真實的了。那些來自父輩和祖輩的關愛，給我們構建了一個最最真實的世界。這個世界，可以抵擋外來的任何衝擊。

比如，真性情可以從愛情裡來。

愛情是人文的永恆話題，更是文學的永恆題材。中學生當然有愛，中學生當然懂愛，中學生也應當去愛。愛之初體驗，是人生最美妙的經驗之一。懵懂而熱烈，簡單而微妙，帶著傷痕的美麗和印著眷戀的記憶，都是屬於愛情主角的真實性情。

比如，真性情可以從自然裡來。

自然之大，無所不有。天地山川，花草蟲魚，陰晴圓缺，是自然的現象，更是生命的教科書。

比如，真性情可以從思想裡來。

我們有一個會思考的大腦，於是我們都是有思想的人。那些來自「我的大腦」的「我的思想」，未必有他人之說那般深刻透徹，但卻因其只屬於我，而最真實、最清晰、最可貴。

以上七條，也就是本書的主要內容和主要企圖。我期冀著在中學生的作文裡，有更多的真性情；我期冀著中學生的真性情，能有更多的來源和管道。

我的一位同事要去參加高考閱卷。我問：「你怎麼評判作文的優劣？」

他說：「誰說真話，我就給誰高分。」

我不知道這樣的標準是不是切實可行，但我打心底裡給予支持。

當然，說真話，不容易的。

你讀一讀這個：

　　她是我初中三年的英語教師，把一個只會說「What＇s your name」的孩子，教成一個個中考英語一百分開外的人才。她的敬業人盡皆知，具體地說包括早上點人提早到校補習，上課早到和拖堂，搶佔各種自習和放學留人。有一次我在她的辦公室排隊等她講題，才得以近距離地看她：一頭濃密的頭髮，烏黑光亮還帶著微卷，但已經夾雜幾根白髮，頭頂上還有星星點點的頭屑，她的皮膚暗黃，斑紋和兩個大眼袋顯著她的操勞疲憊。而往日我心中的她，更多的是她洪亮有力的講課聲，和無數用法、搭配、句型。踐行尊嚴，必有光輝的外表嗎？不！責任與奉獻，才是真正在踐行人的尊嚴。

　　我太相信這位學生所描寫的他的英語老師必定是真有其人的了，他真正地說了「真話」，寫了「真人」。因為這樣的老師，在中國各地，有千千萬萬，如假包換。然而，且不說文段末尾將老師的敬業和所謂人的尊嚴的聯繫又多麼的生硬和牽強，單說他在字裡行間表露出來的對該老師的情感態度，就出了大問題，大大的問題：一個違反著教學紀律違背著教師道德滿頭頭屑的女老師，她憑藉哪一點得以為人師表呢？

　　再讀另一段：

　　學校組織了班級籃球聯賽。在場上，我們互不相讓，的確鬧出了不少摩擦，但回到場下，我們還是好朋友。如此有尊嚴、有道德

的比賽，在鍛鍊我們身體的同時，也提升了我們的修養。

什麼叫「摩擦」？大者如中日釣魚島之爭，小者如公車上的口角。球場上的摩擦呢？我們經常能在國足比賽中見到、聽到。而在一場中學校園操場上舉行的班級籃球友誼比賽呢？我同樣相信作者所描寫的賽場情形是真實的，然而，作者竟以為是因有此「不少摩擦」方才彰顯了尊嚴與道德，以為人的修養竟要靠「不少摩擦」來提升，這就怪了。不知道的讀者一定會想：這是怎樣的學校啊！

再讀一段：

母親堅決不去世博會，她說：「這樣的參觀，簡直忽略了人的尊嚴。為了參觀一個場館而要排幾個小時的長隊，不能吃飯，不能走動，只能看著前方的人群，腳下慢慢地往前蹭。身體都不再自由，哪裡還有尊嚴？」

排隊沒有尊嚴，難道有人安排你加塞兒走後門，就叫尊嚴了？這位「母親」，可以因不樂意排隊而不去看世博（跟我一樣），這是她的自由和權利，但她將排隊與尊嚴對立起來，就太欠價值觀了。作者還以此作為正面例子來替自己闡述所謂尊嚴，就實在是「真」得可悲可歎了。

緣何如此？這些似乎也來自生活的「真實」，緣何進到作文中後卻成了荒唐的滑稽？稍加琢磨，你就會明曉個中緣由：這些作者，對於真實的生活，並未進行合乎情理的思考和判斷。於是，這些「性情」，就偏離了「真善美」的方向。

看來，上文所說及本書所分的七條「生活、讀書、行路、親情、愛

情、自然、思想」，其實它們是不可分割的，是相互關聯的，是相輔相成的。一個不讀書的人，他只會跟著導遊的小旗子上車下車照相；一個心中無愛的人，他眼裡的江上清風山間明月也絕無詩意可言；那些缺乏了生活氣息的所謂親情，也不過只是同一本戶籍同一個屋簷而已。

因此，無論是哪一灣源頭活水，都先得是「我的」，才好。

Contents 目錄

CHAPTER 01

生活篇

CHAPTER 02

讀書篇

CHAPTER

03

行路篇

CHAPTER

04

自然篇

CHAPTER 05

親情篇

CHAPTER

06

愛情篇

CHAPTER **01**

生活篇

語文地生活著

黃春

　　我們無須給寫作下一個多麼科學的定義，你想，只要你認同「寫作是人表達情理的方式之一」，那麼，你就會理解並接受「寫作、唱歌、跳舞、繪畫……和喜怒哀樂哭笑訴鬧一樣平常」的道理。不是嗎？歌者以其歌喉，舞者以其手足，畫者以其墨彩，文者以其紙筆，而已。文字，不過是記錄思維與情感活動的符號罷了。你會笑會哭會思考，你便自會寫作。

　　如果你認同我的說法「寫作是本能」，那麼，我們的寫作就應該回歸到「生活」中去，回到自己最本真的心靈裡去。

　　寫作的時候──無論是平日裡的隨筆，還是考場上的應試──同學們應該想一想：

　　我文章中所寫的或打算寫的情感是我由衷的發自肺腑的情感嗎？

　　我所要表達的觀點是我心底裡強烈認同的觀點嗎？

　　我文章中所提及的內容都是我熟悉的內容嗎？

　　那些我所書寫的事情都是我體驗過的事情嗎？

　　──也就是說，文中「作者的生活」，是「我的生活」嗎？

　　據我的經驗，絕大多數同學對於以上問題的回答，幾乎是否定的（程度不同而已）。有一段時間在北京四中網校給全國的高中生講寫作，

不斷收到學員寄來的習作，希望得到我的指導意見。其中有這麼兩篇：

（一）做國家的主人

作為一名志向遠大的青年學子，應該關心祖國的興衰和發展，做未來的主人。

唐代詩人杜甫創作膾炙人口的詩篇無數，大部分體現出了他憂國憂民的情懷。「安得廣廈千萬間，大庇天下寒士俱歡顏。」雖然身處漏雨的茅草屋中，杜甫仍然沒有忘記那些像他一樣處境窘迫的人們，希望他們也可以過上舒適的生活。「國家興亡，匹夫有責。」作為祖國的花朵，國家的棟樑之材，我們怎能拒絕擔起使國家更加繁榮昌盛的擔子？偉大的詩人屈原，出淤泥而不染，濯清漣而不妖。不管遭遇怎樣的不幸，不論面對多大的困難，那顆愛國之心從未屈服過。面對貧困的百姓，他發出「長歎息以掩涕兮，哀民生之多艱」的感慨。

作為一名青年學子，雖然做不到「先天下之憂而憂，後天下之樂而樂」，但是我們可以做到「家事國事天下事事事關心」，為國家的發展盡一份微薄之力。

少年時代的毛澤東對時事政治非常感興趣，對每一本書都愛不釋手。一群志同道合的朋友一起商討國家大事，關心祖國的命運如何。「恰同學少年，風華正茂。」一支鬆散的隊伍竟會成為日後最強大的隊伍。

「少年強則國強」，我們是祖國的希望，我們是祖國的未來，國家的發展和建設需要我們。

每一個人都應該有鴻鵠之志。鼠目寸光，我們的道路不會走得很遠。作為國家需要的人才，我們應該全面武裝自己，先博後淵。這需要我們不斷地學習，不斷地積累，這樣才能提高我們的高度，增加我們的厚度。不一定從書本上學來的就是知識，我們生活在社會這個大學校

裡，會學到很多書本中學不到的東西。它教會我們待人處事、道德修身、公民意識、是非善惡……這所學校的每一個人都可能是我們的老師，這需要我們善於觀察生活，體驗生活。學習的東西有很多，範圍也很廣，這樣就需要我們更加勤奮、努力，做一個成功的人，成為對社會有價值的人。

人人都是國家的主人，為了國家的不斷強大，我們應該更加努力地去實現我們遠大的志向。

（二）成長的季節

2008.8.7　晴

葉子在秋天成熟而優雅地飄落，但它存在的價值和美感卻體現在春夏秋冬的整個生命迴圈之中。　　　　　　　　　　　　　——某某

QQ 上他的頭像閃個不停，對話方塊裡是他的問候：「繁忙的學習中別忘了注意身體，努力一把，考上理想大學。」我微笑地接受，然後下線，回想起兩年前發生的事，原來只是成長的一個過程，美好得就如秋日午後一個人漫步在楓葉林裡的心情，不含一絲雜質。

2006.3.2　陰有陣雨

沉默的背後溢滿了自以為是的驕傲，原來這些是魔鬼的笑聲，拉我一步步墜入深淵。　　　　　　　　　　　　　　　　　——作者

可能因為我習慣了班級領頭的位置，所以當一次模擬考被甩到第十名時，那份挫折感像一個遮天蓋地的大網，網住了我一直以來的自信，我開始懷疑自己，表面的寡言其實隱藏了太大的壓抑，我是那麼迫切地渴望能得到人理解並支持。

2006.3.5　陰轉晴

晚上八點，我像往常一樣登錄網校，查看自己發在互幫互助裡的幾

道物理題。因為很難，所以一連幾天都沒有人回答，可今天當我查看時，瞳孔迅速變大，嘴巴也張成「O」字，「MY GOD，我不是在做夢吧？」我自言自語道。捏一下大腿，確認自己不是在夢中，我神速地翻出標準答案，竟然完全正確，而且他的過程十分詳盡。我不由對那個網名留下深刻印象，今晚夜空，星星很多，一眨一眨，似在歌唱，似在談心，似在開心地笑以至眼睛都瞇成一條線。

2006.3.10　太陽暖暖

今天上網校時收到一個郵件，來信者正是幫我解答物理題的那個人。「打擾一下，請問可以問幾道英語題嗎？」禮貌的詢問讓人不由生出幾分好感。我欣然回覆，感覺他是一個溫和的男生。

2006.4.10　涼爽舒適

你在我心裡是一個符號，一個印證，是一片陽光下被鍍上金邊的風景抑或是幽密森林中一條涓涓細流。——某某隨著問問題的增多，兩人漸漸熟悉起來，他有時會發一些笑話，常常使我捧腹大笑，那時天真的很藍，白雲自在地飄來飄去，讓人遐想萬千。幻想能有一架天梯直插雲端，我可以順沿而上，抓一把像棉花糖一樣的雲朵，細細品味。

幻想自己在田野中一處無人的小溪邊漫步，掬一把清泉，採一束花朵，哼自己喜歡的歌，這一切只為了點綴自己的心情。幻想自己閉上眼睛站在大海邊，聽浪花的聲音，聞海風的味道……

然而，幻想只是幻想，現實是殘酷的，我們身在初三，面臨的是中考，肩上的責任命令我們必須快馬加鞭，必須沉浸在題海中，必須經歷許多無奈……

2006.4.20尤快下雨了

從別後，憶相逢，幾回魂夢與君同。——晏幾道已經十天強迫自己不上網了，可說不出口的煩躁使我難以靜心，雖然我不斷告誡自己中考前不能上網，可內心猶如有一萬隻螞蟻在熱鍋上掙扎，那愁緒恰似「一

川煙草，滿城風絮，梅子黃時雨」。

2006.5.1　安靜的夜

內心的平靜，是因為明白他也在為理想拼搏，於是有了動力，在一片大海中有了指明的航標。　　　　　　　　　　　　　　　　──作者

每天從凌晨開始背書一直學到夜裡萬家燈火熄滅時，雖然很辛苦，但內心卻充實，因為我知道我們都在努力……

2006.7.2　有點難受

一些事情只有經歷過，才能體會到其中的美好，可原來我前進的動力都是你間接賜予的，你是製造快樂的魔法師，魔棒一揮，我的世界就充滿了歡聲笑語。　　　　　　　　　　　　　　　　　　　──作者

中考來了，中考又走了，我終於可以登上那有些生疏的網站，收件箱裡只有一封來自他的郵件靜靜地躺著，猶如美麗的蘑菇，讓我害怕又期待。我顫抖著打開，「好久不聯繫了，中考終於結束了，不知你考得怎麼樣？其實我們都知道有一段時間我們很墮落，但那種感覺是如此純淨，只是我們還小，沒有能力去承擔，高中好好學習，三年後考場見。」

眼眶開始濕潤，一滴滾燙的液體順臉頰緩緩流入口中，忽覺有點苦。

2008.8.7　成長的季節

感謝你在成長的季節裡曾一點一滴充實我的心靈，填補我的空缺，給我帶來無盡的快樂，這一切我無法忘，更不想忘，時光易逝，讓我們為前途負責，路很苦，但我知道我們會相互支持，共同努力。──作者

時針靜靜地走過十一點，我抬頭仰望夜空，星光璀璨，心靜如水。

讀完這兩篇文章，不知道你會作何感想與評價。

我以為，習作（一）儘管「字字鏗鏘」、「句句真理」、「段段豪邁」，然而終歸給人「陌生感」、「距離感」，讓人敬而遠之。反之，習作（二）

儘管「小情小調」、「瑣瑣碎碎」乃至有點兒「哼哼唧唧」，但卻給人「熟悉感」、「親切感」，讓人心有戚戚。每個學生勤奮學習，並不一定都要將「為了祖國的明天」的崇高目標壓在心頭，寫在臉上，掛在嘴邊；我們刻苦，努力，上進，或許就是為了那一點點屬於自己的自尊心、好強心，甚至就是為了得到身邊某些（個）我們在意的人能為自己投來欣賞、贊許乃至崇拜的目光。你能說這些簡簡單單的動力，就不夠積極向上不夠偉大崇高嗎？

而我們似乎都早已習慣於「高喊口號」。

就在昨天，我給一個班的學生講寫作。我問：「有誰曾經在文章裡有意無意地抬高了自己的道德水準？」果不出我所料，在座的學生全體「認罪」。殊不知，沒有什麼寫作的技法，能夠操縱它的文字去掩藏作者的假情假意。任何謊言，都會暴露在字裡行間，並且，欲蓋彌彰。如果生怕自己的道德不夠高尚，倒不如面對稿紙的時候「實話實說」，然後回到生活裡好好去「修身養性」。沒有人生來高尚，高尚之人都曾從卑微走來。

這，就是生活。

其實，誰都知道「文學需源於生活」。只是，很多人並不知道何為「生活」。

吃飯，是生活嗎？可以是，也可以不是。你讀梁實秋的《雅舍談吃》，什麼火腿燒鴨獅子頭、薄餅湯包佛跳牆，文化得很，文學得很；自然，也就生活得很。倘若你只是為了填個肚子或是燒包顯擺，那就是吃著燕翅鮑魚，也不過就是圖個「生存」而已。

學習，是生活嗎？可以是，也可以不是。如果你享受了學習的樂趣，如果你體驗了學習的艱苦，如果你感悟了學習的意義……那麼，你的學習，便已然不同於那些只為考試只為升學或只為裝點門面的人了。因為，你是在「生活」。

同樣，逛個商場串個門，打個籃球唱個歌，看個新聞聊個天⋯⋯也都如此。「生活」的內涵，不在於其內容和形式，而在於你是否自覺，是否用心；是否超越了功利，是否動了情養了性。

換句話說，生活，就是那些屬於你自己親身經歷過的事情，屬於你自己用心體驗過的感受和體會，屬於你自己心靈深處的思想與情感。

很多學生都向我提過這樣的疑惑：「我每天兩點一線，哪來的生活？」

抱怨生活單調的人，一定是將「生活」單調地理解成了「每天二十四小時所做的事情的總和」。他不知道，「生活」更是一種行為，是一種過程；更是一種經歷，一種經驗。「生活」不是一個「量」的概念，相同的生活之於不同的人，其境界和意義是不同的。

「生活」，是有長度的，有寬度的，有厚度的。「生活」，更是有質地的，有色彩的，有溫度的，有重量的，有味道的。

人對「生活」的理解有三個境界：按照一定的作息時間表，按照實際的需要發生相應的行為的人，是「現實的人」。如果能在「日常行為」中融入自己的心情與情緒，產生相應的情感體驗，那麼他就是一個「性情中人」；此外，如果還能擁有自己的體驗與感悟，培養出一定的理智的人，那麼他就是一個「理性的人」。一個人擁有了「理智的性情」或「性情的理智」，那便是一個「詩意的人」了。

如果你正在被許許多多的作業學業擠壓著，那也請你努力地留一點時間去生活，留一份心意給生活，留一份詩情看待生活。

希望你的生活，充滿詩意。

你看，我有一個學生，那是一個很普通很普通的女生，她寫了一篇《魚香茄子》：

魚香茄子剛出鍋，整個屋子已彌漫了足足的鮮辣味。吃之前一定不能忘了用眼睛和鼻子對菜肴進行一番美美的欣賞。小長條的茄塊金燦

燦、油亮亮，還薄薄地披著一層豔紅的辣椒醬，再零星地點綴著幾片碧綠的青椒，三五朵黑木耳，如同綠葉襯著的紅花落於點點怪石之上。光瞅著就那麼賞心悅目。而後，深深地吸上一口這浸著鮮辣味的濃香，真有一種置身於萬紫千紅的感覺。

夾一小口含在嘴裡，不用嚼，也別急著下嚥，等茄塊在口中慢慢溶化。起初是脆皮上的濃辣味佔據了整個味覺。辣味淡去了，舌尖又觸到了足足的酸味，而後是蜜蜜的甜浸滿舌根。最後於不經意間，茄塊不見了。唇邊留下的，就又是那久久不能散去的鮮辣。

哈，滿足地咂咂嘴巴，長歎一聲：「味道好極了——」我喜歡吃以辣馳名的川菜，尤愛這道魚香茄子。辣是一種觸電的感覺，是一種冒險的精神，更是一種倔強的性格。然而，它的如此惹人喜愛，絕不僅僅是因為它的形貌熠麗，而更因為它是一道素菜。「素」便是樸素和淡雅。魚香茄子的真正的味道也正源於此。「鮮、香、辣」是魚香茄子的味道，也是辣妹子的風格。我喜歡辣妹，因此，我便甘願沉溺於此。

每個人都有幾樣自己非常嗜好的菜肴，可你真的像她這樣用心用情地咀嚼過嗎？你養過小狗吧？至少見過嘍？當你借「養狗狗」的事情，來大書特書「愛護動物」的高尚主題時，作家畢淑敏卻想到了另一個高尚得多得多的主題：每一隻小狗都有一個目標。她寫道：

他們養一隻小狗。小狗抱回來以後，他們就請朋友幫忙訓練這隻小狗。在第一次訓練前，女馴狗師問：「小狗的目標是什麼？」夫妻倆面面相覷，很是意外，嘟囔著說：「一隻小狗的目標？當然就是當一隻狗了。」他們實在想不出狗還有什麼另外的目標。女馴狗師極為嚴肅地搖了搖頭說：「每隻小狗都得有一個目標。」夫婦倆商量之後，為小狗確立了一個目標：白天和孩子一道玩，夜裡看家。後來小狗被成功地訓練成了孩子的好朋友和家的守護神。這夫婦就是美國的前任副總統阿爾·戈兒和他的妻子迪帕。他們牢牢地記住了這句話——做一隻狗要有目標，

更何況是做一個人。

　　如果你生活在農村，你身邊一定有許許多多外出打工的人；如果你生活在城市，你身邊一定有許許多多靠在垃圾裡淘寶而活著的人。你也許關注過他們，你甚至還書寫過他們，你也許沒說過他們「素質低」，但你一定說過他們「苦難」、「勤勞」、「樸實」、「憨厚」；然而，你想過屬於他們的快樂嗎？我的一個學生，就這樣想過：

　　我記得在北京，那些民工返鄉前徹夜的歡歌；我也記得，把家裡廢棄的電腦送給街角賣菜的女人時，她那兩個女兒臉上煥發的神采；我更記得，在香山山頂上，那位養了三條流浪狗的拾垃圾的老人，當日頭漸漸向山後墜下去時，老人一手提一個裝垃圾的黑口袋，悠哉地向深山裡去了。一聲口哨，三隻狗圍著主人的腿撒歡兒乞食。老頭從垃圾袋裡挑出半截火腿腸餵給最小的狗，姿勢都充滿了愛憐。

　　「在逆境中微笑者，較之在順境中狂笑者，更是難為。」在苦難中尋求快樂的人，他們才是真正快樂的持有者。

　　或者說，快樂，這人世間最純粹的情感，與苦難無關。

　　當所有人都在歌頌這些人如何如何在苦難中堅忍不屈的時候，我的這位學生說：「快樂，與苦難無關。」

　　所以，用心地生活吧！生活，埋藏著無盡的文學寶藏。我常常用一句話寄語我的學生：「語文地生活著。」何謂「語文地生活」？無非就是「用親身去經歷，用閱讀去拓展，用情感去體驗，用思想去提升，用語言去表達」。不要去「素材寶典」中搬用別人的事例，不要自閉在一個小小的自己的圈子裡，不要讓自己在冷眼旁觀中變成生活的麻木者，不要人云亦云淪為膚淺的憤青，不要拒絕拿起筆來記錄一下自己的情感和想法。你的生活，便語文了。

　　從此，你的生活，就成了寫作的素材。因為你「咀嚼」著生活，你「反芻」著生活，所以，你「吃的是草，擠的是奶」。

如何書寫生活？套用一句真理：「源於生活，又高於生活。」

說得似乎很玄奧，不過，若要按我的理解，其實很簡單：如果僅僅「源於生活」，那麼你的書寫就會墮落成「記錄」；如果想能「高於生活」，而你只要努力去「講述」，就可以了。「記錄」在於真實客觀，在於全面，在於邏輯，其對象依舊是事件本身；而「講述」呢，它的對象在於「情理」，在於「趣味」，它有旨向，有重點，有細節，有情感態度價值觀，有屬於作者需要的加工和虛構。

你看兩個四中同學的習作片段：

〈支撐〉（北京四中高二　崔凡）

很小的時候，盛行著一種遊戲：小孩子把手放在父母手心裡，雙手一撐，雙腳騰空。我很喜歡這種感覺。每每都央求爸爸，有時是爺爺，攤開他們粗糙的大手，助我一臂之力。雙手一撐，雙腳騰空。每每這一瞬間，我都真切地感到支撐著我的大手迅速收緊，抓住我的小手。儘管那雙大手在支撐中不住地顫抖，但是他們穩穩地托住了我童年的歡樂。

後來，我長大了，也長高了，再也不能撐在他們的掌心裡飛翔。我學會了玩雙槓。也是的，雙手一撐，雙腳騰空。然而，騰空的感覺不再是飛翔的快樂，而變為了恐懼的顫抖。手心裡抓住的不再是溫暖的關愛，而是冷冰冰的金屬槓。手掌在不知是溫度還是壓力的作用下變得麻木，讓我失去平衡。

我一直不明白，那夯在水泥地中的雙槓為什麼讓我有如此不安全的感覺，而親人的雙手在微顫中卻能給我踏實的溫暖。現在才想到，其實支撐的源泉便是愛。兒時的我依賴那雙大手中愛的力量；長大的我懼怕雙槓的冷漠。

〈捨得〉（北京四中高三　吳昕悅）

朋友打遊戲的時候，總先將秘笈攻略下載好，然後地毯式地將迷宮

所有岔徑上的寶物都拿到，落了一個便耿耿於懷。而人生的路，也許總有些岔口會錯過，總有些人會擦肩之後離開。時光流轉得太快而生命又太過美好以至於怎樣度過都是在浪擲，如此，便坦然前行。至少人生不是遊戲，否則當我們對照著人生完全攻略發現那些錯過的人和機遇時將會多麼痛苦。也許我們對生活的滿足感也源於這樣的「不知」：不知覺的「捨」無人知曉，而盈盈在握的「得」卻是就在身邊的。

你沒有被父親舉過頭頂的經歷？你沒玩過雙槓？你沒打過電子遊戲？

你都有過，可你沒有想過。因為你的生活只是過了你的眼，過了你的手，而沒有過你的心。

實際上，每個人的生活都不是蒼白的，但是，生活的顏色只能被有心的人看到。寫文章，就是寫生活，自己的生活。

生活給寫作提供了無盡的源泉，生活也因經常被書寫而愈發精彩。

好好生活，好好寫作。

寫作與生活
——我是怎樣作文的

李曼禕

北京四中二〇一二屆，現就讀於北京外國語大學。
到了大學，由於專業的緣故我總會思考如何學好一門語言。
聽，是語言學習的基礎；說，是鍛鍊思維的過程；讀，是探求文化或知識的最好途徑；
而寫，則是尋找語言精髓與反思自我的必要實踐。
對我而言，正是這寫的過程引起了我靈魂深處最強烈的震顫。

　　當黃老師讓我寫一篇關於「寫作的素材從哪裡來」的文章時，我忽然覺得很心虛。大學裡要寫的東西不少，但都用英文，我一開始還不適應大學論文式寫作的嚴謹，大概是因為「中國人講道理，西方人講邏輯」吧。注重邏輯與嚴謹久了，思想似乎找到了另一個出口，但一想到自己高中時候的寫作狀態，還是覺得很享受很喜歡。給別人指導恐怕我還是差太遠，就當分享高中時候寫東西的狀態、思路以及一些想法吧！

　　寫作總要先從讀書談起。那時候讀社科類書籍太少，沒有做筆記思考知識的習慣，大多是文學書籍，從大仲馬到夏目漱石，從喬伊絲到王朔，讀得很雜也很用心。在讀的時候我總會在心中默默搭建起他們的文字所創造的世界，同時建造起那文字的世界與我的真實的世界之間的橋樑。我欣賞作者創作出的意境與勾勒出的心情，反覆咀嚼那些簡單而富有力量的句子，同時想作者是怎麼寫出這些的。我知道，我所讀到的故事永遠不會發生在我的世界裡，但是它會在你有了類似的心境時與你產生共鳴，並且給予你描寫自己生活的熱望與幫助。所以，寫讀書筆記的時候，我常常寫得很感性，因為當時我覺得書籍中那些神秘的或者陌生的思想總會挑撥每個人心中沉默的琴弦，讓它奏出每個人心中不同的樂章，低沉的，深刻

的，爛漫的，瑣碎的，進而與他人引起共鳴。

比如，我高一的時候就特喜歡讀《少年維特的煩惱》，當時一個晚上我的內心就被維特的形象攪動得不能入睡，思前想後總覺得有些共鳴，於是在筆記本上寫了幾段詩（姑且稱之為詩吧），掐頭去尾地選中間的一小段：

你的歡樂是如此高貴，

為季季更替的花朵，為清晨美好的朝陽；

為思念繪製的遠影，為朝思暮想的姑娘。

你的悲傷令人心碎，

為同行者的不幸，為在路上的迷茫；

為詩所影射的悲劇，為愛所拖累的思考。

你的睿智喚不醒庸人麻木的頭腦，

卻有頭頂的星空映照你的鋒芒！

你的憤怒得不到他人積極的迴響，

卻有林鳥的靜默，群山的傾倒！

我現在看高一的時候寫的很多東西，有些已經令我發笑了，但是，我很喜歡當時的狀態，在寫的時候不斷地回想，不斷地反思自己的生活。或許這些句子不是我的生活，但這是我在生活中所思考的，而生活比我想像中更能賜予我靈感與想法，不然我無法憑空捏出任何的詩或者文章。所以在閱讀的時候不要讀得太快，比如，想想維特的理想中有沒有你的理想。其實那些小詩裡面也藏著自己的很多理想與遐想，平時沒事幹的時候總願意想想，但都是些零碎的句子和想法，等到寫的時候就會忽然蹦到我的腦子中，串成完整的想法與文章。

又比如，當時我讀陳子昂的〈春夜別友人〉，立馬想到了剛剛告別的初中同學，可越是反覆閱讀卻又產生了疑問，那就是我們現在明明很容易就相互聯繫啊，我們在一個城市，有郵件、短信、視

頻和電話，我們怎麼能體會當時陳子昂那隔山隔水的哀愁呢？或許很多人在閱讀筆記中抒發的都是陳子昂的惆悵，但我覺得越是經典永恆的詩歌越有超越時代的價值。他把那時的惆悵確實寫得生動，可那時的惆悵在我們當代條件改變後又有什麼意義呢？思考再三，我寫了下面這段：

我的生活並不充斥著思念。平日的忙碌，使我擱置了過去的回憶與歡樂。我無暇去想時間的飛逝令我失去了什麼。聽過一寸相思一寸灰，那雖是情詩，可那思念所引發的無奈卻是相同的。不敢思念，因為我曾隱約地覺著，思念之於我渴望的一切都於事無補，可它卻又頻頻引我去想，越想越感到失落悲涼。而現在，當我與這失落悲涼撞個滿懷，我才恍然體味到，為什麼魯迅遲遲不給藤野先生寫一封信，為什麼王維會感慨西出陽關無故人。原來，古時的人與現在的人感情都是一樣的。今日有今日的發達，可今日的發達卻依舊不能解決人千年來都無法化解的思念與惆悵。

我當時寫這些，是因為我在讀〈藤野先生〉時，對魯迅最終也沒有給藤野先生寫一封信的描述頗有感觸，因為我也有那種想念老朋友想聯繫卻又不知道從何說起的複雜的感受，而王維就不能交新朋友了嗎？當然可以，但是那時與故人相交的美好歲月是不可替代也是無法再來的，想來令人傷感而懷念。當這些想法放在一起，我便能感受到這些偉大的文人在古今時空中的感情與文字的呼應，而我在寫讀後感時也因能想到這些平時所想的而使自己的文章與思考立體一些，豐富一些。

只有在閱讀中讀出你的處境和生活，你才可能在寫的時候想起它們。在寫讀後感時我習慣去聯想自己的生活或者當下的社會，因為我覺得挖掘經典文字對當下的啟示是非常有意義的，而當我根據一個題目寫文章時，可能是才疏學淺的緣故，我不擅長援引歷史材料，我還是喜歡從自己的回憶與生活中找材料，然後在不斷地書寫

和思索中發現，若是認真感受，你自己的生活就能給你啟示與思考。或許由於是在提取壓榨自己的回憶，我發現那些描寫自己生活的文字往往真誠而動人，具有原始的吸引力，而那些腳踏實地的思考，可能樸素，但卻最令人感動。

從生活中找素材，不一定是要忠實地記錄一件完整的事情，有時候一個瞬間、一種心情，都可以靈活地通過材料表達出來。生活本身發生的事情並不重要，重要的是事情背後你所感受的一切。用心去感受的話什麼都是可以寫的，比如給朋友寫信的時候內心的安靜與思緒的悠遠可以寫，冬日清晨帶著一絲睏意在公車上看著太陽初升時的感動與勵志可以寫，每次看戲聽音樂會後走出劇院的久久不能平復的激動和大幕落下的落寞可以寫，在奮筆疾書時忽然抬頭望見陽光透過茂密的搖曳的樹葉留下斑駁的光影內心的詩意可以寫……這些感受是你三點一線的生活可以賦予你的，看似普通，但又十分獨特。

如果你喜歡思考的話，生活中的一些疑問也是可以化作素材的。比如，我由於課業緊張，彈琴繪畫的技術退步了，但是當我又開始彈琴的時候我卻覺得十分美好，就這樣一個往復的經歷，我在一篇作文中寫道：

生命不會是一直前進的節奏，總會有進有退，就像春日嫩綠的葉探出枝頭，夏日的火熱催出一樹濃蔭，而涼爽的秋風吹下金黃的枯葉，冬的肅殺又將萬物籠罩在一片寂靜中，靜候春日的到來。自然界年年都是往復的，有蓬勃也有消退。生命亦如此，一波興起一波平靜。但生命的波瀾卻又不是自然那般規律，它是無常的，是命運與心靈交織出的選擇……倘若遍地芳香，那便再也體驗不到「聞見花香」時的驚喜；倘若琴聲日日繞梁，那便再也感受不到寂靜時的若有所失，重得琴聲的欣喜若狂；倘若生命一直向更繁盛的繁盛發展，那麼人也不會擁有失望落寞時的不屈不撓，以及對希望光明

的翹首期望。

春夏秋冬是我們的生活，但它的更替變化其實也是可以成為你的素材的。同樣，一件技術生疏退步的小事，只要願意想，也能令你得出豐富的感悟。

又比如有一次我發現回憶總是令人困惑，我最懷念的童年到最後竟然連自己都辨不清是真是假。這固然令人傷感，但「傷感」兩個字不能說明什麼，於是我又開始了更深入的思考，最終寫了一段話：

直到彼時，我才領悟到，回憶的魅力與動人之處。如果說生命像一部長長的電影，走過的日子就是那一卷卷膠圈，而光陰正如同把剪刀，將原本完整的膠圈剪得支離破碎，於是，當人苦心追尋、黏合好膠圈後，總也放不出完整的電影情節。可是，那一個個不完整的剪影正是回憶的全部。它的構成與黏合，它所給人或悔恨或振奮或嘆惋的感覺，它其間的空缺，或許正是人內心深處的驕傲、自責、執著、悵惘所填補的，而在人複雜的情感中，大概總還會有懷念吧。

這些思考，不是歷史材料或者書籍文字帶給我的，這些思考就是我的生活。

一個高中生的生活或許不會有什麼大事件的，其實有時候大事件反而沒有很大的意義，但是高中生的思考能力已經可以從小事入手得出令人耳目一新的感悟與道理了。固然，對大事件和歷史進行分析評說的能力絕不能少，但那方面的思考會根據人的閱歷和知識的積累逐步提升，到了大學就全是那些了，而我鼓勵人在高中的時候多寫寫自己的生活，只要敢於去感受，你便能寫出只屬於你的年齡的獨特的東西。

一曲難忘

李曼禕

　　初中時候我愛看林海音的《城南舊事》，因為她所描寫的西舊簾子胡同，離我的小學和家都很近，是我經常玩耍的地方。記憶是很模糊了，不過她的字句總能引起我的共鳴。我雖記不清冗長的光陰，卻總有幾個瞬間，摻雜著不能忘卻的感情。當我讀到英子畢業時在禮堂唱起「長亭外，古道邊，芳草碧連天……」時，彷彿是音樂將沉睡的時光喚起，兒時的一幕幕被拉到了眼前，清晰而動人。久違的生活啊，都濃縮在那一刻化開了。在那個不眠之夜，我哼著這首歌，沉浸在美好的回憶裡。

　　送別總是令人憂傷而又難忘的。它蘊含了太多充沛的感情與美好的祝福，承載著過去與未來。我們其實一直在送別，向畢業的學校與同學，向每分每秒失去的時光，向一個個漸漸打開的心結，向曾經稚嫩的自己。於是，《送別》伴隨著不可觸摸又真實存在的思緒藏在心裡，等待著被喚醒的瞬間。

　　前一段時間，一個日本的話劇社來學校演出。記得那天作業很多，我在自習室寫得差不多後，便和幾個朋友一起去禮堂。演出已進行了一半，通向禮堂的臺階空蕩蕩的。正緩緩拾階而上的我，隱約聽到禮堂傳來的歌吟聲——這不是《送別》嗎？我不禁止住了腳步，側耳傾聽。

這不是往日為我所熟悉的天真的童聲合唱，而是一位老人滄桑卻不失風度，和著日語特有的韻律，優雅婉轉地獨自吟唱的聲音。我聽到場內觀眾都拍手打著節奏，溫暖的氣氛瞬間感動了場外駐足的我。

　　我聽不懂日語的歌詞，卻恍然體會到「音樂無國界」這一真諦，正如那些迴蕩在記憶深處的，略帶傷感的情愫，是每個人心中都不會缺少的。所有人都會銘記那一揮手的深遠，那一回眸的溫情。〈送別〉定是首令人難以忘記的歌曲，因為從童年到慢慢老去，不同時期的人會唱出不同的情感。這臺上經歷了無數次送別的老人，此刻又作何感想呢？

　　「人生難得是歡聚，唯有別離多。」不知下次，這首歌曲響起時，我身邊的你又會在哪裡？語文課上我們饒有興致地譯英文詩，譯著譯著卻突然發現那便是〈送別〉的英文版，這一刻我亦突然覺得異國的語言也能如此親切。我試著把英文詩歌像那日本人改編成日語曲調一樣融進〈送別〉的曲調裡，想著想著腦海裡浮現出金髮碧眼的孩子參加畢業典禮的畫面，又憶起了小時候一遍遍記歌詞時的情景，以及無數個溫暖人心的美麗瞬間，不論是我的，林海音的，那日本歌者的，還是所有人的。

　　不知這首歌，還會在哪個瞬間再讓我記起，觸動我的心弦。但我相信，美好的瞬間不會簡單地逝去。它會留在心底，經過人生世事的淘洗，凝成一串最美的音符，為歲月歌唱。

　　音樂，你我生活中不可能離開的一部分。你歌唱過嗎？你演奏過嗎？你欣賞過嗎？有沒有那麼一首歌，會讓你跟著輕輕地哼？一定有的。而你想過嗎？

　　你為什麼會對那一首歌情有獨鍾，念念不忘，甚至相見恨晚？

不正是因為在那一首歌裡，你找到了自己的生活嗎？〈送別〉，長亭外，古道邊，嗯，你肯定沒有過；但是，每一次畢業，告別同窗；每一次生日，告別過去的自己……門口，路口，車站，機場……都曾有過你的送別。像曼禕那樣，把自己的生活揀拾起來，才能在某個時候和一首歌邂逅，和一幅畫邂逅，和一本書邂逅。這樣，歌是幸運的，你是豐富的，文章是真性情的。

黃春

真正的幸福

李曼禕

家所在的社區是離市中心很近的老房，沒有現代公寓的物業統一雇人打掃管理。我曾很自然地想，這院子樓道該是亂而髒的了。現在人們生活這麼忙，有時間在家歇歇也都不容易，誰還有時間打掃樓道呢？

曾經，樓裡有位老伯伯整日打掃樓梯，整理院子，可他搬走後無人再做這些小事。一天，媽媽拿著布去擦樓梯扶手與牆，我看她平日工作辛苦又忙家務，便勸說樓道也還不髒，你先歇歇吧，可她執意要做。回來後雖疲憊，但她告訴我做這些會覺得很充實。在家休息，這時間也就過去了，而現在樓道乾淨了不少，這生活環境也好多了。

聽媽媽這麼說，我細細想了想。確實，這事很小很簡單，不用多少時間，上班的白領或賦閒在家的老人都可以做。但這事又不那麼簡單。它不屬於一個人不得不做的事情，也不屬於一個人做了便能等價地換回多少的事情。與其說這事與我有關，不如說這事與我周圍的人有關，與我所處的社會有關。

人，生活在這社會中，每日總十分忙碌，早出晚歸。各自心懷著理想，追尋著一些遙遠的東西，尋找著實踐著每一個人所獨有的價值。這當然沒錯。人們都認為，只要這樣做，就會幸福，可終其

一生，多少人才發現，金錢買不來幸福，才情換不來愛與關注，最終在顧影自憐的小世界中鬱鬱寡歡。

我也曾去到西北高原，望見在黃沙中為災區重建貢獻微薄之力的志願者。毒辣的太陽在他們臉上印下高原紅，艱苦的環境裡他們穿不上漂亮的衣服，聽不到最新的歌。但他們快樂滿足地笑著唱著，臉上滿是幸福。他們的工作並非很難，許多人都可以做，但是許多人以為做志願者使得自己獨特的技能無法施展而放棄。我想，他放棄的不只是一件簡單的小事，而是對社會、對他人真正的愛與關注，對自己真正價值的實現與肯定。

德蘭修女本可以做一名校長，但她選擇去與最需要她的窮人生活；瞿秋白本來寫得志摩一般的一手好詩，卻最終選擇了投身革命，為更多人獻身。然而他們都是幸福的，因為他們成就的不僅是自己，還有他人。

有時，人做一件事情可能不只為了自己，那麼請堅定地做下去，因為最終，這事終將不會是與自己無關的。它將不但為別人帶來快樂，也為自己帶來真正的幸福。

讀過很多歌頌「助人為樂」的文章，唯有這篇寫得親切——因為真實。曼禕同學真有這樣一個媽媽，下班的閒暇，拿著抹布，去擦樓道的扶手。你發現沒？當你在講述一個真實的故事時，其實不需要很講究語言的問題的。曼禕同學也真有這樣一種想法，幫助別人，會給自己帶來幸福。你發現沒？當你在表達一個真實的想法時，其實不需要刻意抬高刻意昇華刻意高尚的。曼禕同學從西北高原的志願者的快樂中，發現了這個秘密；從德蘭修女的故事中，發現了這個秘密；從媽媽擦完樓道回家的笑意中，發現了這個秘密。這，才是真正來自生活的感

悟。因其帶著生活的新鮮，而新鮮。

黃春

參與生活
——我是怎樣作文的

李高陽

北京四中二〇一二屆，現就讀於廈門大學。

本來我就是一個對生活裡的各種細節很敏感的人，到了高中，為了在舞臺上刻畫好形形色色的人物，我對生活細節和小人物給予的關注和思考就更多了。這種觀察、思考積累起來便成了創作時最寶貴的素材來源。因此，我慢慢養成了從小事入手的寫作風格，哪怕是議論，也會是以生活瑣事為引子的，寫起來覺得親切、舒坦。

讓我這個已經全身心浸淫在積分符號、各種公式和生物學、地質學術語裡半年有餘的人寫點關於寫作的個人體會，的確讓我感覺壓力很大。網上有段子說，高三一年是一個人一生裡「文化水準」最高的時候。對大多數人而言，語文方面的確如此吧。我閉上眼，努力回想過去用過的素材和最近生活裡可能成為素材的東西，努力回想過去寫出每一篇好的作品時自己常走的路，於是有了下面這篇東西。

「觀察生活」是從小到大寫作課上老師們的老生常談，「感悟生活」也算是這套說辭裡的之一。在我看來呢，「觀察生活」的提法學究氣忒重，聽著像我們做海洋研究的人測個流速、流向什麼的，冷冰冰，教條而不中聽得很；「感悟」呢，似乎又有點「玄」，有點唯心的味道。我倒想斗膽折個中，說是「參與自己的生活」。「參與」，好比踢一場足球，一次賽跑，之前之中之後，你作為一個選手都是帶著自己的心情的，期待、緊張、興奮、奮力爭先，甚至是無所謂的超然，比賽之後的喜悅、惋惜、低落等，總之，事情是你帶著情感做的，事情裡「有你」。

也並非真是去做了的事才叫「參與了」。比如，來到廈門，又身處新校區（廈門市最窮鄉僻壤一隅，三面鄉村，一面軍事禁區），

生活乏味至極，誠如開頭所言，陪伴我時間最長的就是各種積分號、求和號；鄉間乏味的生活讓人的感覺鈍化了，結果就是，你知道你在懷念過往，但這種懷念常常只是流於「概念」的縹緲的思想活動而已，你只是隔著層窗戶紙走在這個「概念」的外緣，捉摸不到它：需要物化的東西捅破隔膜。直到去年冬天，我給同是離京南下的友人（他在南京）發出一條短信後，這層隔膜才被捅破，「思念」才形象起來。那條短信大概是說：「你說我在這兒吃啥水果好呢？橘子吃了上火，芒果過敏，蘋果賣得賊貴，跟北京那兒木瓜啥的一個價兒。想吃香梨，人家這兒沒有……對了，不光水果不一樣，看到的花花草草也都陌生了：花壇裡本該是冬青，可現在綠化帶、花壇全讓三角梅霸佔了。」找不到最為鍾愛的水果（當初可是每天三個小香梨啊，不是北京的物產，但絕對是和故鄉的冬天緊密勾連在一起的回憶），又兀地察覺到四周的景色也變換得完全沒了熟悉感，這些事實上也不是大事，本身沒有意義——對於遊客來說，只是瑣屑的獵奇，但對於客居此地的人來說，卻足以把之前捉摸不定的「思念」具象化，在古人或者有文采的人那裡，就足以成章、成詩了。這類微不足道的小事要產生意義，要配合一定的心境的，或者，配合某個你一直持有但還沒有充分證明的理念，後者之後還會談到。

所以，「參與」的概念可以擴大一些，它既可以是寫作的人真切地帶著情感地做了某事，也可以是目睹聽聞某事，而此事映像到自己生活之中深化了某種情感、印證了一個主張或者刺激產生了一個新主張。參與了的事一定會留下一些持久的情感或者一些理念。這樣，聞到並記住一種與一事勾連的氣味，看到並驚心於老家鄉村的殘破景況，一次艱辛奔波的旅程，一次街頭事件的圍觀，都可能是「參與」的資本。

哪怕是生活相對單調時這類「參與」的機會也是有的。高三第

二學期最苦最累的那段日子裡，除了每逢大考之後要好的幾個朋友會去什海、北海逛逛，放鬆一下，相互鼓勵一下，平時我會參與的娛樂就是下象棋以及看三一八宿舍的四個哥們兒下棋。棋局之中人和人的不同表現，對待輸贏的不同態度看起來也是趣味橫生的：有人不顧過程方式，只要個贏，面兒上有光就得；也有人水準一般做夢也想贏，但同等地顧及風度，棋局上誰故意讓著他，他跟誰急，哪怕棋牌上形勢很不好看了也不要求悔棋，結果自然是屢敗屢戰。凡此種種，不一而足。在棋局旁觀察到的輸贏觀，配合上自己原有的輸贏觀與之碰撞交融，自然而然地促成了一篇與此相關的小文——《讓出一邊兒車馬炮》。全文議論為主，但著實是由宿舍棋局引發的。和在南國睹物思鄉一個道理，看下棋是沒有特別意義的一件小事，只有當它讓你產生了關於輸贏或者其它的想法，當它印證或推翻了你原有的理念時，這樣的小事才會服務於寫作。

所以，我們的關注點不該全放在事件上，一天裡事情太多了，更沒必要記錄事件本身。了解清楚自己的一些念頭和情感（它們產生於多種來源，可以是過往的直接經驗，也可以是道塗的奇聞逸事，也可是閱讀——小說或者艱深的哲學書，都有可能——但這些念頭經常是模糊的），試著先空泛地把它們向自己闡述清楚，說不清的就先畫個問號；然後把這些念頭、理念和疑問拿出來和朋友們討論，看看有沒有什麼補充。當你對自己的理念（往大了說，一些價值觀）情感充分熟悉之後，一旦某個小事件與之產生關聯，你是不會把這個事件忽略過去的。

契訶夫有句話，我非常贊同：「人們吃飯，僅僅是吃飯而已，可是在這時候他們的幸福形成了，或者他們的生活毀掉了……」小事件構成了我們生活的主題，是一切大事件的背景和誘因，具有普遍意義且大家熟識而能輕易理解的也是小事件。但，讓小事件產生意義，依託小事件表現大道理，抒發深刻情感，需要首先知道小事

同何相關：先定義幸福是什麼，這要的是小事發生前的先期思考。

　　也不知道自己說清楚了沒有，我想，作為一個已經長期沒有寫作實踐的人（最近一篇，大概是去年十月的小文章了），也許沒有什麼資格這麼囉囉唆唆地談一些很淺顯的寫作原理。希望這篇文章對你有所幫助。

讓出一邊兒車馬炮

李高陽

　　實在慚愧，我平時除去偶而看看射擊、跳水比賽，對體育賽事彷彿天生的不關心。至於國球再次包攬五金，而有人爭論可否稍微放點水讓出一塊，只是聽說，而我對體育比賽很是不在行，這次的比賽也沒關注，故而與其對此事做直接的評價，不如先宕開一筆說點兒別的。

　　我對中國象棋很迷過一陣，但始終是個標準的「臭棋簍子」，可也不氣餒，屢敗屢戰。其間偶而平局，並未贏過，但也非沒有「機會」──不止一次聽過這樣誘人的提議：「我讓你一馬；要不，一邊車馬炮，也成。」我都婉拒了。這並非僅事關那點可憐的自尊心，我倒覺覺得還有別的理由。

　　在小學的假期作業裡讀到過一個故事，故事裡在除夕時母女二人接待了一位不速之客，一個失去了左臂的青年。不速之客提了個不過分的要求，一百塊錢路費和一碗餃子湯。女主人沉思片刻，沒拿錢也沒端湯，而是將他帶到了門口，讓他把幾塊礙事的磚塊搬到後院。年輕人愣了一下，接下來沒有說話，一趟一趟吃力地用右臂把五塊磚頭轉移到了後院。女主人掏出了一百元錢塞到了年輕人手裡，送上了一碗餃子，只告訴他，這些是對他辛勤付出的應得的報酬，請他多加保重。後來，這位青年不再期待施捨，在自己闖出的

事業上騰達起來。

　　任務出色完成後的獎勵，不僅針對結果，更可被看作對你所付出辛勞的認可。縱然完成得並不那麼出色，乃至於失敗，只要拼盡全力，由於自己對自己、別人對自己的拼搏的認可，也絕非恥辱。一九三三年面對金融危機羅斯福總統推出「以工代賑」政策，除去「拉動內需」的目的，也是在杜絕不勞而獲的企圖，讓「美國夢」中最積極的部分，個人拼搏與個人價值之體現得以延續，也因為我們所獲得的一切，吃穿用、一切稱謂、榮譽、獎項，縱然是在困難時期，用之所以心安理得，所以是榮譽的，便在於我們的付出。所以，我們應展示出真正的水準，也應保留對方如此做的機會。這樣，無論成敗，成者心中坦然，心安理得地接過榮譽，敗者亦不用因未盡力而受指謫或自責。

　　因此在棋盤上我婉拒了讓子。就算屢敗屢戰，作為一個使出渾身解數的敗者，這樣的輸不憋屈。讓子後的贏，一來不公平，況且那是對方、自己未發全力的結果，贏得少了榮譽感，不盡力而「輸」了的高手，其「輸」在我看來也並不那麼好看了，於自己也多少憋屈。賽出各自真正的、無保留的水準，拼搏過，比賽的結果才能有其應有的意義。

　　再回到開頭「讓金牌」的討論，上面說的適用於宿舍棋局，又何況這樣高水準的國際賽事呢？所以，金牌，是不能「讓」的。若想讓勢力平衡，讓比賽「精彩刺激」些，倒不如就依著「養狼計劃」進行，提升起總體水準，到了賽場上，雙方依然要拿出自己的最高水準，這樣，比賽與那些獎牌才被賦予了真正的意義。

　　李高陽同學是一個熱愛生活且十分會生活的陽光孩子。他會跑到最適合看日出的地方去等待日出，他會跟著支教的隊伍去到

農村體驗勞動體驗艱辛，他還會讀書，還會演話劇，他還會在宿舍裡和同伴擺幾盤象棋。重要的是，他不是生活的旁觀者，正如他自己所說的那樣，他是生活的參與者。人家要讓他半邊車馬炮，他硬是不要，活脫脫一副要強且倔強的愣樣兒。就是這點兒愣樣兒，愣出了他的生活感悟：只要公平，輸得就不憋屈；只有公平，輸得才不憋屈。

李高陽同學不關心奧運比賽，也不會乒乓球，所幸的是他並沒有勉強自己，不懂裝懂地瞎亂評說，而是選擇了自己最熟悉的生活──象棋──來談「讓」的話題，這叫「熟」能生巧。有自己的生活，為什麼非要說人家的生活呢？是吧？

黃春

當我們談起「生活」時
——我是怎樣作文的

宋明育

北京四中二〇一二屆，現就讀於北京大學。
一度以舒舒服服過日子為人生理想，無奈誤打誤撞學了物理。
在水深火熱中掙扎許久後終於明白，生活本就艱辛，
但卻永遠不乏美好，你去擁抱她，她自然微笑相迎。

　　我始終清楚地記得剛上高中時的一篇作文，話題叫「閒暇時光」。我當時抓耳撓腮不知寫些什麼，只好從以前的日記本裡摘了一些片段，拼拼湊湊交了上去。沒想到卻成了範文。作文講評的時候，老師讓大家分析這篇文章好在哪裡，同學們的答案似乎都不能令他滿意，他最終自己總結道：這是什麼？這是愛啊！

　　我一時居然聽得一愣，翻回去看自己寫了什麼，寫自己和好朋友在大風的夜晚通電話，悠揚的熄燈鈴和著呼嘯的風聲一起從電話那端傳來，我跟她一起聊著些「瘋話」，約著長大以後給對方做伴娘；寫某個母親節突發奇想去電梯間貼了一張「祝媽媽們母親節快樂」，結果莫名其妙被撕掉了，當時又傷心又氣憤，在日記裡寫道：「下次父親節的時候我還要貼，要在上面寫『請貼小廣告、想要撕去這張紙的叔叔阿姨，想想你們的父親，他今天也過節……』」

　　選材的時候，我從未想過要寫「愛」，只是隱隱覺得這些事曾給我很深的觸動，再回想起時，會覺得心內淌過一股暖流。老師說，寫作文要先感動自己，才可能去感動別人，大概就是這個意思吧！

　　我想起自己曾在《寫給我的 2010》中回憶軍訓，並寫下了這樣一段話：「記得排隊打熱水，記得天天盼星星，記得大家圍在一起

分西瓜，記得貓在床上寫隨感，記得踢腫了的膝蓋，記得煞費苦心收拾床鋪，站軍姿，偷偷早起，摸黑站崗，拉練，拉歌。」別人看這段話或許會覺得我只是在隨意地羅列詞語，然而不是的，這裡面每個詞，在敲打出來的時候，我腦海中都會翻滾出與它相關的極其清晰的畫面，清晰到讓我心潮澎湃不能自己，甚至忍不住哽咽，熱淚盈眶。沒有別的緣故，只是因為曾經歷過，曾太深地感受過、熱愛過，這種感覺忘不了。

是的，我們寫文章要講究些技法，語言要生動些，雋永些才好。但我始終覺得文字最吸引人的地方卻總在於它的真情流露。就好像對四中畢業生用再熱情的詠歎調講述學校近年的發展成就，也不如一句「玉蘭開了」更觸動人心。而我之所以願意去書寫生活的點滴，正是因為它飽滿，它真實。

記得成人儀式的時候，有個環節是「讀家書」。我把信紙展開，看到媽媽那熟悉的字體，還沒讀完就淚水盈眶了。當時媽媽就坐在我的後排，我轉過身去擁抱她，眼淚弄濕了她的衣服，我卻怎麼也不肯撒手。其實，信裡根本沒寫什麼，只是回憶了一下從小到大的生活，可我讀到那時間的流淌，讀到那麼多我仍清晰記得或是已經記憶模糊的事，突然發現，原來我們已經一起走過那麼長的路了，這期間曾有過那麼多艱難，那麼多誤解，那麼多矛盾，卻都已一一被化解開來。媽媽問我覺得幸福嗎，我在她懷裡點頭。那時的一字一句，至今歷歷在目。

你可以說這是女生特有的細膩心思，但又不確切，這是人作為一種有感情的動物所具備的最基本的能力——去發現，去感受。

有人說感悟生活挺難的，其實癥結往往在於刻意為之。就像我，在剛接到黃春老師的「命令」，讓我寫寫如何將生活融入寫作時，真覺得沒話可說，而且越是想寫點什麼，越是不知道該寫些什麼。不經意間翻開抽屜，看到從初中到現在收到的各種信啊明信片

啊，有的長些，多數只是幾行字、幾句話，卻都那麼真摯，一篇篇翻過去，腦海中就像放電影似的，成長路上遇到的那麼多人，以為分別之後就不會再見的，原來並沒有走遠，未曾遺失。大概，許多事都是強求不來的，許多感悟都與機緣二字有關。因此，別想太多吧，有些感悟時就衝過去記下來，有點感動時就停下來多體會一會兒吧。感悟生活絕不是一種負擔，也千萬別成為「任務」。

老師常說，寫作要「文中有我」，他還說，如果到了高三，你還能在作文中寫到自己，就太不容易了。最初不懂，以為這對於像我這樣除了寫生活別的啥也不會的人而言有什麼困難的。後來才漸漸有體會。越是臨近高考，就越像是被某種頑固的思想束縛住了思路，看了太多篇範文寫歷史縱橫，評社會百態，或是信手拈來些古典詩詞，就會開始懷疑，寫作是不是只能寫這些？總寫些生活裡雞毛蒜皮的小事是不是太不大氣了？於是，就算那些並非自己所擅長的領域，也會禁不住衝上去扯兩句。

可是誰說生活就「小我」呢？一花一世界，生活中許許多多點滴其實都是契機。

我曾在一篇文章裡講起我的家鄉：

今年暑假回去的時候，川川哥喝多了，他滿臉通紅地跟我說：「明育，你是我們宋家的驕傲。」那時心裡湧起一股莫名的激動。那之前從未有過「家族」的概念，那之後，對此也不會再有更多感受。但是或許能從這裡得到些啟發。

家鄉，於我而言，並不意味著土地。我不會像沈從文先生滿懷熱忱書寫湘西之美那樣，告訴你我家村旁有一片好大好大的田。我不曾播種過因而我不懷戀土地。家鄉於我的意義在於人。爸爸在這裡打過豬草，養過小兔，眼巴巴地盼望過年才能吃到的豬油，總是捨不得買那一分錢一根的用糖精做的冰棒。有關爺爺奶奶的故事，我只聽爸爸講過一點點。爺爺很早就沒有了，得的是肺結核，那時

候家裡很困難，奶奶卻每天都會給爺爺煮個雞蛋吃。就這麼點細節，莫名地就讓我覺得奶奶是個很善良、很能幹的人。望著她，拉著她的手，幫她上個炕，脫個鞋。她大概不再會聽清我對她說的話了，但做著這些我覺得很心安。

你說，我連爺爺奶奶的名字都不知道呢，談何從他們身上繼承那種質樸勤勞的性格？只是每每想起來心裡都熱乎乎的。人活在這世上總有很多很多人與你相關，就好像身上會長出許多觸角來，連著爸爸，連著媽媽，連著好多人。家鄉，她的一切，讓我順著許多條觸角往下摸索時，能看到模糊又微弱但確確實實照亮著溫暖著我的光。說起來，我總是個有根的人，不是很好嗎？

與此類似的，我也曾思考過死亡，契機是個奇怪的夢。我夢見我親眼目睹至親的離去，驚醒後心有餘悸，坐在床邊思索了良久，並寫下了這樣一番話：

其實人生是充滿了失去的，小到對象，大到情感，甚至生命，全部。人是不能抗拒死亡的，到失去的那一刻，這一生所珍重，所奮力追求、爭取的一切都會煙消雲散。因而就有人主張這一生但求碌碌無為，既然終要歸於無，那就湊合一輩子得了。

可若是真不會失去，人還會如現在這般珍惜生活、不懈奮鬥嗎？就像已看過一千次雪的股宗，不會像葉那樣為恐山的飄雪而激動。因為太多了，就變得不那麼珍貴和美好了。注定的失去不是要人們放棄追逐、放棄熱愛，反而是這有限的時間與機會讓人更珍視當下。生命的意義也不在於死時能帶走什麼，而是你作為一個生者，做了什麼。

我們人富有情感，有思想，因而我們會去思考死亡與生命的意義。可是那浮萍，那蟪蛄，那些不具備思想的生命又若何？它們從未想過意義，但它們依然生著。或許生命的意義就是生命本身，就在於生生不息。我常想那個在生命的熱湯中第一個用脂雙層裹起一

隻雙鏈環狀 DNA 分子的小生命，它什麼都不具備，它只是本能地活著。然而這就夠了。

對於人來說，我們得天獨厚地擁有了更高的能力，更敏銳的眼光，更廣博的眼界。生命的本質在我們身上並沒有什麼不同，只是我們擁有了更多的選擇。其它生命只是生，而我們可以選擇如何生，如何更好地利用這生生不息。

所以只管前行吧。我不想在這裡再談如何是更有意義的生命，每個人的評判不同，但我想，只要順著自己的內心就好，堅定、不迷惘。葉說，重要的事是由心做決定的，足矣。

在這裡摘錄了這麼多文字，只是想說明，生活能給我們的思索可以是相當深遠的、開闊的，或者說，生活的啟示本就如此，關鍵看我們用什麼樣的目光去審視它。

關於寫作，關於生活，我不知該跟學弟學妹說些什麼，所以，只是分享下我的一些思考吧，願於你們有益！

位　置

宋明育

　　有些位置，似乎理所應當是留給孩子的。

　　小時候坐車，總想坐到副駕駛座上。然而爸媽卻不許，說那裡不安全。我只能坐在後排的座位上。他們說，乖孩子都應該坐在那兒。那時心裡頗為不平，副駕駛座又有安全帶，又有安全氣囊，什麼不安全，都是藉口。後來，長大了才漸漸懂得，這是爸媽的關心。

　　還記得小時候和爸爸一起走在馬路邊，他從來都用右手牽我，因為左邊，是呼嘯而過的車流。這右手邊的位置，便是父親對女兒的呵護。

　　細想想，這樣的位置有太多太多。我們就這樣在父母的庇護下茁壯地成長起來。似乎，我們也是一點點，就習慣了這樣的庇護。有段時間一直被爸媽罵走路不看道，淨盯著地上撿金子。其實，是因為走在爸爸媽媽的後面，餘光裡掃見他們的步子，便知道可以放心地走，沒有危險。

　　然而，從什麼時候起，被爸爸「告知」應該自己好好走路，不要拉著他。

　　他說我都這麼大了，不怕羞。那一瞬，竟是那樣失落。有時，看著還小的弟弟走在爸爸媽媽中間，一手牽一個，心中會湧起些許

委屈和不平。原來,這就是長大了,那些留給孩子的位置已不再屬於我了。

大了,要自己去拼,去闖。要耐得住寂寞,學會一個人承受。生活一下從溫暖多情變得冷冰冰了嗎?

和同學一起過馬路的時候,會下意識地把她拉在身後。朋友笑著說,我又不是小孩。我有些不好意思地撓撓頭,原來,曾經活在父母羽翼下的我也懂得去呵護別人了。那些位置,那些不自覺的動作,就在父母的言傳身教下,被我吸收、內化成為了自己的一部分。

原來,這就叫作傳承。那些關心、呵護,其實並沒有隨年紀的增長消失不見,它們只不過是換了主體、對象,然後,向更遠的地方傳播開來。這時,不僅限於對親人的關愛,更發散到了愛身邊的每一個人。孩子在成長,與人關愛的信念在傳遞。

父傳子,子傳孫。那些美好的品德,那些只可身教,不能言傳的文化、精神也是如此吧。看著孩子們背著「人之初,性本善」,說著「香九齡,能溫席」的故事,我們可以想像,他們長大成人後,也將以這種「本善」的心去回報這個社會,大愛人間。

有些位置,不僅是父母為孩子留下的,更是希望孩子再把它們留給更多的人,去溫暖那一顆顆心。

宋明育同學真是個好孩子,你讀一讀她的那句話,就會相信:「曾經活在父母羽翼下的我也懂得去呵護別人了。」一個人是如何學會關心和幫助他人的?受老師的教育?受榜樣的引領?受書本的薰染?都可以。但是,任何一種緣由,都不如來自「曾經被關心被幫助的幸福記憶」來得更真實、更親切。你說呢?

其實，多數人日後行善，多半是源自自己被他人善行帶來的幸福感。只是一到寫作，就忘記了，就愛從別的地方尋找，甚至捏造，就是不說真心話，反倒顯得假大空了。我總以為，最真實的，才是最高尚的。當然，你也被要求坐後排，你也被牽到路的右邊，但你不一定感受到了被愛的幸福，你不一定對「位置」有了宋明育同學這樣的感悟，你不一定從此也傳承了通過「位置」來關愛他人的意識和行為、習慣。為什麼呢？這幾個答案，是關鍵所在。

黃春

日記本裡的閒暇時光

宋明育

　　上了高一後，感覺每天都很忙，作業並不多，但那些需要復習和自學的東西就像無底洞，無論填多少時間進去都不嫌多似的。作文題布置下來了，讓寫自己閒暇時的生活，一時竟沒有頭緒。於是翻開了以前的日記本，尋找那些記下的閒暇時光。

　　這是個薄薄的日記本，一年下來只寫了二十來頁，然而裡面卻不乏對天氣的記述。「今天是個大晴天。」一看就是心情非常好。我喜歡陽光普照的日子，春夏交、夏秋交出門的時候，為了吸收更多的太陽輻射熱，我經常穿著深色的衣服。在陽光下伸個暖暖的懶腰，真是件幸福的事啊！

　　我也喜歡風天，在風中張開雙臂，似乎全身都被吹得通透，那些煩惱、鬱悶都被風帶走了，留下一個無比純淨的我。

　　很晚了給好友打電話，她笑著讓我聽她們的熄燈鈴。電話那端，悠揚的鈴聲和著呼嘯的風聲一齊傳來。大風的夜晚，我和她聊著些「瘋話」，說寄給她的信怎麼這麼長時間才收到，還約定著長大以後要給對方做伴娘……

　　「希望今天的大風能吹來明天一個大晴天，太陽亮亮、暖暖的……」我總是這樣想著，然後進入夢鄉。

　　從頭翻到尾，想看看我閒暇的時候究竟做了些什麼，發現淨是

些「傻事」。

初三無數次語文字詞或是默寫小測裡鬧的那些小笑話都被我一點一滴記了下來。譬如說：「今天默寫《論語》，某同學寫到『有朋自遠古來』。」抑或是「被老師念叨脖頸（ɡěnɡ）兒念叨多了的亮亮同學注音：頸（ɡěnɡ）椎。」閒暇時，我喜歡靜下心，留心生活中的趣事，把它們一一記下。

還做過件傻事是在母親節。那天早上，收到細心同學的消息：「今天是母親節，別忘了祝媽媽節日快樂！」被卷子埋得已記不清每天是幾號的我立刻開始檢討自己，居然把母親節忘得一乾二淨了。於是我一下子童心勃發，向媽媽道過「節日快樂」後，拿上一張紙、一枝筆，蹦跳著下了樓。一樓的電梯口，我趴在牆上認認真真地寫下了「祝媽媽們母親節快樂」幾個大字，然後端端正正地把它貼在了電梯旁邊。

誰知道吃完晚飯回來後，我發現那張「祝福」不見了，取而代之的是一張寬頻的小廣告。我看了又傷心又氣憤，在當天的日記裡寫道：「我在想，下次父親節的時候我還要貼，要在上面寫『請貼小廣告、想要撕去這張紙的叔叔阿姨，想想你們的父親，他今天也過節⋯⋯』」

現在想來，還真是傻得可以呢。

閒暇時光，是悠哉的時光，和朋友一起說說「瘋話」，做做傻事，體會些小小的溫暖，這就是幸福了吧！

無論你說自己有多忙，其實生活中的閒暇時光是常有的。比如你會翻看這本書，也大抵因為此時比較閒暇。你的閒暇時光，如何度過？做了什麼？記得嗎？覺得倖福快樂嗎？在我以為，真正的生活，其主要內容不是學習，不是工作，不是「正事

兒」。有的時候我甚至覺得我的工作並不是我的生活，我的學習也並不是我的生活；反倒是無所事事百無聊賴的時間裡偶然間心血來潮做了一些事情，甚至什麼也沒做，就是發了會兒呆，那才是生活。有人說，文化是閒出來的；我說，情感也是閒出來的，幸福也是閒出來的。就像是宋明育同學打算明年父親節時在給父親的祝福紙條上一定要加一句「請貼小廣告、想要撕去這張紙的叔叔阿姨，想想你們的父親，他今天也過節」那樣。如果你這樣閒過，你的生活，你的作文，該會有多好啊！

黃春

看見角落裡的色彩
——我是怎樣作文的

張雅淇

北京四中二〇一二屆，現就讀於中國科技大學。
由於處在純理工院校，更體會到了文學的重要性。自小熱愛詩詞歌賦，
平日喜歡寫些隨筆，享受寫作過程中的樂趣和欣喜。習琴多年，還喜歡獨自旅遊，
不一定遠行，只為找到新的自己，感受更多樣的生活。

我所有寫過的考場作文中，記得最清晰的，也是得分最高的那篇，題目為〈看見角落裡的色彩〉。

寫了幾件覺得很美好卻總是為身邊人忽略的事，或是事物。寫的盡為心中所想，沒有編造，沒有讓自己都覺得矯情到不想讀。

後來幾篇分數較高的以及用來應對比賽的作文都是用的類似素材。

基本每次寫完作文就知道自己能拿到多少分了。很多作文，寫完了自己都不想讀第二遍。自己都不喜歡的作文，又如何能打動閱卷老師呢？

所以我想談談作文素材的選取，以及如何發現只屬於自己的素材。

從個人角度上講我雖然是理科生但是比較感性，如果讓我寫非常客觀的題材，例如標準的議論文，基本就是無話可說。即便生搬硬湊出來，也是一點文學的美感都沒有的。因此我一直認為找到適合自己的題材、素材類型是非常重要的。這跟性格、生活環境等都有關係，寫了那麼多年應試作文，應該知道自己適合什麼類型了。你可能對生活有很多獨到的見解，那麼就寫那些有思想深度的素材，把自己的想法寫出來。這樣的文章讀過一些，寫好了真的是很

令人震撼，完全可以稱作「文章」而不只是作文。你可能博聞廣識，記憶力又不錯，平時也留心收集諸如新聞、名人名言之類的素材，那麼寫議論文一定不成問題。看到能寫議論文的題目就多多展示自己的知識面也不錯。

而這兩個我都做不到。要深度沒深度，要廣度沒廣度。所以我選擇了貼近生活，喚起讀者（當然包括閱卷老師了）同樣思想感情的路線：寫簡單卻真實的事和感情。屬於自己內心深處，也能讓旁人產生共鳴的。這個路線基本上大家都能走通，尤其是女生，生活中想得比較多，思想感情又細膩。

而素材就是身邊被眾人忽略的事物。其實每個人都多少能找到些許被大部分人所不在意又的確很美好的事物。把這些用自己的語言描述出來，會讓人有一種：哦，真的是這樣的啊，真的很美好的感覺。

我當時最喜歡用的一個就是窗外的風景。

你坐在教室裡面對翻得嘩啦啦響的書本卷子講義習題冊，偏著腦袋托著腮幫發呆的時候，一定看到過窗外的風景吧。你關心過窗外有什麼嗎？

四中的學生對校園裡的那幾棵玉蘭樹有著特殊的情懷。作為畢業生，玉蘭花開的初春，會被四中玉蘭花又開了之類的狀態和玉蘭花的照片刷屏很久。可是你們的景色就只有玉蘭花嗎？只停留在它開出白白的花朵的時候嗎？

窗外真的很美。不只是花開的季節。

剛上高中的時候寫的是初中時窗外的樹。寫的是自己初三看到的美好。記憶中那時的窗外是一排整整齊齊的法國梧桐。快要中考，復習最為忙碌的時候，也是它開始繁茂的時候。

那是怎樣的顏色啊！充滿活力的綠色，不是嫩綠，不是墨綠，是生機勃勃的顏色。微風之下細碎地搖擺著。陽光在葉子上面跳躍

著。看著它們，會覺得這似乎暗無天日的日子其實也沒那麼糟糕。於是在同學們都埋頭於沒有盡頭的卷子中的時候，我常常看看窗外。這一排高大筆直的法國梧桐，一樹樹的綠，經常出現在我的夢境裡。我家住得離初中時所上的學校很近，每每回家的時候看到它們，都會想起自己初中的三年。也是從那時候開始，我考試會為排到了窗邊的座位而特別欣喜。坐在窗邊，能感受到陽光的溫度，看到教室外面的風景。

高三的時候，我依舊會為窗外的樹而感歎。

在大家都為「一模」、「二模」日夜復習刷題的時候，作為一個任著自己性子生活的姑娘，我冒著高考會受到不小影響的危險在老師和家長的警告中去參加了北京市科技創新大賽。完全為了不留遺憾。

那是個封閉式的比賽，將要在安排好的賓館住四五天。

我是住宿生，出發那天搬著行李箱從樓上下來，在中途樓梯拐角放下箱子的時候，轉頭就看見了窗外剛剛萌芽的楊樹。那時還是一個個小小的芽，看不出將要長出來的是花穗還是葉子，淡灰褐色，一點都不好看。我並未留意太多，就又搬起箱子走下去了。

比賽結束，結局並不圓滿。搬著箱子回到宿舍的時候心還留在比賽場地。還是那個樓梯拐角，還是不經意地一瞥，楊樹已經長出花穗，也有了小小的葉片了。忽然發現時間過得很快，就這麼幾天，已經成長了很多，好的不好的，滿意的不滿意的都會這樣過去，樹葉慢慢地舒張、生長，不管我是不是想留住時間，是不是想重來。但總之它都是在生長，所以生活還是往著積極的方面走的，不是嗎？

不知為何之後每天下樓，刻意去關注那些樹，卻再也沒有感慨的感覺了。

大概是因為每天都看，反而感覺不到它的變化了吧。

這是我從未在作文裡用到的故事，因為那時已快高考，其後沒有什麼機會寫作文了。但是那時我就覺得這個故事我一定有一天用得上。果然。

雖然我也不知道這個素材能用在什麼地方，但是這樣的素材可塑性很高，因為它是我有體會的。可以用它寫成長，寫時間帶來的思考，寫關心細節，寫樂觀，寫很多很多。

類似的素材我還有很多。其實很好找，找到了也很難忘記。

不要再說身邊沒有能寫入作文的了。你有認真觀察過自己的身邊有什麼嗎？每天去學校的路上有什麼你幾乎天天看到卻沒有注意的嗎？隔離帶上的綠化植物，你會覺得它們很美，但你是否注意過它們的顏色，它們的形態？每天匆匆走在學校裡，你有沒有發現？昨天還什麼都沒有的草坪上，今天開出了星星點點的紫色小花，總是等著人餵的貓長胖了，圖書館的桌子上又不知被誰寫下了心中的牢騷或是勵志的句子，晚自習後走在夜色中路邊的燈光會把影子拉長又縮短，來來回回？坐在家中自習的時候，你可注意到因關心給你端牛奶的母親？陪你走過高考這段充滿壓力的日子的桌子上有些什麼呢，是不是有某本你百讀不厭的小說，是不是在桌面上寫上了給自己鼓勁的句子，文具盒裡是不是有一樣督促你前進、對你意義深刻的對象？

細細地去體會生活裡的一件件，怎麼會沒有能寫入作文的呢？

並不需要刻意地去留意這些。培養出一雙能夠發現生活中點點滴滴美好的眼睛是受益終生的，不光有益於寫作文。

試著把觀察自己的身邊當做習慣，有一顆感謝生活的心，記住你受到觸動時所見到的，所想的。這些就夠了。

在理工科學校裡的我已經不寫作文一年多了，寫馬哲論文的時候仍能感受到言不由衷無話可說湊字數的痛苦。我很開心自己有留意身邊的習慣，這使得我這沒有任何人文色彩的生活依舊過得美

好，提筆依舊能寫出些東西。

　　因為我看見一大片晚上合攏了花瓣的蒲公英在朝陽中一次又一次綻放，我看見陽光透過樹葉在土地上打出深淺不一的光影，我看見廣玉蘭在秋天有些濕寒的陽光下依舊深沉的綠，我看見潔白的雪地上被早起的鳥兒和貓兒悄悄踩下的可愛的小腳印。我會記得教學樓在夕陽的餘暉下閃耀著神聖的金色光芒的畫面，會記得走在回宿舍的路上沒有原因突然就想家了很想哭的感覺，會記得食堂的紫薯天天吃都吃不膩的味道，會記得終於把代碼寫出來了的如釋重負。

　　用心去感受生活，其實你有很多很多可以寫的。只要寫的是自己真正經歷的有感觸的就夠了。不需要華麗的辭藻，本身就很美。

　　最後為自己很久沒寫作過帶來的文字上的生硬致歉，希望每個人都能看見角落裡的色彩。

看見角落裡的色彩

張雅淇

張雅淇你坐在教室裡，毫無反應地聽著下課鈴打響，望著手邊成堆的卷子發愣，過會兒又拿起筆，開始在新的一張卷子上奮勇拼搏。

是的，你記憶裡的初三，只有白底黑字，如雪花般飛揚的卷子。

而我，課間還不忘到窗口透透氣，偶然地一抬頭，便為法國梧桐葉閃耀著陽光的綠所震懾。那是怎樣一種綠，在初夏的暖風中歡笑著，跳躍著，掃去了我心中沉積的灰色。

我向你招手：「嗨，來這兒看看！」你卻不肯。於是你錯過了那抹綠色以及那天的好心情。

你呆呆地看著手中的漫畫，嘟嚷著向我抱怨：「唉，這車開得真叫慢，怎麼還沒到。」我卻把頭一偏，看到車窗外，車道隔離帶上架著的月季似的大花（我不知道是什麼花），開得一片粉紅，在車帶起的風中偶而抖兩下，顫顫的，像抖動翅膀的花蝴蝶。

於是我取出相機一張張地拍下路邊的景色。末了拿給你看，你卻一把推開：

「路邊俗豔的花朵，有什麼好看。」

你又錯過了一個美給你的驚喜。

你又向我抱怨：「你改倒計時牌改得太勤了吧，好像迫不及待地催促中考到來。」我笑笑，不想說什麼了。因為你關注的只是那個在我粉筆修改下逐日變小的明黃色數字，而沒有注意到，那個數字只佔據了壁報的一個小角，可在這一小角之上，我那樣細心地繪上了大片有著夢幻色彩的彩虹和祝你們取得成功的、展翅高飛的潔白的鵬鳥。

　　你怎麼，就沒有看到呢？這些，是我為你們專門繪上的色彩啊！

　　又憶起那些瑣碎片段：

　　春天，你只驚喜於燦燦迎春的開放，而我卻蹲下觀察紫花地丁的麗姿；

　　夏天，你只畏懼於楊樹上垂下的肉蟲，而我卻欣賞他們啃食葉子時可愛的模樣；

　　秋天，你陶醉於純紅的黃櫨葉，而我卻驚歎那些紅黃綠混雜的葉子巧奪天工；

　　冬天，你欣喜於雪花飄落的浪漫，而我卻趴在窗邊描繪冰花的形狀……

　　你欣賞的那些固然美，可你錯過了角落裡的色彩，錯過了一種閒適的生活態度。

　　也許你現在在感歎著卷子難或簡單，而我卻發現一束陽光打在地上，亮晶晶白瑩瑩。

　　你又錯過了，而我看見了，這角落裡的色彩。

　　中考前的日子，還有生活嗎？高考呢？有學生說，高一還算有生活，到高三，就只剩生存了。我承認你說得很有道理，也很現實；但是，正因為如此，高三時的那一點點生活，就彌足珍

貴。張雅淇同學說，「我那樣細心地繪上了大片有著夢幻色彩的彩虹和祝你們取得成功的、展翅高飛的潔白的鵬鳥」，你怎麼就沒看見呢？不是看不見，而是眼裡只有考分和天數了，哪還有空管什麼同窗的緣分和天真的情趣呢？其實，即便沒有考試，我們也常常忽略了許多生活的色彩，尤其是藏在角落裡的色彩。

當你在備戰高考的時候，放眼環顧一下，你一定會發現很多很多。而你一旦有所發現，你即將的考場作文，就絕不會蒼白。

黃春

讓出獎勵，好嗎？

游捷

北京四中二○一三屆，現考取北京大學。
對於我來說，作文不是一種任務，而是一種愉快的體驗與嘗試。
它是生活的記錄，是思想的激蕩，是心靈的表白，
是一場關於自我的發現、審視與重塑。

站在老師的辦公室裡，我覺得有一盆冰水劈頭蓋臉地砸了下來。呆呆地站了一會兒，我才明白老師說的是什麼。他想讓我把我的獎項讓出來！

老師看見我一動不動地站著，也不發表意見，清了清嗓子，微笑著開始教導我：「我這樣做當然是有原因的。你看，你已經拿了三次的科技創新獎，校刊上也總掛著你的名字，還有數學競賽、設計大賽……今年的三好學生，一定有你，所以我剛才說，優秀團員，你就不要參選了。」我仍是沒有說話。他卻繼續說著：「還有那個遵守校紀的獎勵，把他讓給更需要的同學吧……」

為什麼？憑什麼？我這時心中只有這一個聲音。

他正色道：「你的這些獎項，多一個少一個是無所謂的，但是對於小 A、小 B 他們，卻意義重大。我這樣做，是為了班裡有更好的評選氛圍，同學們可以更積極爭取……」老師的聲音不停地在耳旁掠過，可我只是想著：這些獎，我真的可以不在乎嗎？每一項，都是我辛辛苦苦拼來的。哪一項，能夠白白捨棄呢？「……就當是為了集體的發展，為了更好地學習……去考慮考慮吧。」

離開辦公室好久，我才開始平心靜氣地思考這件事請。努力回想起老師的話，我覺得也並不是沒有道理。雖然是有幾分捨不得，

可我也不承認自己那麼沒有肚量。如果能藉此幫一幫同學，順便和大家搞好關係，還是件好事。那麼，我要讓什麼，又讓給誰？想到這兒，我心裡又是一團糟，腳下不由自主地繞來繞去。我迫切地需要誰來幫幫我。

所以，當小 A，我的密友出現在視野裡時，我幾乎是撲了過去，張口便問：

「如果我把優秀團員讓給你，你要不要？」「什麼？」小 A 顯然被嚇住了，要我慢一點兒講清楚。

我於是仔細地敘述了來龍去脈，又敘述了我的觀點。我話剛落下，他卻一口咬定：「不要。」「為什麼？」這回我驚奇了。「我自己的榮譽我自己爭取，哪裡需要你來施捨。你要不是我朋友，我還以為你瞧不起我呢。」「原來是這樣……」我有些慚愧地看著他。我怎麼沒想到，這件事，還應該站在被讓的同學的立場上想一想。「授人以魚不如授人以漁，你還不如教我幾道競賽題，我自己奮鬥。再說，得了這些獎，也不證明你是全才。尺有所短，寸有所長，沒必要在一個事情上糾結。」我心裡明朗了很多。我明白小 A 一向爽快，小 B 不見得也這麼想，但我很欣賞小 A 的想法。我又問了其它的老師、同學，他們都說讓我自己拿主意。

晚上看新聞時，我看到我們國家的乒乓球比賽又包攬了金牌。爸爸裝作無意似的問我：「你說，咱們該不該讓出兩枚金牌？」我鄭重地說：「不讓。」體育比賽有它自己的原則，那就是要公平，用事實說話，尤其是國際性比賽。我認為對於一個國家，得到平等尊重的待遇比發展某一項運動更重要。運動只是載體，它不在乎各地能力一定要均衡，但國家之間卻一定要有對等的尊嚴。

也許多虧經歷了這件事情，我才能這麼回答爸爸的問題。我的事情其實是小事，讓不讓沒有太大關係，但這一次的思考意義更大……

對了，我還要忙著在藝術節上給小 C 加油，還答應了幫小 D 準備競選演講呢！

你會認為中國乒乓球隊應該讓出幾塊金牌以便其它國家的選手保持一份參與比賽的熱情嗎？你會認為這樣讓完之後更有利於世界乒乓球運動水準的提高嗎？這些，是作文題目本身提請給你的思考。然而，作文，並不是要你來一番世界乒壇現狀的評論及對策的思考，語文（或者說文學）不是 CCTV-5。我們所需要的，是從一個給定的話題出發，思考自己的生活；或者，從自己的生活出發，觸及一個給定的話題。

游捷同學就想到了自己的生活，一件關於被要求讓出榮譽的經歷（別覺得奇怪，那些超級優秀的獎狀大戶，都有過這種經歷的）。你不妨也假想一下：

你會把到手的榮譽，拱手讓予他人嗎？（我不會。）你會在老師或建議或勸說或懇請的話語後，把到手的榮譽拱手讓與他人嗎？（我會。哪怕並不樂意。）

你會莫名其妙地接受他人讓與自己的榮譽嗎？（我也許會，也許不會。真說不好。）如果不讓，你如何對待那些永遠不如你的對手？（還真沒想過。其實這並不關我的事兒，誰叫他不如我？總不能怪我吧。）

括弧裡是我黃老師的心裡話，真心的（你也別用假話去回答哦）。有些答案和游捷同學巧合，有些又很是不同，尤其是最後一個問題。游捷同學太崇高偉大了，一如她的作文。

原來，佳作，是這樣煉成的。

黃春

生活中的發現

游　捷

　　曾經以為手工製作，就是用卡紙和彩紙剪裁黏貼出各種形狀。曾經以為生活，就是隨心所欲地，面對和處理自己所熟悉的、得心應手的情況。

　　但是有一天，發現手頭上竟然沒有了可以隨意處理的材料，有的盡是那些要麼立不住，要麼剪不斷的東西。它們都囂著自己的個性，一時間叫我無從下手。這時，有兩個選擇：其一，堅持執行原先的構想和方案，費盡力氣處理材料——當然，很可能在不久後就會知難而退，收手放棄；其二，審視和撫摩那些獨特的材料，用心詢問它們，讓不馴的它們告訴我，怎樣做，它們才會搖身一變，成為最好的藝術品。選擇了後者，我發現，原來好用的卡紙和彩紙，不一定是最好的材料。

　　面紙，柔弱無骨，潔白無色。單調軟弱的它卻告訴我，只要我用十足的細心呵護，它就可以有絲綢的細膩柔軟、薄紗的輕盈靈巧。於是，一層一層的籠覆，一個角落一個角落的捏攏，細細雕琢之後，一個精美可愛的婚紗模型展現風姿。我領悟到，有時，細膩是關鍵。

　　瓦楞紙和枯木枝，粗糙灰暗，堅硬難折。桀驁不馴的它們卻告訴我，只要有靈感的構思，稍加佈局整理，它們就可以展現一種別

樣的美：粗獷、灑脫、自然。於是，一番沉思之後，進行幾處簡單的切割，儘量地保留它們原有的粗糙質感，再選擇一張合適的照片——秋日紅烈的餘暉映照著驚濤拍岩——最後有致地把它們搭配拼接在一起。這樣，一個別有風情的相框製成了。我領悟到，有時，大膽不拘束才是秘訣。

有時需要細膩，有時需要放膽，生活中何嘗不是如此。在志願者活動中，面對一個清澈眼眸中透露著羞怯的孩子時，若是沒有耐心和細心，是打不開他心靈的窗戶的。用敏銳的眼睛觀察他的神態，用安靜的心靈傾聽他的話語，也許慢慢地，就能體驗到所謂的心有靈犀的。而在新組建的集體中參加拓展活動，太過保守和內斂則會成為成功的絆腳石。何不體驗一回瀟灑自信？捨棄羞怯和顧慮，才會有一展身手的機會，才會有和新的朋友們一起放聲大笑的機會。

生活有時單調一致，比如高三的復習備考。但是，僅僅黑白兩色，經過巧妙協調的設計加工，可以營造出令人驚歎的豐富的層次感，可以比彩色更奪目。因此，把握生活的韻律，高三並不注定無趣。生活有時繽紛熱鬧，就像記憶猶新的高二，以及展望中的未來。但是，鮮豔的色彩必須合理搭配才會美麗，否則只是一攤混亂的汙跡。同樣，紛繁的生活需要明智的經營，否則叫人迷亂困惑，精疲力竭。

生活總是以不同的姿態面對我們，有些我們並不熟悉，有些甚至本不被歡迎。但是，就像我發現正是這些多樣化、個性化的手工材料給了我源源不斷的挑戰和創新的樂趣，生活的多變，也正是它的魅力之一。我從手工中發現的，是一種生活的態度：擁抱生活展現給你的新面目吧，以積極的方式回應它。命運非我能控制，但我，可以有無數種姿態適應生活。這樣，就會收穫一段時刻精彩的生命，一個豐富的自己。

寫得太棒了！你不覺得嗎？

手工摺紙，這事兒我們都玩過啊，可她怎麼就能玩出生活的哲理來呢？面紙、瓦楞紙……不同質地的材料，正如不同樣式的生活，你如何對待？尤其是當材料並不合你心意的時候，你怎麼辦呢？是抱怨之後敷衍，還是盡力之後發現另一番精彩？依我看，作者的這些思考，當然不會是在小時候摺紙遊戲中冥思苦想出來的，而是日後的生活經歷喚起了她當年的生活回憶，二者重疊，迸出了自己的感悟。游捷同學不僅喜歡摺紙，認真地摺紙；還樂於助人，用心去支教；還樂於學習，用心地學習。於是，這份用心和當初的那份認真，在一篇以「生活中的發現」為題的作文考場裡，相遇了。相映成趣之後，成就了這篇幾近完美的小作文。

還是方才那句話：佳作，是這樣煉成的。

黃春

只為真情

北京四中二〇一三屆，現考取首都醫科大學。
喜歡坐在鋼琴前用指尖觸碰流淌著的音樂，也熱愛運動場上驕陽下的奔馳，
亦動亦靜是我的特點。在紛繁的世界裡我獨自前行，
探尋生活點滴與自我的契合和映照，追尋最真實的自我。

即使科技再發達，我也總覺得書信是無可代替的。打開信，一個「展信好」便是一個親切的問候，讓你明白，遠在千里之外，你是被人記掛祝福的。

「烽火連三月，家書抵萬金。」古人的一封信要等得太久，寫信與回信之間是字字句句的斟酌，是分隔兩地心靈的交會，它飽含了多少的悲歡，多少的思念；等待一封回信，便好似等待又一次太陽升起，是充滿了希望，也是無比焦急的；在那個信是唯一連接異地兩人的橋樑之時代，信是真誠的，信是可寄託的。

可是現在，即使是我自己也很少寫信或者收信了，老式的信紙和信封都封存在櫃子裡，它們身上落滿灰塵；我也很少有對來信的期盼。偶而，媽媽會收到朋友從美國寄來的賀卡與照片，賀卡上字數不多，只是隻言片語的祝福，但每每想到那小小的紙包飛躍了太平洋，不知經過多少人的手才落在自己手上，便為此感動欣喜，生活便因此而點綴上幸福的色彩。只是，這樣的機會真的太少了。

我記得在初二時，聽于丹的講座，她和她的同學約定，在十年後那年的第一場雪時要給彼此寫封信，而這個約定最終成為了現實。我驚歎於當初她們之間許下諾言時，那樣美好的心境，也驚歎於十年後的那場初雪時，她和她的朋友分坐在不知分隔多遠的書桌

0
5
6

前，寫著過去，寫著現在，寫著將來。在一封電子郵件幾秒可以解決問題的時代，她們在完成十年前美好的夙願。心頭掛念十年前的朋友，寫完信，摺疊好，輕輕放入信封，貼上郵票，鄭重地寫下地址……不知對方是否記得，不知位址是否已經改變，只是我依然用這種最古老的方式告訴你，千里迢迢，我的一封用筆寫下的信，走過了時間歲月，走過千山萬水，為的只有真情的傳達。

而我以後，也照貓畫虎和朋友定了一個約定，書信位址還在書桌的玻璃板下壓著。信寫了但未寄出，而是用一封電子郵件表達了我的歉意，事情太多太忙，成了一成不變的託詞，同樣，我也只收到了電子回信，寥寥幾筆，想來彼此都很忙，我們的情意就這樣被沖淡了。

就在昨天，我還在自習室忙著備考時，坐在我旁邊的朋友，拆開了一個信封，她在網上找了個筆友，正準備回信。她本來就是個浪漫的人，從不受什麼束縛，我瞥見信封上畫的簡筆劃，為她感到一絲感動。或許不久以後，塵封在櫃子裡的信封將被開啟，而我還是一個有真情的人。

讀汪漫同學的這篇文章，我油然想起了余光中的《催魂鈴》，說的是以「電話」為代表的現代生活方式，是如何毀滅了生活的從容。本文也是，書信的日漸消逝，又是如何地毀滅了人間的真情。E-mail 和書信，其內容真的可以完全一樣，然而，手寫體，摸上去有質感，尤其是那段長長且不太確定的等待，真是無法複製無法替代的。而「真情傳遞」和「信息交流」的最本質區別，就恰恰在於此。

黃老師是在書信時代長大起來的，最近接觸了 E-mail；各位同學是在 E-mail 時代長大起來的，也還都曾經有過書信的記

憶。這樣一個交會轉型的時代，正是給人感慨的契機。除了書信，還有很多東西哦……

本文中我以為寫得最好的部分，當屬汪漫同學對書信的描寫：字字句句裡飽含了什麼，又經過多少手與手的傳遞。看得出來，她是很認真地寫過書信，寄過書信，等過書信，讀過書信的。你做過，你才能最恰當地描述它。還有那倒數第二段裡講述的小故事，太真實了，我常常這樣，你呢？

黃春

未曾失去

劉適也

北京四中二〇一二屆，現就讀於美國聖母大學。

因為熱愛生活，所以也就熱愛寫作；因為熱愛生活，所以也就熱衷公益。

我開網店，幫助摩梭女孩銷售手工工藝品，很多年了哦，歡迎你光顧。

高一剛入學的時候寫了篇作文，大致是懷念初中與幾位摯友間極深的情感的。文章充滿了迷茫和一種近乎哀傷的悵惘。現在讀來，仍覺得渾身酥軟，還有一些壓抑。而至今我還清楚地記得老師在文章下點評的最後一段，是這樣一句話：

「美好永遠不會失去，只是看你是否能用心地將這種美好繼承下去。」

當時定定地盯著這句話讀了很久，還是似懂非懂。心裡總有一絲懷疑。我初中和高中的同學是如此不同，我真能得到過去那種友情嗎？

前段時間和初中一位極好的朋友見面，她笑著對我說，覺得高中生活勝過之前所有的美好。她說她和我們在一起仍然是格外歡喜。但現在這樣與我們聯繫得少，她並不悲傷。她在她新的世界，找到了同樣珍貴的情感和依賴。我竟沒有失落。

現在若是問我，是否還懷念初中？我會毫不猶豫地回答，當然。然而我也已經不覺得感傷，並不覺得和他們的分離是件該悲傷的事情。就算走上不同的路，我往左，你往右，又怎樣呢？我擁有和你們在一條路上做伴前行的曾經，並且在前方未知的路途上，還擁有同樣堅實的夥伴和依靠。那是我新的朋友，同樣可愛，我們之

間的感情同樣深厚。他們也許同我之前所熟識的人們不同，然而不同又如何？我們同樣緊握住彼此的手，你一步我一步地走著，分享純粹的痛苦和快樂。這樣的方式，難道不是全天下一切友情所共有的嗎？

聽別人說過，生活是火車。一個車廂裡的人，會來，會走。然而我的身邊仍有至親至愛的同伴。我們彼此真誠，為彼此付出，擁有彼此的信任。只要有他們，我就未曾失去什麼。對於老師那句話，我好像漸漸明白了許多。

七年前我去麗江的時候，認識了一個納西族姑娘，成了非常要好的朋友，回北京後卻慢慢失去了聯繫。這個暑假我又來到麗江。我試圖找她，意料之中地沒有找到。然而美麗的事情就在這時候出現了。我遇見了一個織披肩的摩姑娘。我整天整天坐在她的店裡，聊天、打鬧。我想起七年前的那個女孩兒，我們那時也是如此。我突然覺得並無遺憾。

世間大多數美好的東西，似乎容易失去，而其實卻從來不會失去。「逝者如斯，而未嘗往也；盈虛者如彼，而卒莫消長也。」這些東西可以傳承。我們失去的是一些曾經的載體，然而總還有新的載體來繼承它，只要我們用心地對待它，保護它，珍惜它。所以我們不必在那些似乎要失去什麼的時刻感到悲傷。記得那句總說的話──「不管有什麼結束，就必定會有什麼開始」。現在才懂得這之中必然性存在的原因。其實並沒有結束，沒有休止符。那只是一個暫停，而新的開始，不過是要我們用心來將暫停前的樂章續寫下去，也許更美──至少永遠不會停息。

中學生經常會寫到友情的珍貴，寫到離別的傷感。每個人都有自己的康橋。有人哭哭啼啼，有人拂衣而去，恰如〈赤壁賦〉

中的主客對答，有人托遺響於悲風，有人飄飄乎遺世獨立。這都可以，但人畢竟要繼續，要成長，要快樂，因而，還是喜歡劉適也同學的「未曾失去」，好比蘇軾所謂「物與我皆無盡也」。

對生活有所感慨，就是好的；倘若能有更深的感慨，更遠的感慨，更陽光更博大的感慨，那就是更好的。這種「更好」，不是別人教授的，不是自己造作的，而是真真實實地生活出來的。

記得有一回敷衍一個學生的問題：「怎麼才能寫好作文？」我說：「好好生活吧！」其實，就夠了。

黃春

欣賞來自體驗

邱明昊

北京四中二〇一二屆，現就讀於北京大學。
熱愛讀書和體育，對文學和歷史有特別的興趣。
最喜歡三國時期的歷史和讀經典名著。最喜歡的作家是雨果，
最愛《悲慘世界》和《九三年》。相信讀書能使人變得豐富，
變得有趣，找到前進的路。願與大家共勉！

　　我是一個體育迷，愛看各種各樣的體育比賽。喜歡看各種純熟的技藝以及來自不同項目的衝擊與活力。然而我發現比賽看多了，有時候你的心裡竟會湧出一些情感，讓你充分地投入到這項比賽裡，絕不僅僅是欣賞幾個華麗的動作那麼簡單。

　　歸根結底地想一想，這種投入體育其中、對體育的欣賞更多地是來自一種體驗，體驗這項運動和那些參與其中的人們。

　　喜歡看冠軍捧杯的瞬間。我總是抱著一種快樂和酣暢的心境，欣賞地看著那些球員臉上綻放的歡笑，或是淌下的熱淚。我更感動於那些對金杯的深情一吻，或是運動員平靜地注視著金杯彷彿思考著一切。每當此時，我的內心都湧起一種力量。我其實並不是在欣賞著什麼，而是為那些球員幾十年如一日的艱苦訓練在這一刻得到了回報而高興，或是為那些兒時的夢想成真，那些所有的付出終得彌補而感慨。

　　喜歡看主場球隊進球，當球滾入網窩的一瞬間，球門後那同一顏色的幾萬名球迷就如潮水一般噴湧起來，形成一幅壯觀的場景。我曾經也是他們中的一員，我知道那些球迷為他們的徹夜狂歡找到了理由，我能體驗到場上的球員面對這浪潮時心裡的澎湃和感動。也喜歡看客隊進球，球進時體育場內鴉雀無聲，只有那幾個刺眼的

顏色在歡慶，雖然孤獨卻有著桀驁的魅力。我知道進球的球員面對全場的鴉雀無聲，心裡是怎樣的一種釋放和淡淡的嘲諷。我感覺到那幾個客隊球迷面對主隊球迷憤怒的眼神而盡情地狂歡。我們是白色海洋中的耀眼紅色，我們的翻滾如同升起的氣泡具有衝擊力。

我們最欣賞體育比賽中的那些堅持到底和永不言敗的運動員。我們欣賞他們頂住傷痛，頂住失敗，而重新振作。但大概也只一瞬間的崇敬罷了。但試問，當你四年為了一個目標日復一日地訓練、訓練，而剛踏上賽場就受傷時，你是否能有勇氣頂住四年時光的壓力只為了再站起來，你是否在生命和時間彷彿都拋棄你的時候，不拋棄你自己，不拋棄你心底的這項運動？你是否能夠不顧失敗後就將失去的一切只為了取得勝利？你是否依然願意不住地奔跑只為了那若有若無幾近於無的希望？當你知道一個運動員忍住淚、忍住痛告訴你「是」的時候，大概這就是你欣賞體育的時候。你感到從這個運動員的心裡迸發出一種強大的力量戰勝了一切，你明白他是一個真正強大的人。「寶劍鋒從磨礪出」，不知那上千度的高溫和重錘的捶打，就不知那寶劍的堅韌。

體驗是欣賞的核心，是欣賞的前提。不僅是體育，生活中的所有一切都是這樣，去體驗吧，這樣你才能欣賞詩歌，才能欣賞繪畫。你將欣賞到色彩背後的光明，欣賞到苦澀文字背後的痛苦心境。

體驗過才是真正的欣賞，你知道在那令人讚歎的外在表現背後有真正值得欣賞的地方。當你在看麥迪三十五秒拿下十三分時，是不是想起你自己一連飆中三分時，從心底裡噴薄出的豪情。別人看見的是麥迪的神準和技術，你欣賞到的是麥迪對自己價值的證明和一人擔起球隊的豪情和勇氣。

「球迷」這個身份，在校園裡並不是一個很光亮的稱號。我不是球迷，我絕不做球迷，因為太多的球迷其實只是假球迷。我以為，假球迷只能看見球滾進了網窩，而真球迷應該要能看見球是怎樣滾進網窩的；假球迷只會為球滾進了網窩而歡呼，而真球迷應該更知道要為那些沒能滾進網窩的球真心喝彩。如果你也看球，你也自稱球迷，你屬於哪一種呢？

真球迷，不是看，而是體驗；不是體驗足球，而是體驗生活。於是，他所寫的，也不是球，而是生活了。

我不看球，我喜歡打牌，我家人都愛打牌。每每我回老家，或是父親到北京來我家小住，他總是主動地要我們陪他玩牌。今年也是，過年在家待了兩天，多數時候是陪父親玩牌了。父親的牌技很好，總是能出人意料地贏。他說：「什麼牌該先出，什麼牌要後出；什麼牌要爭，什麼牌要捨，都是有講究的。就像人的一生，什麼事要先做，什麼事得後做；什麼事要爭取，什麼事要放得下，這是原則問題。」你看，打個「拖拉機」都有人生大學問，何況足球呢？

怕就怕你這個球迷，僅是聽著 CCTV-5 的解說武裝起來的，那就完了。

黃春

筆尖的深度

韓陌

北京四中二〇一三屆，現考取北京理工大學。
喜歡老歌，太極，讀書。我是個安靜的人，
高中住宿期間很多的快樂和感受來源於在校園中漫步。三年來，自己的心境不同，
所見的景致也各異。平實的生活中，我漸漸地感受到了自己的成長。

一個懶懶的下午，忽然收到朋友的短信：「最近好嗎？」很久
沒有聯繫過了，這久違的問候顯得有些珍貴。我片刻之後回覆了信
息，頭腦中漸漸浮現出往昔的一幕幕歡聲笑語。十幾條短信下來，
竟已然發覺心中似有千言萬語，然而幾十字的短信似乎又無從出
口。隨後收到簡潔的四個字：「等我的信。」我頓時眼前一亮，撇開
手機——飽含激動和焦急的等待開始了！

在傳達室，一個吱啞著的散發著乳膠和木材的混合香氣的老抽
屜裡，我把一沓信一封一封拿起，又放到一旁。終於看到一行熟悉
的字體，後面還加了一個調皮的笑臉。我一把將那乳白的信封貼在
胸前——漫長的十幾天，終於等到了！

你收到過信嗎？你可知道，那獨一無二的信封、封口的神秘
感，還有正面的兩行地址，甚至兩地郵政的郵戳和中途輾轉的印
章，都在明白地告訴你，這一份禮物是只屬於你一個人的，不可替
代的，是無盡的掛念、陪伴和祝福！

從那天晚上起，就籌劃回信。一連三個星期，只要稍有空閒，
便會立即想到信的內容。來信中，我曾經胡說過的一句什麼話竟也
被記錄在案，奉為經典。

我彷彿已經看到老朋友寫下一字一句時那時而飛揚的嘴角。於

是，一連十幾個夜晚，享受著擠出來的寶貴時間，把白天想到的話、發生的故事仔仔細細編排在信紙上。那時候，大概已將近半夜，屋子裡靜悄悄的。桌上只留下一疊信紙，一枝筆，還有密密麻麻寫滿七頁紙的來信。柔和的燈光鋪在乳白的信紙上。心中斟酌著字句，穩穩地把每個字寫好看。偶而聽到窗外細細的風聲，玻璃上映著我與書桌的圖像，背景即是月光。常常，手心滲出的汗打濕了筆桿，寫到暢快處亦會忍俊不禁。這寧靜的只有心與自己對話的時刻，是那樣幸福、溫暖。

筆尖下畫過的每一筆，背後其實都是寫信人深深的思考和想念。寫信，也遠不止是念叨瑣事。當萬籟俱寂，只有內心供自己審視和解讀，信中的語句便正是自我的叩問和感慨。很多時候，一閃念之間的感悟或許並不深刻到難以忘懷，而當以字斟句酌的形式印在紙上，才真正融化入內心，達到更高的思考深度。

在當今這樣信息高速傳遞的時刻，靜下心來，找到一個僻靜之所，鋪開信紙，寫信，即是對內心最好的審視，對思想最高的凝練。

又是一篇寫書信的文章。與前文不同，本文重在描述寫信的過程。

如果你沒寫過書信，那麼你是肯定描述不到這麼具體的；如果你沒寫過書信，那麼你也是肯定描述不到這麼生動的。你讀讀那些字眼兒：一連，享受，擠出來，仔仔細細，編排，靜悄悄，一疊信紙，一枝筆，鋪，乳白，斟酌，穩穩，好看，風聲，我與書桌，月光，忍俊不禁，心與自己對話，幸福，溫暖，筆尖，想念，念叨瑣事，審視，解讀，叩問，感慨……在作者的生活裡，寫信，近乎是一場儀式，一種敬畏，一次朝

聖。

講授《孔乙己》的時候，學生問：「孔乙己排出九文大錢」，
魯迅怎麼能選出「排」這麼貼切形象的動詞呢？

我說，魯迅一定「排」過。

黃春

一年好景君須記

張啟

北京四中二〇一二屆，現就讀於清華大學。
我喜歡行走於麗江的古道上，觸碰自然的清新；亦喜歡奔跑在紅綠相間的網球場
上，享受運動的快樂。生活對我來說就是一場遊樂會，我享受生活中的一切，
享受自由自在、無拘無束的快樂。現在的我在清華園裡，享受荷塘邊的浪漫，
享受日暮旁的愜意。願你們有機會和我一起，感受清華的點滴。

好景不常在，一年好景君須記。好時不常有，一生好景君須記。

——題記

曾在初春之時，於家中種下一盆水仙。春夏之交時，水仙爛漫，香氣撲鼻。

可剛至夏季，水仙便香消玉殞，空成記憶了。

有時，也會思考這一年之景，便覺得這一年好景不長。水仙飄香只有幾日，這秋菊燦爛卻也不過半月。我也不時會傷感：縱使再美之物也會消逝不見。唯有悄悄銘記，默默珍惜，才不會在好景逝去之時只剩嗟歎。

於是，在再植水仙之時，我便拿出一個本記錄水仙日記。一月之後，當水仙枯萎之時，再細細翻看，便又有莫名感動。坐在窗前，我邊翻水仙日記，邊思考這其中的點滴：一年好景短暫，珍惜記掛便不再有錯失美景之憾。放眼人生又何嘗不是如此？人的一生也並不長，而這其中的美妙時刻也不常有，如果不加以品味，那豈不是相當可惜嗎？

想到這裡，只覺得一陣鑽心痛。不由得想起我初中畢業之時，母親放下手頭一切工作，專程來學校參加我的畢業典禮。典禮之

後，母親興沖沖地拉我去合照，想永遠地紀念這美好的一天。可是我滿臉疲態，推卻說以後常有機會，便匆匆離去。現在想來，心中滿是懊悔。初中畢業典禮一生中也不會再有了，而與母親合照的機會也所剩不多了。我不停地在相片堆中尋找，卻也難覓與母親的合影。我想，與家人共處之時便是一生之最好時。而不惜好時與不記好景是何其相似。人生在世，功名利祿轉眼雲煙，而真正留下的便應是快樂的時光。如果不加珍惜，在揮別人間之時，我必會深深遺憾。這不正與不記好景，好景已逝時的心情相同嗎？於是，我決定在高中畢業之時，與母親好好享受這一生中為數不多的美妙時光。

又不由得想起一位好友，在一次我與他去麥當勞就餐時，他告訴我：該去的地方都去過了，該吃的東西也已經都享用過了。所有的美妙時光他都十分珍惜地度過，已經沒有任何遺憾了，就算二十歲時他不幸離去，他也不會有再多的不捨。我想：一年不長，一年的意義便在於好景存在之時。一生也很短，人在臨死之前還能帶走的也就是那幾個讓你難忘的美妙場景吧！好好珍惜，別在與好景與好時都錯過之後，再遺憾痛心。

記得在一部很文藝的電影《星願》中有這樣的故事：一個盲人在車禍之後升上天堂，在他的懇求下，自己終於有五天時間來完成世間未完成的心願。五天時間裡，他向暗戀的護士表白，向肝膽相照的摯交道別，也做了許多很想做但沒來得及做或沒有珍惜的事情。

我想，人終其一生，如果能把好的時光都加以珍惜，那必會沒有遺憾。每個人都不可能獲得額外的五天，所以，請珍惜每一個快樂的時刻，讓生命影像充實而美妙。

一年好景君須記，因為好景不常在，一旦錯過便無法追回。一生好時君須惜，因為好時不常有，一旦遺失便無法挽回。

謹記，一年好景君須記，珍惜每個讓你難忘的美好瞬間。

你肯定種過水仙（或是別的花草），可你為它寫過日記嗎？你沒有，所以當水仙逝去，你的回憶就變得虛無縹緲起來，張啟同學「細細翻看，便又有莫名感動」的美好，與你就無緣了。

「每個人都不可能獲得額外的五天」，要不是張啟同學曾拒絕過母親想合一張影的請求，要不是他和好友在麥當勞餐廳有過一番關於人生無憾的對話，我猜想，哪怕他同樣看到影片《星願》，他也不會慨歎出這麼一句經典無比的話來。我不是鼓勵大家有意去拒絕一次母親的請求，我是想說，要不是他曾用心地養過一次水仙，他根本就記不起來自己曾拒絕過母親的請求，也就根本不會心生歉疚。

你也一定拒絕過母親的某個小小的請求，一定的；可能記不起來了。因為，你沒有為一株水仙，寫一個月的日記。

種一株水仙，可以心血來潮；為一株水仙寫日記，那叫生活。

黃春

幫　助

黃文蕾

北京四中二〇一二屆，現就讀於香港理工大學。

現在回想以前那麼多次動筆前在腦海搜刮的過程，想起很多我本來忽視掉但很有意思的事兒，那些時候快樂總比痛苦多吧。重點不是寫了多少字，而是為此都想了些什麼。遠離作文後的一年過去，突然覺得再不好好想想，我真的要成行尸走肉了。寫作帶給我一種失去後才知追悔莫及的東西：存在感。

小時候有一個願望，想養一對像〈珍珠鳥〉那篇課文裡那樣的小鳥。它們會從籠子的縫隙裡鑽出來滿屋飛卻不會從窗戶飛走，還會繞著我的筆尖蹦來蹦去。那曾是我最奢望的事。於是，在我長時間的懇求下，終於有一天，我把一對珍珠鳥帶回了家。

我總是去看它們，在天氣變冷的時候還去外面摘草葉放到它們的窩裡。幾天後的一個早上，那只雄鳥沒有從窩裡出來，它眼睛半閉著，全身的羽毛都立了起來。下午我從學校回來時，它已經死掉了。又過了幾天，雌鳥突然開始變得不安，它在籠子裡不停地飛，躥來躥去。我想這一定是因為它很孤單，就想讓它透透氣。我打開了籠子。它跑出來，飛到屋子的另一頭。我跟過去。可它卻突然以根本不容我反應的速度衝向對面的玻璃窗，隨即是一聲以它的體型來說巨大的悶響。我從沒見過一隻小鳥的嘴張得那樣大。歇斯底里般顫抖著的身體在我手心裡一點點變得僵直。我永遠忘不了它被玻璃反彈下來後驚恐的眼神。

我不明白為什麼，可我真的只是想幫它。但小鳥驚恐地以為我在害它。而且事實就是如此。很久之後我才聽說，從外面摘回來給小鳥墊窩的草葉如果不曬乾，小鳥容易生病。從一開始，我所謂的幫助就已經在傷害它們了。

然而又何止它們。從小到大我養過的所有小動物，沒有一隻是正常死亡。

　　究其原因，說到底全都是因為我無知的幫助。很久以前一隻大概是從樹上的窩裡掉下來的小喜鵲在草堆裡被我發現後帶回了家，我用小勺餵它吃米糊，可米糊卻讓它再也無法飛起來，餵食的方法讓它不會自己找食，一星期後在無人的家裡餓著肚子斷了氣。後來又養了一隻喜歡從紙箱裡往外跳的兔子，我怕它跳出來摔傷，便加高了紙箱，可它卻因此越跳越高，終於在全家出行的那一天從將近四十公分高的紙箱裡跳了出來，在我們從廚房裡找到它的第二天早上，因為吃了廚房地上的滅蟑藥在我眼前四肢抽搐著癱軟下去……一次次，我的幫助直接間接地導致它們一個接一個地在我眼前死去。

　　我以為把小鳥從籠子裡放出來是在幫助它，把小喜鵲從草堆裡捧起帶走是在幫助它，把小動物從冰冷的廟會地攤上帶回家是在幫助它，可這種幫助又是多麼不計後果，不負責任。我並不細心，也沒有經驗，根本不可能對這些弱小的生命負責，又何談幫助。只是出於私心，因為喜歡，想讓自己開心罷了。

　　在這些小動物的眼裡，主人一定有一種不可抗拒的力量吧，他操控著它們的自由，它們的生死。而我不過是這樣一個無知而自私的人類，從我把它們放進籠子帶回家的那一刻起，便不能真正幫助它們任何。主人和寵物的關係就在那時無聲地建立。珍珠鳥因為信賴而創造出的奇跡永遠不可能在我身上發生，因為從一開始，這間的緣分就注定會因為我的過失早早結束。儘管很殘忍，但喜歡並不意味著就要把它們帶回家。除非躲不開了的，我想，少養活物，對它們，對我，都已經是最大的幫助了吧。

　　這總是讓我去想人和動物的關係。我選擇了躲避，但事實上太多人都在重複著同樣的事，終究不是積極的辦法。

就像人們為了保護羊群而大肆屠殺它們的天敵，結果導致羊群不再奔跑、體質下降，死亡率反而更高。很長時間，人們憑藉著主人一般的強大力量把各種幫助施加在動物身上。說是幫助，只是因為人類是這樣認為的，但對動物來說，卻不是這樣。從人的角度出發而來的幫助不可能被它們理解，因為一開始我們便站在一個強勢的位置。

我欣賞此文，因為我和她有著相同的觀點。我欣賞此文，更因為她敢於實話實說，敢於把有點兒離譜的想法，擺上桌面來，供你賞鑒。她說：我借著幫助的名義，我養小動物，其實「只是出於私心，因為喜歡，想讓自己開心罷了」。城裡人養寵物，打著愛心的幌子，可實際上，百分之九十九的人，都和黃文蕾同學一樣吧！遺憾的是，只有黃文蕾同學知道自己的真心，至少只有她說出了自己的真心。還有那麼多打著愛心幌子去捐款去扶貧去支教的人，不正是因為自己喜歡嗎？不正是因為可以滿足自己的惻隱本性嗎？以強者自居，所謂扶弱，未必真好。

倘若如此，與其伸手相助，不如為之祈禱。

黃文蕾同學的這些想法，只因她養過一對珍珠鳥。她養珍珠鳥，只因她讀了一篇文章《珍珠鳥》。她會因為一篇文章就行動起來，只因她對生活有一些自己的奢望：它們會從籠子的縫隙裡鑽出來滿屋飛卻不會從窗戶飛走，還會繞著我的筆尖蹦來蹦去。她會有這般奢望，只因她對生活的理解，飽含了童真的情趣。

黃春

棄之美

董一夫

北京四中二〇一三屆，現考取美國耶魯大學。

平時，我最愛下圍棋，也愛音樂和運動。享受交流的樂趣，也珍惜獨處的時光。

不敢說擅長寫作，但愛好寫作，因為它是一種美妙的交流方式。

我偶而寫中文文章投稿，也經常寫英語短文發到博客上。

對於一個像我一樣下圍棋的人來說，吃子是圍棋中的第一件美事。吃子，顧名思義，就是把對方的子圍起來，從棋盤上清除掉。吃子之所以美，是因為它總能給你一種凌駕於對手之上的感覺（只要是你吃對手的子而不是對手吃你的）。還記得入門班中小棋友們對弈時緊張激烈的場景。因吃子成功而克敵制勝的人眉飛色舞，他的對手則緊鎖眉頭，黑子白子在眼眶中不停地打轉，逐漸模糊。吃子，棋之道也！老師並沒有這樣講，但所有孩子都這樣想。

後來到中級班，我才知道圍棋的核心並不是乾巴巴的吃子。佈局、收官、死活、定式……這些都是下棋必不可少的技巧，而吃子只是圍棋的一部分。但心裡終究還是美滋滋的。

隨著水準的提高，我掌握了更多的吃子技巧。每當我吞下對方的棋子，心裡那種純粹的滿足很快使我麻木，我總沉浸在吃子美妙的感覺中。

可是，我逐漸發現，吃子越來越多，但是棋卻沒有多贏幾盤。老師也意識到這個問題，終於開口了：「棄子……」棄子？吃子是一大美事，而棄子就是把自己的子「餵」給對方「吃」，怎麼是合理的呢？其實，棄子是一種更高級的戰術。它是通過犧牲一個局部的利益而在棋盤其它角落獲取更大利益的手段。最開始，嘗試棄子

的人少之又少。那些嘗試的人（也許也包括我）放棄了一個局部的幾顆子，在別的局部也找不回損失。他們不但心裡委屈，還會受到「吃子派」的嘲笑。但是，老師的經驗終究是有道理的。

到了高級班，吃子依然美，但老師卻不怎麼提它了。棄子，成了主流。昔日被吃時緊鎖的眉頭變成了淡淡的微笑，黑子白子也不再模糊。棄子之所以能助我一臂之力，是因為透過棋子的黑與白，我看到了淡黃色──棋盤的顏色。

看到了淡黃色，也就看到了全域。棄子使我擁有大局觀，高屋建瓴。而此時依舊眉飛色舞的對手，卻不知自己大勢已去，貪食而亡。此時此刻，棄子之美，體現得淋漓盡致。

人生如棋局。仔細想來，人生中，有多少比「吃」還美的事？學會「吃子」，學會獲取，固然美。懂得「棄子」，懂得顧全大局，你將享受更高境界的美。

忽然想起周文王的「吐兒塚」，想起劉邦將兒女推下馬車，想起毛澤東將岸英留在了朝鮮⋯⋯

棄子難；棄棋子，也不容易──畢竟「吃子」的快感，無人能拒。

低手遊戲，在乎眼下輸贏，在乎好生痛快，是為頂牛；高手過招，在乎長久形勢，在乎笑在最後，是為智慧。

本文要是能將這些都寫進去，肯定會更好；不過，能讓讀者心裡萌生起這麼多聯想，那已經就是一篇好文了。

好在董一夫同學雖沒成一代棋師棋聖，但黑白之間，他已獲得了人生的智慧。那些和棋有關的生活，那些吃子棄子的生活，教會了他很多，也教會了我們很多。

黃春

那一縷茶香

賀佳昕

北京四中二〇一二屆，現就讀於復旦大學。

寫作需要三件事，一要多讀書，二要多走路，三要有一顆敏感的心。三者之中，以其三為重。高中的時候，對於第三件事的理解停留在善於發現美好或不美好，用文字化為對人心的觸動；現在卻認為，寫作者有義務為看客留下自己眼中的觀點和價值，供世人評說，也啟發人們有更多的感悟和思考，這是寫作者身上應該也是必須背負的責任。

每當面臨挫折與不甘時，我的腦海中總會浮現出父親送我的那一縷茶香。

那是寒潮降臨後的一個格外肅殺、冷默的冬日，我再一次因為考試完敗這樣本該習以為常的事亂了陣腳，坐在公共汽車上，人們僵硬的側臉傳遞來一種更為冷酷的氣氛，我緊緊握住手心，可它們就像圍裹了一層苔蘚的觸角，濕漉漉的，一發而不可收。

終於把疲憊不堪的自己拽進了家門。父親接過書包，如往日一般沉默著幫我把它放置好。父親的眼神永遠深沉而靦腆，我從小便養成了小心翼翼同他交流的習慣，此時我不再多言，蜷縮到靠近暖氣的一個角落，貪婪地汲取著溫暖，想把那些溫暖輸送入內心。

父親是敏感的，他走過來輕聲問我：「你怎麼了？」我從沒想過隱瞞，便對父親如實相告：「考試考砸了而已。」父親又是沉默，片刻後，竟轉身泡起茶來。

「天冷，過來喝點茶吧。」

我慢騰騰地走過去，端起一杯茶來，輕輕地抿了一小口，一股甘甜清涼的感覺沁入咽喉。這茶，苦得就像心裡注入了蓮子的莖一般，甚至任它深深繫了根，這茶苦得正如我當時的心情一般，我小口輕啜，靜靜地享受這苦茶中夾著一絲疼的清涼滋味。

第一杯茶不一會便喝完了，父親把茶壺裡剩餘的白水倒掉，換上新燒的一壺水，又為我斟滿了第二杯，我還不懂為何要換水，父親已經示意我喝下這一杯了。我依然嘗一小口，卻驚奇地發現這回的味道已經變為了甘甜與醇美。

茶壺裡的茶葉漂浮著，我自行換了第三壺水，我已經不管身在一旁的父親，迫不及待想嘗這最後一杯的滋味。一口茶飲下，我的心從最初的疑惑逐漸趨於平靜。

茶葉在茶壺中打著旋，這最後一杯茶，趨於無味。

我頓時感悟——茶如人生，人生總是先苦後甜，在經歷了坎坷與幸福後，終究人們會逐漸平和，讓生活趨於平淡，考試失利在人生中不過一片羽毛的重量，它在苦難和奮鬥的經歷中，扮演了一個小小的角色，但人生之路絕不會因它而變。

只要努力，人生無悔便好。那一縷先苦後甜終於淡而無味的茶香，作為人生路上的一位導師，讓我明白了許多，人生總要經歷許多，希望那一縷茶香時刻與我為伴。

喝茶，你喜歡嗎？你會嗎？和父親喝茶，你有過嗎？

茶，是有茶道的。我所謂的茶道，不僅是煮茶之術，更是從喝茶中喝出來的人生之道。年輕人是不大喜歡喝茶的，大抵也喝不出個所以然來；茶是中老年人的專利，比如父親。母女倆適合喝咖啡，父子倆就必須喝茶——要是父女倆，那就更詩意了。你若親手煮一回茶，燒，洗，沖，泡，斟，抿……道道有講，環環相關，趣味無窮。賀佳昕同學應該沒做過這事兒，於是只好聽由父親引領，也算是喝出了（其實可能是聽出了）一些道理，諸如先苦後甜，淡而無味。

黃春

鏡頭教會我

馮實

北京四中二〇一二屆，現就讀於上海交通大學。
酷愛攝影的我，喜歡用鏡頭去發現世界，講述生活。

我想說，這是一個很長的故事，長到沒有結尾，我一點一點把這件事講出來。

在我還是一個孩子的時候，我每天玩耍，因為沒有過多的學習任務，我沒有什麼壓力。有一天，我父親第一次拿出了一件奇妙的東西，他告訴我，這是一臺相機，可以把你的樣子留在相片上，我看著那大大的圓圓的鏡頭（那時不認識）出了神，我當然不懂它的原理，只知道它是一個神秘的東西。當父親拿著它對我按下快門（當時也不知道），它發出一個清脆的聲音，我開心地笑了。

可現在不同了。當膠片變成了數碼，人們對照片也越發不珍惜，而我長大了，也越來越不喜歡照相。很多人都是這樣的，習慣性地躲避鏡頭，習慣性地刪除別人偷拍的照片。但是那一次使用膠片機時我頓時醒悟了。每次我調節好光圈，設置快門，用金屬扳手上好膠捲，輕輕地按下快門，隨著「哢嚓」一聲清響，一個瞬間就永久地留在了那一小塊膠片上，片數顯示的數位一點點減小，每拍下一張，心裡都有些不捨。每一個瞬間都是不可重複的，而不像我原來那樣隨意刪除、更改，每一個瞬間都是值得珍惜的，是當我透過取景器觀察，用相機學會捕捉每個可貴瞬間時，才領悟到的。

還記得我第一次用相機時，十分興奮。我將精密的黑色金屬儀

器捧在手裡，旋轉它的每一個旋鈕，按下每一個按鍵。從那以後，我經常帶著它出門，經常把它放在眼前，透過一片片鏡片看外面的世界。長大後我也保留了一點這個習慣，我總在試圖發現生活中新奇的、與眾不同的瞬間。但我發現，大多數我所謂的作品都只是一個場景、一個人或幾個事物，然而我只是把它照下來，僅此而已，我看不到其中閃光的地方，也無法理解其原因。

改變發生在一個會場裡。我陪同學去參加演講比賽。我和他幾乎一樣緊張，因為是一起準備的。當他完成了比賽走下臺時，我和他興奮極了。他帶著笑容回來時，我想我和他的心情是一樣的。這種心情使我沒有仔細聽下一個人的比賽，可當那個人走下臺時，他頓時點亮了我。他臉上的笑容，眼睛閃爍的光芒，向同伴們揮手的動作，都和我的心情是一樣的。我本能地拿起相機，調節，對焦，當他快要跑過我身邊時按下了快門。

而這才是一張好照片。

神奇的是，每當我看到這張照片，雖然隔了很久，總能喚起我那時的喜悅。

我不認識他，但我了解他的心情，而我正是用我的理解捕捉到了他的心情。它告訴我，不論一張照片技術再高，如果脫離了愛與對人類的理解，這都不是一張好照片。我的相機教會了我，只有當你帶著愛和理解，才能體會到生活的感動與快樂。

當這臺相機隨我見證一個又一個瞬間，它帶給我了遠多於照片的知識和對人生的理解，它用晶瑩的鏡頭教會我審視自己。我發覺，一切都沒有變，我孩童時的尊重、好奇和快樂，都沒有變，它展示了一個人能具有的生命力，更多的認知和每個百分之一秒的感動通過它緩緩地流露出來。

攝影，是一種很高雅的生活。當相機越來越傻瓜，就需要我們的心眼越來越澄澈。當人們開始舉起相機不必計較成本地哢嚓哢嚓一通狂拍的時候，你是否能珍惜每一次按下的快門？你是否尊重了每一張你記錄下的影像？

或者說，你用手中的相機，幹什麼用呢？你拍什麼？為什麼拍？馮實同學說：「這才是一張好照片。」你心目中的好照片，好在何處？

當然，你可以不愛攝影，你可以愛畫畫，愛唱歌，愛打球，愛釣魚，愛寫日記……形式不同，生活是一樣的。

黃春

一年好景君須記

徐楊

北京四中二〇一二屆，現就讀於北京大學。

我常常感念母校探求真我、關懷世界的人文教育觀念和昂揚大氣、理想主義的氣質。我喜歡很多東西，看書、聽音樂、彈琵琶、練空手道等，總之是希望在享受生活的美好的同時磨煉更好的自己。

希望正在看書的你也能記住身邊的「好景」，也希望你遠眺的天空，有更多的彩虹。

親愛的同桌：你好！

此刻我正坐在你的旁邊，瞥到你看著作文題皺著眉頭的苦臉，不禁想起你常常在我耳邊念叨的話：「等我對付完這該死的高考，就去旅行，去做三個月的環球旅行。」你嚮往的國度經常更換，從西班牙到斐濟，從瑞士到馬爾地夫……

我一直想提醒你，其實你忘了，你正在親身經歷的此時此地，正是好景，這一年好景，君須記。

我覺得不是只有所謂的旅遊勝地才有「好景」，校園中四時之景不同，朝暮之間晦明變化，樂亦無窮。

不知你是否留心每年春天教學樓外玉蘭花的綻放，從泛出點點綠意到慢慢抽芽，從一個小小骨朵兒的暗暗使勁，到滿樹含苞待放的淡粉，終於有一天，滿樹玉蘭花盡態極妍爭著沐浴春光，你突然問我「花怎麼都開了」，我真為你惋惜，你沒有記住這個獨一無二的春天，沒有記住玉蘭花成長的一季。

或許你已在書堆中埋頭久矣，忘了抬頭看窗邊的濃鬱。是的，夏天已經來了，吃完晚飯後在二層連廊吹著醉人的晚風，看濃綠欲滴的樹葉在風中致意，相互「沙沙」地嬉鬧，真是樂事。不知你那時為何總向我抱怨著夏天的燥熱，可當我在涼亭中聽疏疏竹風時心

沉氣靜，不覺得煩悶。看來你又忘記了夏日的好景，這最繁茂的季節。

轉至秋日，我們已然高三，你的習題刷了一本又一本，對高考也愈加地憤恨。其實你可以出去走走，不要以沒有時間為藉口，在我從食堂出來準備回班的短短一分鐘裡，就接受了一次精神的洗禮。那時已是深秋，滿樹的銀杏葉金黃耀人，突然一陣秋風卷起，滿樹銀杏葉一時落盡，它們不肯被摔到地上，而是為生命最後時刻的美麗奮力起舞，一圈，兩圈，三圈……華美的迴旋之後，才欣然入土，帶著滿意的微笑去呵護來年的花。那間有一股力量充滿全身，為了我的夢想，我也當如銀杏葉般奮力拼搏。或許記住了震撼的秋日落葉舞，我的同桌，你就不會常常抱怨失去動力，失去意義。

短暫的秋季很快被肅殺的冬季擠走。冬季鍛鍊中一直喊冷的你，有沒有留意過我們每天跑步經過四次的那棵大樹？它已然光禿，但寒風中仍然遒勁，縱然蒼涼卻蘊含著來年的生機。還有操場出口的那株月季，它一直不忍凋謝，一直在默默鼓勵著我們。這些好景，君須記得呀！

一年中，自然賜予我們的好景無窮無盡，它們值得我們用眼睛、用耳朵去欣賞，用心記下。其實一年好景又怎只是自然風光呢？你我為高考為夢想而堅定地不懈奮鬥的一年，不也是好景嗎？不也是值得欣賞、銘記的嗎？

為了理想，為了未來，為了我們的青春盡志無悔，這一年的不懈拼搏，竭盡全力，正是最美的青春好景呀！我的同桌，不要再把美好的希望寄託在高考後的那個小小的點上，看一看這一年，這條長長的線，沿途自然風光美麗無限，同學並肩拼搏溫情無限。

倘若你早將這一年好景都記得，此刻的你，又怎會為這個作文題而滿臉憂愁呢？

最喜歡這句話了：「倘若你早將這一年好景都記得，此刻的你，又怎會為這個作文題而滿臉憂愁呢？」與其說本文是一篇好作文，不如說本文是一堂作文課。

徐楊同學告訴我們，作文的素材，來自你的生活。當你的生活只剩下了埋頭題海，便當然無從尋得寫作所需的生活了。哪怕你在考前的歲月裡聽聞了太多太多的寫作技巧考場攻略，然而，巧婦難為無米之炊，「米」在哪兒呢？

我常對學生說：功夫在詩外。考分，要從考試之外獲得；作文，要從作文之外獲得。很多人就是不相信。這不，徐楊同學替我說話了。你還不信嗎？

黃春

明明知道

穆珂

北京四中二〇一二屆，現就讀於意大利米蘭理工大學。

高一的時候，老師說，看一些書吧，去發現那個你希望遇見的人；第二年的時候，老師說，看看你的身邊，為那個平凡的人寫個傳記吧；高三的「一模」動員會上，一切緊張的氣氛過後，老師突然說，「一模」那時候，四中的玉蘭花也開了吧。成長，體悟，關懷，很多時候只是一個駐足的時間，這是我的學校，和我的十二班教給我的。

小時候，和媽媽一起看月亮，她告訴我，月宮中住著一個美人叫嫦娥，她給我講嫦娥奔月的故事，早早地給我築起了一個童話般的世界。上了小學後，大家以炫耀自己見多識廣為傲。有個同學神氣十足地對我說：「你知道嗎？月亮上沒有嫦娥，飛船已經上去看過了。」然後興致勃勃地給我講起月亮的形狀和環形山。我越聽越糊塗。

回家後我對媽媽說：「媽媽，月亮上沒有嫦娥，有衛星飛船。」媽媽笑著說：「我知道啊。」可是每當月亮特別明亮的夜晚，媽媽依舊指著圓月的陰暗處對我說：「看，那是玉兔在搗藥。」

「媽媽，月亮上是飛船。」

「是啊。」

「沒有嫦娥玉兔。」

「誰說的，你看那兒不是嗎？」

長大後，媽媽很少跟我說這些，可每當我想起月亮時第一個想到的，卻不是高科技的東西，而是美麗的嫦娥、搗藥的玉兔、伐桂的吳剛。我想媽媽可能是有深意的吧，給自己的孩子一個神話世界，在理性思維充斥的現在多一份溫情與感性。

之後戴了眼睛，近視的我摘了眼鏡便視線一片模糊，可偏偏一

日我眼鏡壞了要去換，整整一天，我便處於混亂之中——明明熟知的世界突然一片模糊，變得陌生，那種介於「知」與「不知」之間的感覺讓我有些煩躁。下午媽媽帶我去逛街對我來說更是一種煎熬——我什麼也看不清。

可到了夜晚，燈紅酒綠之時，眼前的景象卻讓我為之一震：因為近視，所有的燈桿全數不見，原本高高低低的一盞盞路燈模糊地變成了星星點點的放射光球。馬路上我明明熟知的行車，呈現出來的只是一排排或紅或白或黃的光點，整齊卻時快時慢地移動，聚在一起，猶如無數大小星辰坐落地面織成一道綿長而流光溢彩的銀河。一切我所熟知的繁華與喧囂，忙碌與熱鬧，以另一種形式，點撒彩墨般瑰麗地展現。

此時我想到的，不是我明明知道的汽車長龍與路燈，只是單純地認為，這就是一個都城奇景，明明熟諳正確答案，卻一定要故意迴避。

我想起之前媽媽給我講嫦娥的故事，現在看起來那或許並非有刻意為之的深意，只是一種人的本性吧，嚮往美好而迷幻的事物的本性。不論我們多累、多理智，都一定會想為自己內心留下一片天地，一片孩子氣的不可能成為現實的幻想。明知那幻想與我們現在所知的確鑿知識相違背，可我們的思想精神卻始終給它一份穩固而神聖的位置。因為那些美好的幻想與神話中，包含了太多人至純至真的東西與心願，太多是人心向善相信光明與美好的情感與理想，一個讓人在繁忙的現實中得以休憩的精神園地。

最後，還是回到月亮。曾經有一個老師跟我說過：「你明明知道月亮上沒有嫦娥，只有環形山，但當你成家跟你的孩子一起看月亮的時候，你會對他說什麼？你一定會說，『看，那月亮上住著嫦娥，月亮中的陰影，是玉兔在搗藥啊。』」

配副眼鏡是很麻煩的事情，什麼驗光啦，散瞳啦，可是穆珂同學居然麻煩出學問來了。在忽然看不清的時候，她發現這個世界竟然更美了：之前車水馬龍的喧囂和擁堵，頓時間「猶如無數大小星辰坐落地面織成一道綿長而流光溢彩的銀河」，真是奇妙。於是她慨歎「明明熟諳正確答案，卻一定要故意迴避」，為的是留下更為美好的東西。比如，媽媽給我講嫦娥的故事，老師要我給我將來的孩子講嫦娥的故事，哪怕「神十」都已上天。

摘下眼鏡，你也曾因短暫失明而朦朧過；聽媽媽講嫦娥的故事，你也曾由半信半疑到如今權當童話而已。這些生活你都有，你缺的是在某個契機，將它們連接在一起，誕生出一個人生的哲理。這個契機的造就，靠的不是什麼方法和技巧，靠的是經常思考的心。

黃春

知道結局

董怡晨

北京四中二〇一二屆，現就讀於清華大學。
原本討厭芒果，現在莫名其妙地愛上了芒果；原本要去香港，現在卻在清華讀工業工程專業；原本熱衷下棋、羽毛球，現在二者都成為了再渺小不過的興趣；原本深度歷史控、二次元、遊戲宅，現在這些標籤像斑駁的牆皮一樣搖搖欲墜；原本喜歡繪畫、看書，現在……還一如既往地喜歡著。但不管怎樣，變化迅疾的東西也好一成不變的東西也好，廣度也好深度也好，現在的我也好未來的我也好，都是生命的重要成分，都是「我」。

「公子自度終不能得之於王，計不獨生而令趙亡。」難以忘記，在初讀這段話時，心中掀起了怎樣的波瀾。既感歎公子「與趙俱死」的勇氣，又疑惑公子「與趙俱死」的決定。既然明知趙不可救，為何還要搭進自己的性命？

如果再將歷史長卷向後推移，會發現李清照、文天祥、夏完淳這種人，「明知不可為而為之」。在今天看來，這句話與這些人一起被定義為「愚忠」云云。

在這個浮華而功利的社會中，越來越多的人懂得了算計，為自己的小利益而無時無刻不在平衡著得失，唯恐自己的付出無法換來雙份的回報。長江邊上的漁人懂得如何挾屍要價，已經暴富的開發商還在算計農民的土地。利益是一條鋼絲，每個人小心地尋求著付出回報的平衡。如果看見結局，人人都會向利益最大化處靠攏。假使明日是世界末日，學生會扔掉書本，農民會停止耕作，有幾人還有勇氣一如往常地活下去？

其實，以上的一切或許都是人之常情，但現今的社會，是否也需要一些蘇武、文天祥這些人的靈魂？如果說一切的算計是成熟的表現，那麼在知道結局後，仍在忠義的路上義無反顧地前進的人，

是否更值得人們的敬仰？

知道結局，而仍一往無前的人不是傻子，他們一直在盡一己之力去改變這個結局。文天祥數次起兵，數次遭挫，他沒能力去改變結局。信陵君更是一直在為救趙之事奔走，他知道結局，但他不願屈從於這個結局，最終他成功改寫了「與趙俱死」的結局。這兩種人，無論他們成功與否，只要他們有過努力，有過拼搏，同樣值得我們為之喝彩。

學校的田徑場上，當三千米的起跑發令槍響起，就已注定了榮耀不可能歸於有些人，而當他們盡最大的努力咬牙衝向終點時，最熱烈的掌聲往往爆發。

我突然明白了，知道結局，從來不會牽絆住勇者的腳步，他們仍會勇往直前；知道結局，從來不會牽絆住善良的人的腳步，他們仍會不計得失地幫助他人；知道結局，從來不會牽絆住有理想的人的腳步，因為他們從不屈服於看似注定了的結局，他們是到了最後一刻也從未放棄的一群人。我仰望著那一顆顆高貴的靈魂，他們的光芒將不會被時間埋藏，他們的精神將會隨著中華文明代代傳承下去，永不磨滅——知道結局，又何妨？

明知山有虎，你還去不去？嗯，這個提問你沒法回答，因為你已經不可能遇到虎山了。但是，明知跑不過人家，明知拿不到獎項，你還會不會走上跑道？這個選擇，你肯定遇見過。每次運動會，班里選派長跑選手的時候，大抵都有這麼一道題在對每個人進行著無聲的考驗。你在接受考驗的時候，是否認真地問過自己？是否在那一 那想起了很多遇到同樣選擇而犯難的他人：

信陵君？文天祥？夏完淳？他們又是否給了你勇氣和力量，使

你拍案而起說「我上」？

你可能沒怎麼想，你可能只想著「反正我不去」，所以，你的作文裡，就見不著你的這段生活了。你的運動會，只有別人的金牌和你的掌聲，沒有了你的靈魂。我這麼說不知道你是否會同意。其實，終於沒敢報名，也沒關係，只要思考過，只要將事情摁到心底去掂量過，權衡過，那麼，這件事情就是屬於你的生活。怕就怕在很多事情只在我們的眼前、耳邊、嘴角、指縫裡，倏地飄走了。

黃春

心聽得到

董沃銘

北京四中二〇一二屆，現就讀於清華大學。
無論是初入高中時的萌動和青澀，還是高二青春綻放時的奪目和美妍，再或是高三夢想飛馳路上的彷徨與堅定，我都有著文字的陪伴。當筆尖沙沙地在每一個四方格內劃過時，心被流放得無比澄澈，腦被萬縷思緒充盈包裹，追問與自省就從這裡開始，回憶就從這裡誕生，舊時光也就這樣被賦予了價值。與文字相伴，斑斕了我的人生。

世界被各種聲音充斥著，世間萬物都有聲音。有人說世界上最美麗的聲音是神聖的教堂中唱詩班歌聲的安詳；是靜謐的夜間雨水點點滴落的安寧；是次次琴弦顫動餘音揮灑的華麗；是聖誕除夕之夜鐘聲的悠揚……然而，每個人的心中都有一種聲音，也許並不是蕭邦婉轉的旋律，而只是一個單調的音節，卻觸碰到你內心最柔軟的地方，我想，那才是最美麗的聲音吧！

我，已有這種種屬於自己的世界中最美麗的聲音，即使聽不清也罷，因為，心聽得到……記憶翻滾上來，如同隔著磨砂玻璃一般氤氳卻泛著溫暖。

下了音樂課，所有同學都在回教室的路上，剛剛還好好的我隱約感到胃中一陣絞痛，怕是自己又犯了胃痙攣，但依然堅持著和同學說說笑笑。忽然，又是一陣撕心裂肺的痛，一陣頭暈噁心，旁邊的同學扶著我回到了教室。我清楚地記得上次胃痙攣時痛到難以忍受的情形，那種半神志不清的狀態依然記憶猶新，不管再怎麼擔心發生同樣的事情也無用，該發生的終究會發生，無法預料……

我癱倒在桌子上，感覺得到自己的顫抖卻控制不住。身體裡面的每一個細胞好像都集中在了胃裡面。我的手冰涼，我不知道這種劇烈難以忍受的疼痛要我煎熬到什麼時候，也不知道是什麼時候，

耳旁的聲音開始恍惚起來，趴在桌子上，閉著雙眼，盡最大的努力辨析著耳朵裡收納的數數生息。忽然，一個個很近卻又模糊的聲音迴盪在耳畔：「沒事啊，再忍一下，我的宿舍裡面有藥，我去拿！」「我去接熱水給她……」「我幫你去醫務室拿出門條！」「你好點了嗎？」……

　　一句又一句沒有間隙地在我耳邊響起，我想睜開眼睛謝謝他們每一個人，告訴他們不用擔心，可是我辦不到，乖乖地躺在那裡休息也許是我現在最好的選擇。

　　我清晰地意識到，儘管手是冰的，但被他們緊緊握住，更暖了我的心；儘管我睜不開眼睛，但已感覺到了眼眶的溫熱；儘管我的耳朵聽不清楚，但是我的心聽得到……那一句句話儘管簡單，但彷彿是五月裡和煦的日光以最輕柔的姿態在瞬間撲入心房，溫暖而甜美。我想，這些一定是我的世界中最美麗的聲音。

　　聲音，重要的不在於自身有多麼甜美，而在於接受它的對象是什麼。也許旋律華美但若只是耳朵接受了它，它也只會化為烏有，瞬間的華麗在頃刻間蒸發，一絲痕跡都沒有留下。但也許只是再簡單不過的一句話，只是心靈接受了它，那便是聲音在真正意義上詮釋了本身的價值。一時聽上去沒有什麼，但經過心靈上的碰撞後，相交所迸發出耀眼的火花留下了太多、太多。聲音，心聽得到……

　　那些觸動人心的聲音沉靜悠揚，恬淡如風，像綻開的梔子花，像清晨花瓣上的露珠，手留餘香，心留甘甜。那些聲音澄淨而有誠意，簡單卻不失細膩的情感，帶給你的也許是清風般淡然柔和的笑，也許是眼角悄然滑下的淚珠，但相同的是，它們都深深地永藏在了心中。因為——那些聲音，心聽得到……

讀過不少寫「生病了被同學照顧後感激涕零」的文章，你也肯定寫過。但董沃銘同學的這一篇，大不相同。整篇文章給讀者的印象，不是病情的危急，不是同學的悉心照料，也不是大段的感念與抒情，而是「聲音」，她在病得迷迷糊糊時候聽到的聲音。因為身體虛弱，作者只好「關閉」了所有更為直接更為敏感的感官，只開啟了耳朵（可能還只是半隻耳朵），來感知同窗友情。此時作者所感覺到的友情，比睜開眼睛的時候要真實得多，要動人得多。你可以通過聲音，想像一下周圍一夥熱心的同學，忙前忙後的身影，牽腸掛肚的神情。這些聲音，人家用心發出，作者用心接收，於是，美化了整個教室。

黃春

傾聽心聲

戴濛

北京四中二○一二屆，現就讀於北京大學。

好吃懶做，活蹦亂跳。好讀書，愛生活。夢於草原上目擊眾神死亡，

醒自黑夜裡黑色眼睛的星光。「是誰來自山川湖海，卻囿於晝夜，廚房與愛。」是我。

我們所看見的這個世界，天是湛藍的穹，云是潔白的棉，風是模糊的顏色，光是明亮的景致。我們所觸摸到的這個世界，或是有著分明的棱角或是有著柔軟的面孔，或冰涼或溫暖。而我們所聽見的這個世界——似乎很難用言語描摹，然而只要一提起「聲音」這個詞，某些動人的旋律便會立時在耳畔響起：雨打芭蕉的吧嗒，泉水流過山澗的叮咚，黑白琴鍵上下跳動的音符，管絃樂器奏出的美妙旋律……可是，似乎還有什麼聲音，總在不經意間被我們錯過。

自我們呱呱墜地，便懂得傾聽外界的聲音，並據此感知我們身邊的世界。

我們傾聽鳥叫蟲鳴，傾聽流水擊石，傾聽車馬喧囂，傾聽各種不同的語言。然而，何時我們才能學會傾聽別人內心的聲音？

還記得五歲的時候我和小夥伴一起去捉鳥，抓到一隻小麻雀關進籠子裡。小麻雀可愛極了，在籠子裡撲騰撲騰亂飛，我一直在旁邊盯著它看。可是誰知第二天它就一頭撞死在籠子裡。我暗罵它笨，為何放著好吃好喝又舒適安逸的日子不過偏要自盡。那時候我聽不懂小麻雀的心聲，它說它要自由。

我七歲的時候學不會跳繩，媽媽要教我，我卻跳一次摔一次，幾次都想放棄。但媽媽卻一遍一遍地讓我再站起來，繼續跳。我非

常不解，極埋怨她硬要我堅持。那時候我聽不懂媽媽的心聲，她說她也很疼，疼在心裡。

我十二歲的時候整天只知道玩，功課擺在一邊理也不理。班主任找我談話語重心長地告訴我要努力學習，以後才能出息云云之類的老話。我嫌他囉唆，滿心的不耐。那時候我聽不懂老師的心聲，他說他也不想多嘴，可是他要盡責。

可是終於有一天我開始明白，要用心傾聽的不是別人的語言，而是他們內心的聲音。而我，在冥冥之中已經錯失了太多太多。那些本該被我細心收藏，讓我感動至深的點滴碎片，早已散落在漫漫的時間長河裡。但它們卻永遠在那裡閃爍著，發出溫暖明亮的光芒。

仔細傾聽聲音，它寄託了太多東西，美、靈魂、感情和愛。而只有認真傾聽別人的心聲，才能從那細膩動人的旋律中品味更深更遠的東西，那會是生命中最溫暖而美好的事情。

有些聲音，如果你不用心去聽，即便聽到了，你也會置若罔聞。即便你聽到了雨打芭蕉，可你未必能聽到有人在問你的歸期；即便你聽到了琴鍵跳動，可你未必能聽到演奏者在低回哭泣。你聽不懂一隻鳥兒對於自由的渴望之聲，你聽不懂一個媽媽因為愛你而對你一遍又一遍的嘮叨，你聽不懂老師的大道理，你聽不懂前車之鑒老人之言……你沒用心唄，或者說，那個年紀，你心智未熟唄。

認識更多的字，你長大了；知道更多的事兒，你長大了；算出了更難的題，你長大了……聽懂了更多的聲音，你也長大了。

你聽，黃老師在跟你講寫作要寫真性情。

黃春

不合適的位置

徐雲澤

北京四中二〇一二屆，現就讀於北京大學。

你所寫的每一篇文章，是你創造的世界。每一個文字，都是你的世界裡的角色。
我同意批判，但不喜歡無謂的悲傷。絕望會把你帶進無盡的洞穴裡，
還會連累更多無辜的靈魂。要知道，在文章中，你是這個世界的主人。你想讓世界
變得美好就美好，反之亦然。再怎麼說，悲傷的文章從來在高考中沒得過高分！

「雲澤，我好羨慕你。」我的舅舅聽完了我簡單的長笛演奏，當著別人面，深沉地說。

起初我是吃了一驚。我沒想到我的演奏可以讓一位堂堂正正的藝術家說出這樣的話來。我後來又在我弟和我的母親面前演奏了一次，他們卻沒有得到同樣的回應。於是，我就學起鄒忌當年那種有點過於自戀的自我反省，打算鑽進自己的被窩裡仔細想想，為什麼舅舅要這麼評價我。不過，答案卻沒等我仔細思考就跳進我的眼簾裡了。我隨意脫下來的校服上的「北京四中」這幾個字，使我彷彿又看到了舅舅歎息的臉。

是啊。他也是從四中畢業的。

不過，出生的位置差了一點。他被上帝安排到中國近代歷史最黑暗的一塊地方裡了。幸好我還出生在很好的時代。

前幾天，我翻開書籍，看到了一篇叫作《包身工》的文章。我真不敢相信當時與我同年齡的女孩子居然要受到這麼大的欺凌和苦難。雖然有點諷刺，不過我同時慶幸自己不是出生在那個年代的女孩。如果我出生在她們那樣的位置，我寧願做柵欄裡的牲畜。至少，我吃的會比她們好一些。「公然地在男人面前換衣服」、「把餵豬用的粥舔乾淨」，我都覺得她們生活的位置不屬於擁有思想的人

類了。

　　唉，幸好不是女孩，且沒出生在那種農村裡。

　　幸好，幸好。

　　咳，上帝本來就是不公平的。人人生而沒有平等的位置。

　　我知道，我知道這些事情。但為什麼有種莫名的罪惡感出現在我的心裡？

　　於是我想到了我的位置。剛剛跨入十七歲的領域，正處於人生階段最美好的時期。長相至少不會讓人感覺不順眼。我出生在家境還算富裕的家庭中。我有像林肯一樣偉大而善良的父親，像聖母一樣的母親，還有一個與我有過很多開心的事和不開心的事的弟弟。我學習很差，但我知道要努力。我曾犯過好幾種錯誤，到現在也沒有改正過來。不過在我父親耐心的勸說下，我正在爭取改掉部分惡習。我以前很自卑，因為我出生在日本，回到中國後，受到來自一些同學的冷落。但是，正因為我出生在日本，我擁有了國際生的資格，並且以此考進了北京市最好的高中，在那裡結交了全中國最優秀的同學和全中國最棒的老師。我現在的目標較為明確，不過我還是貪玩。雖然不是每天都能過好，但我現在微微能了解人生的幸福所在。

　　我就生活在這樣一個被上帝祝福的位置裡。

　　自從我到四中以後，很多以前的同學都對我刮目相看。有一位初中同學，他為了考四中學瘋了。他日日夜夜的預習，學習，復習。他將一切人際關係拋棄於外，一切其它娛樂拋棄於外，執著地追逐他的夢想。結果，他還是沒有考上四中；而貪玩的我輕輕鬆鬆考一下國際部就考進去了。如果他也是外國籍的話，他將是四中國際部的歷史上最優秀的一個學生。而我要是和他一樣中國籍的話，恐怕連一般的高中都考不進去了。

　　我似乎感到了我心中罪惡感的來源——我不應該處在這個位

置。很多人的心理比我優秀，很多人的體力比我強，很多人的智力比我高，很多人的毅力比我堅強。但是他們卻處在那樣的位置，我卻處在這樣一個幸運的位置中。我的舅舅擁有夢想卻不能達成，我能達成卻沒有夢想；包身工沒日沒夜地工作為了活下去，而我現在做一點點活就能活下去。

我也害怕如果有一天，上帝對我失去興趣；如果有一天，我變成了一隻令人厭惡的甲蟲；如果有一天，我的父親遇到意外；如果有一天，我失去了這一切，哪怕失去一點，我從我的位置掉下來時，我害怕我在這個位置會看到世界從來沒給我看過的一面。我沒有嘗受家庭肢解的悲痛，我不知道飢餓的痛苦，我現在受到的屈辱我還能熬得下去，不過我知道孤獨給人帶來的絕望和瘋狂，而且我知道孤獨只能算是一個雞毛蒜皮的事情。我憐憫那些處在自己無法改變的位置的人們，我也害怕終有一天我會不會因為我的無能墮落到他們的位置。

「徐雲澤，你太棒了，吹長笛那麼好！」

「你將來一定會成為人才！」同學們和家人都這麼說。

「唉，在重點高中的就是不一樣！」

「你真棒！能進四中！」親戚和以前的朋友都這麼說。

我習慣對對我說這樣話的人鞠躬，一是代表感謝，二是我想贖罪。在我的位置能佔有的東西遠超過我付出的東西。我的朋友花費了他短暫的童年也沒有得到的東西，我卻得到了。我的舅舅為了達到他的夢想辛苦了半輩子，我卻連夢想都想不起來了。

處在這種位置還不這樣想的人，不從這裡掉下去才怪呢！

看來，人，生而不平等。徐雲澤同學生得正是時候，正是地方；於他而言，大家，小家，都超級好。所以他輕輕鬆鬆考上

了北京四中，輕輕鬆鬆獲得了他人夢寐以求的一切。人們誇的不是他的長笛，而是他身上的四中校服。

我尊敬這樣一位學生，不是因為他有著比我吹得更好的長笛，也不是因為他有著和我一樣的四中光環，而是他敢於將這種不平等曬出來，讓自己愧疚，讓自己清醒。於此我相信，他一定和我一樣，不會被四中的光耀迷糊了雙眼。

你有你的天生優勢嗎？你有贖罪的想法嗎？

你有你的天生劣勢嗎？你有感恩的想法嗎？

黃春

美就在身邊

樂天

北京四中二〇一二屆，現就讀於外交學院。
在高中那段陽光而青澀的歲月裡，我的生活和語文走得很近。
深受我的兩位語文老師影響和薰陶，我學會用一顆滿懷善意的心感悟生活。
讓自然的美蕩滌心靈，讓生活中的人間百態觸發對人性的關懷與追問，
我一路成長著，也在思考和體悟中怒放著生命。

那是上周四的下午，練完歌兒，已是五點左右了。由於已漸入深秋，天色暗得早，雖是五點，天空中也只是殘留著些夕陽的餘暉。

按照計劃，我放學本來是打算在校園裡取景拍照——我可不是有雅致閒趣的人，這是給地理老師布置的作業《四中地理教材》搜集材料。可覺得現在已經不早了，校園裡的人已漸漸稀疏，正要作罷，但不經意間地抬頭一看，我收住了腳步。

那是學校科技樓頂層的天文臺，銀白色的圓形穹頂在落日餘暉的浸染下散發出暖暖的紅光，而科技樓周圍高大清脆的樹木則極好地映襯了這本已美輪美奐的圖畫。我對著迷幻的穹頂行注目禮足有半分鐘，等回過神來，我便改變了主意：晚點兒回家，一定要記錄下這傍晚十分美麗的校園。於是，緊攝著相機，我漫步於校園，充滿渴望地追尋那些美麗的印記。

四中的老校門是我第一個去的地方，古樸、莊嚴的灰色石拱門總是在我心中掀起無比的崇敬與自豪感，而從這裡邁入操場的時候，我更是有一種強大的動力充盈全身。於是，我毫不猶豫地按下了快門。

從老校門向南走去，是四中文化氣息最濃鬱的地方：老校長

室、漱石亭、長廊、雕像……開學的一個多月以來，我雖然經過這裡不知多少次，但還沒有哪次像今天這樣小心翼翼，懷著莊重與崇敬之心漫步於此，生怕一聲小小的低語就會打破這擁有強大磁場一般的寧靜。漱石亭，我已聽學長及老師多次提及並稱其為四中最美的景色，但我卻從來沒有親自來瞻仰一番。它是座很小巧典雅的小亭子，藏身於老校長室旁的竹林中，在翠綠的掩映間若隱若現。但是由於已是傍晚，日薄西山，等我走到亭下才發現這座亭子是紅色的，是那種傳統的紅，故宮城牆的那種紅。坐在亭中，除去龐雜的心緒，我終於明白了它「最美」的含義，難以言喻的美。那一刻，我分明看見竹林七賢就坐在這裡，阮籍、嵇康……《廣陵散》的悠揚之音悠然在耳。這種美的享受，讓我靜坐於此，久久不願起身。

待如夢方醒，科技樓穹頂的最後一點暖紅也已散去，幾片落葉在蕭瑟的秋風中起舞。而此時教學樓中潔白明亮的燈光碟機走我剛剛感到的寒意。頂層的每一扇窗戶中都射出耀眼的光芒，那一定是高三的學長們在不停地奮筆疾書。接著，三層，二層，等到我把視線停留在一層的時候，發現我們班的燈也暖暖地亮著，沒有隔壁班的歡聲笑語，雖然分辨不清，但幾名同學在書桌前的專注與勤奮還是讓我的心中油然升起一股莫名的暖意。

……

騎車在回家的路上，我一直在思考，為什麼我從來沒有發現四中是如此美麗溫暖，給人以莫大的享受和震撼呢？如果地理老師沒有布置這項作業，我還會像今天這樣在校園中流連忘返嗎？

不禁想起了《假如給我三天光明》，我空有這雙眼睛，卻在肆意地揮霍著它的價值。美，就在身邊，可我卻吝嗇到不把目光停留在它身上哪怕一秒。

「世上從不缺少美，只是缺少發現美的眼睛。」真的是這樣。我，無言以對。

作為語文老師，我向來是感謝其它所有學科的老師的。我一直以為，一個學生的任何內容和任何形式的學習，都會給他的語文帶來必要的幫助和意外的驚喜。你看，一次地理作業，使得一個學生從此多了一雙發現美的眼睛。多好啊！

然而事實上，多數學生並未從數理化史地政音體美中獲得滋養語文的養分。

那多半是因為他自己並未用一顆真善美的心去參與那些學習。太功利的人，是無法做到的。倘若樂天同學僅僅只是記得有那麼一項地理作業要交，必須交，那麼，他完全可以在幾分鐘內保質保量地完成它，他依舊是個好學生。可是他不僅是要做個好學生，還要做一個快樂幸福的好學生，於是，才有了本文中所記述的關於地理作業的故事，才有了這麼一篇來自自己親歷生活的感悟：「世上從不缺少美，只是缺少發現美的眼睛。」這個道理你也會說，我們都耳熟能詳。但是，比起空洞的引用、說理、舉例、說教來，樂天同學的這篇文章，要耐讀得多吧！

黃春

欣賞自己

賀星捷

北京四中二〇一二屆，現就讀於北京外國語大學。

我是一個已然步入鳥語世界的理科生，只有在這個時候，才能更加深刻地體會到，中文，是一種多麼妙不可言的語言。因為繁雜所以精確，因為悠久所以積澱。四中教會了我用自己的心、用自己的語言去感受這個世界。也希望大家真正體會到，在自己歸屬的這片熱土，能夠說著自己無比熟悉的語言，是一種什麼樣的幸福。

每次填表，填到「特長」一欄，總有股想把「頭髮」填上去的衝動。

不斷迷惘，不斷困惑，為什麼在我祈禱太陽高照的時候，卻總是被清晨第一記轟雷驚醒？隨著接觸的人越來越多，到後來就發現自己引以為傲的那些「特長」跟別人比起來是越來越短了。於是一有能夠表現自己的機會，就藏著掖著，怕在短暫的驚豔過後又是永久的平庸，陷在愈發的自卑和鬱悶中無法自拔，直到有一天……

媽媽突然和我談到小時候的事情。小的時候是怎麼吃了拉，拉了睡，睡了哭，哭了又吃的；是如何用筆把塗得鮮紅的「毒蘋果」送給一個因為有酒糟鼻而被我說成是「老巫婆」的叔叔的；又是如何為了得到一塊糖就屁顛地唱跑調小曲的……媽媽無心的一句話在這時讓我混沌的世界中刺入了一道光：

「你說為什麼會這麼神奇呢？從看不見的一小點，長到現在個頭比我還大，我說啊，這是我一輩子做得最有成就的一件事。太有成就感了……」

是啊！生命如此神奇。即使學了細胞、神經、蛋白質，人類已經把生命進程研究得如此深入，我們還是不得不感歎：生命如此神奇。自己已經擁有了這個奇跡十幾年，在它即將變得最精彩的時

候，我卻在退縮，在變得麻木。原來總是說「欣賞自然，欣賞美麗的生命」，這時，我終於明白，要想真正欣賞生命的壯美，對自然有更深入的理解，要首先欣賞自己，因為自己是那樣獨特，自己的生命是那樣美麗。

但如果只是這樣，只能算是一個口號，在真正的自我中，我們依舊是一個迷失者。書上都在說：「生，就要如夏花般燦爛。」但想想，到底怎樣才能真正像夏花一樣，無憂無慮地展開自己渺小平凡的容顏，無怨無悔地追隨生命的陽光？

我曾經觀察過很多人，最令我羨慕的是老人們的處世之道。平和、淡然。

喜怒哀樂，不過一時。這何嘗不是一種欣賞？欣賞自己的生命，就要用欣賞的眼光對待生命的一切。我們會遇到挫折，會經歷成功；會受到傷害，也會感到無微不至的關愛；我們有時會懈怠，也會為著信念咬牙堅持；我們會對未知產生恐懼，卻也會無畏地接受即將來臨的挑戰，全身心地感受自己的生命。

無論悲喜，欣賞自己：欣賞創痛，欣賞成功；欣賞傷害，欣賞關愛；欣賞小小的缺點，欣賞堅定的信念；欣賞恐懼，欣賞勇敢。

曾經迷惘，曾經困惑，而現在，我學會了如何欣賞自己，欣賞自己的生命。

用欣賞的眼光看待平凡卻絕不平庸的自己，在生命的盡頭，才不會對自己感到遺憾。

若是以「欣賞」為話題作文，你會寫下「欣賞自己」嗎？也許會，我的一個班裡的學生寫這個的就有十幾個。不過，他們所寫的，有欣賞自己的成就的，有欣賞自己的個性的，怎麼讀都有孤芳自賞的自誇之感，儘管我能真切地感覺到每一個作者都

在極力地謙遜，極力地低調，以表現「平凡的自己，也值得欣賞」的觀點。總覺得沒有賀星捷同學的這篇文章，讀來親切。原因何在？就在於賀星捷同學真的沒有任何值得炫耀的特長，就連被視為佳作的本文，也並非文采飛揚。自己是真實的，態度是真實的，文章就是真實的，讀者的讚揚就是真實的。作者的平凡人生「拒絕平庸」，她的平淡行文也「拒絕平庸」。如何拒絕平庸？不靠裝，不靠假，靠的就是真實。

你讀一讀她媽媽的那段話，你能讀出一個母親最大的驕傲。

黃春

欣　賞

王霄彤

北京四中二〇一二屆，現就讀於中國人民大學。

我曾將自己形容為神經大條女，「文藝」在我的眼裡不是遙不可及就是裝腔作勢；後來我發現文藝是擁有一顆透明的心靈和一雙會流淚的眼睛。我曾經將青春的奮鬥定義為可以在簡歷上洋洋灑灑地寫上令人驚羨的經歷；後來我發現青春應該做一些無論什麼時候都覺得值得的事情。我曾經以為理想就是滿腔熱血熱淚盈眶；後來我明白理想是將自己置身於現實中仍然堅定不移的勇氣。曾經的我不會想到成長會在無數次的尋找與迷惘中到來。

旅遊大巴停在景點前，隨著人流對著著名景點狂拍一氣，而再次翻開相冊時卻沒有絲毫印象；走過春風拂面的小徑，對專注拍攝一朵花蕾的同學不屑地一瞥，哪年的春天不是一樣……不知從何時起，我開始抱怨生活的枯燥無味，自嘲胸中那顆冷冰冰的心，對那句「人的成長伴隨著對世界的麻痹」充滿共鳴。

講評作文，面對自己慘不忍睹的分數，我做好了聽老師大談「積累素材、感悟生活」的準備，沒想到老師只說了一句：「讓心靈醒著。」我懵懵懂懂地反覆品味，心頭感到一種衝擊，捫心自問，自己的那顆心靈好像已經睡得太久。

老爸來學校開家長會，回家後跟我說得最多的不是老師的建議評價，而是一個吹長笛的男生。那個男生我當然也看到了，我當時從他身邊匆匆走過，奔向自習室。他一人靜靜地坐在長廊上，對著柳絮飄過的老校長室，或許是什麼別的景致，又或許是什麼都未在意，就只是吹著自己的長笛，陶醉在自己的旋律中，長廊上人來人往未曾打擾他。老爸說他站在那裡看了那個男生好久，欣賞他的情趣，感動於他的陶醉。男生沉浸在悠揚的旋律中，老爸沉浸在那個畫面中。我突然有些明白了，他們都沉浸在自己的心靈中，那顆敏

感的心靈。

　　只有心中擁有欣賞美的情懷，才能看到世間的美麗。腦中浮現出《海上鋼琴師》中的畫面，影片的高潮主人公在即將報廢的輪船中，坐在鋼琴凳上，面前空無所有，但他雙眼緊閉，十指在空中快速跳動，在胸中奏起了一曲不朽的樂章。又想起盲人歌手楊光，他歌唱陽光，歌唱春天，歌唱整個世界，但他卻未曾看過這個世界，哪怕只是一瞥。他曾溫柔地撫摸母親的面龐，描述他心中的母親，字句間流露著無盡的愛。我想他已經看到母親了，而且肯定比許多人都看得真切，因為他是用心靈去感悟的。

　　叫醒心靈，欣賞世界。讓我們有一種情趣去欣賞美麗，其實倒不如說是，讓我們打開心扉，去感悟內心，去探尋，去發現，去欣賞心靈之美。

　　人們常歌頌孩提時的童真，慨歎隨著時間的推移，這個被孩子的好奇眼光照耀得色彩絢麗的世界，在成人洞察一切的眼睛注視下蒼白失色。但我想說，孩提時的童真是因為擁有一顆好奇的心，一顆柔軟敏感的心，而我們每一個人都是從那時成長起來的，這個世界沒有變，我們的心也不應失去原有的光芒。

　　我拿著相機在校園中遊逛抓拍那些未曾關注的美麗，晚自習後我踩過映著月影的積水仰頭數天上的星星……世界仍然充滿美麗的驚喜，只要我們用心去欣賞。

　　怎麼提高寫作水準？老師說：讓心靈醒著。心都睡著了，筆還能生出花來？

　　我是很羨慕很敬佩王霄彤的父親的。一個趕去學校開家長會的家長，居然不關心孩子的分數，倒關注起一個吹長笛的男生來了。這事兒真是奇蹟。

你有這樣的父親嗎？王霄彤同學有。所以，她才會拿著相機在校園中遊逛抓拍那些未曾關注的美麗，晚自習後踩過映著月影的積水仰頭數天上的星星。

這樣的父親，其實你也是有的。倒不一定是癡情地看一個吹長笛的小男生，他可能會坐在陽臺上點著一根煙望著窗外發呆，他可能為你交補習班的學費時一擲千金而在某個周末的傍晚去農貿市場淘降價的大白菜。

說到底，還是你沒發現罷了。

你知道嗎？我不擔心你的父親沒有本文作者的父親那般浪漫，我怕的是這樣的對話 ——「爸，家長會老師都說啥了？」「哦……嗯……你們學校有個吹長笛的男生……」「爸！你還關不關心我的學習了！我問你家——長——會——」

黃春

詩意的生活

范一萱

北京四中二〇一二屆，現就讀於香港浸會大學。

大抵是想要的多了就會陷入無盡的空虛，繁華多了便會沉入絢麗的迷茫，很長一段時間無法坐定去寫出點像樣的東西。我們都太忙了，忙著啃書本，忙著外出漂泊，忙著追求野心勃勃的事業，忙著尋找轟轟烈烈的愛戀，習慣於紛繁的活著，以至於忘了，生活並非只構建在脆弱的肉體和麻木的面孔之上。苦心孤詣覓求的很多人，很多故事，是需要一顆真心滿滿撲在上面的，而這顆珍貴的心，正是寫作所需要的。

在張著巨口的鋼鐵城市中生活，總會不知不覺地陷入機械化麻木的怪圈。抱怨著疲憊，少了古人的閒適，我也是其中的一員。直到有一日清晨做值日時不經意看到宿舍外紫紅色的朝霞正從天際升起，溫柔卻炫目的光將天際染成暈染的橘色畫卷。我就那樣靜靜地看著這斗室窗中透過的美景，心中升騰起感動與感慨，彷彿看到了一室的美好與希望。一瞬間我突然明白，我們缺少的並非閒適，而是那一份生活中的詩意。

詩意是一種發現生活中的美好的生活態度。李白長衫翩飛，在月下醉酒縱歌。面對苦難與不順，他會縱情高呼「人生在世不稱意，明朝散髮弄扁舟」。他從未被困難掩埋，短暫苦悶之後總能希望滿盈地洞察未來生活的美好。他是「天子呼來不上船」的酒中仙，他是喧囂塵世中的一個閒散人。李白在亂世中活出了詩意，他在挫折中尋得了暢快與歡樂，又在這份快樂中揮毫寫下千古不朽的佳作。

我們為什麼要詩意的生活？為什麼要在忙碌中與這種閒雅情趣同行？一位老師給了我答案。冬天著薄裙，小瓷杯，方糖，桌上常擺著花束，辦公室中飄散著清香。她曾在午後微醺的陽光中用溫柔

的聲音輕誦波德賴爾的詩篇，也會在忙碌的工作中抽出時間沏茶品味一篇清雅的散文。她在精緻而詩意的生活。

在同學的隨筆上她寫：「我曾經失去過父親，失去過我愛的人，失去過我愛的寫作。但我還活著，我還在愛著。」詩意是在世俗紛擾中仍不忘去愛的能力。

她經歷過生活命運的無情折磨，卻仍保有一份對美好生活的嚮往。她仍擁有充滿愛與美的心靈，與擁抱美好的勇氣。

我以為歌德早上看日出的意義也正在於此。他住在鄉下的小木屋裡，每天拼命工作，卻每天早上按時迎接朝陽，不正是為了讓散播歡欣的瑰麗絢爛的朝霞提醒自己生活中不能缺少詩意，提醒自己再紛繁雜亂的工作也要擁有一顆充滿愛的心嗎？

在高三，卷子試題壓得我們喘不過氣，但恰恰在考試時最後一見的玉蘭花卻微笑綻開。它像調皮的精靈般溜進窗戶縫隙，逗弄著你的頭髮。往外看，潔白的花朵在春日暖陽中輕顫，似乎在向你招手，你是否從這金黃的陽光與美麗的花瓣中體會到在壓力生活中的詩意，感受到未來生活的美好呢？

生活中不能缺少詩意，在紛繁塵世也要讓心充滿愛，讓靈魂在路上。

這樣的作文，其本身就是在為如何作文提供最有效的指導：讓生活保有一點兒詩意。毋庸置疑，這已然不是一個詩歌的時代了，所以，保有一點點詩意，就空前的重要，且越來越重要。歌德每天早上按時看日出，范一萱同學呢？清晨做值日時看宿舍外紫紅色的朝霞正從天際升起，在卷子試題壓得喘不過氣的時候瞥一眼微笑綻開的玉蘭花。這樣的人是幸福的，而更幸福的是她還有這樣的老師：冬天著薄裙，小瓷杯，方糖，桌上常

擺著花束，辦公室中飄散著清香，在午後微醺的陽光中用溫柔的聲音輕誦波德賴爾的詩篇，在忙碌的工作中抽出時間沏茶品味一篇清雅的散文。

誰都擺脫不了鋼筋水泥的軀殼，但是，誰都可以有一顆精緻而詩意的心。

好比誰都猜不到考卷上的作文題，但是，誰都可以準備好屬於自己的那幾分詩意。這個，比事先背下多少篇範文都管用。

黃春

我想留住那一瞬的流星

楊之輝

北京四中二〇一三屆，現考取北京大學。
我覺得寫作就是有感而發，是真情實感的流露，而非各種素材的簡單拼湊。
多注意生活中的點滴，或歡樂，或感動，或是四中富有的花草樹木，
這些都可能成為寫作時思路的源泉。

二〇一〇年十二月十六日，我們得知夜裡有雙子座的流星雨，凌晨一點最盛。於是我們同時做出了這樣一個決定。

凌晨一點，宿舍全體成員精神起來，披上一件羽絨服，靜守在窗口。八個人擠在一個小小的視窗，融入深邃的藍黑色天空。

可惜，我只得感歎於自己遲鈍的反應，天空太廣太黑，流星的光太短太微弱。只聽到身旁有人喊：「那兒那兒！」忙不迭地轉頭望去時，流星早已劃過。

漸漸地，舍友紛紛心滿意足地睡了，床前只剩兩三人，其中就有固執等待的我。

我很想留住那一瞬的流星，哪怕只是多一秒鐘，能讓我欣賞到它們的美，童話般引人無限遐想的美。可是，在執著地盼到三點半時我仍未見到一顆流星。

可我竟不覺得這是一種時間上的浪費。我雖沒留住一瞬的流星，卻留下一份美好的回憶。八個人擠在一起向著藍天，心無雜念，專注地等待追尋流星的美，等待了兩個多小時仍興趣盎然，沒有乏意。即使不可預測流星何處何時出現，無法預測自己能否抓捕到流星那一瞬的劃過，可每個人都選擇全情投入地等待，不會因浪費時間而患得患失，不求一定要看到流星，只為一份美的追求，我

們堅定而執著。

第二年，二○一一年的十二月，再次有雙子座的流星雨。如同一個一年前的約定，舍友再一次聚在一起觀星，這一次在二樓的長廊上，我們一起看到了。一顆流星在天空明亮地劃出柔美的弧線，我們尖叫著，興奮不已。等回過神來才記起自己早已想好的願望竟在那一瞬被拋在了腦後，忘記了去許。

我很想留住那一瞬的流星，多幾秒能讓我列舉幾個願望。可再一想，我又覺得就算流星劃過的一瞬能延長一秒，那在這一秒裡我也一定會被興奮沖注全身，忘記一切，只剩尖叫。

不由想到電視劇中很多這樣惡俗的片段。女主角坐在沙灘上一抬頭就望見一顆流星劃過，於是匆忙許下願望。且不說流星不是一抬頭就能望得見的，就算能望得見，在那一瞬又哪有心思去許願，流星的美帶給我們的是無限的純真，是只剩尖叫的驚喜。更何況觀星過程中最美好的是那份專注的等待，是那不為許願，只為追尋美而放得下一切的靜候。而那些惡俗的橋段卻完全違背了這一點。也許，是現實生活中人們大多缺乏這種嚮往純真而放得下一切專注等待的心境吧！

我知道流星不可能留得住，但我慶幸有過觀星這樣美好的回憶，這是一種心無雜念嚮往純真的體驗，一種心境。留不住流星，但我希望當自己步入社會時，能留得住這份心境，能為了美的事物而堅定執著、專注、不求收穫。

我一直在強調生活，而你千萬不要太輕率地說自己擁有生活。一場流星雨即將來臨，你會邀幾個好友徹夜守望嗎？很多人並不相信流星能帶來好運，但是，當你和好友手把手肩並肩守望一顆流星的時候，你已經擁有好運了。遺憾的是，「現實生活

中人們大多缺乏這種嚮往純真而放得下一切專注等待的心境」。

關於浪漫，有句話說得很好：不必在意特別的日子特別的地點，更不必在意什麼花樣什麼驚奇，重要的是，你和你願意在一起的人，並且專注，並且寧靜。

楊之輝同學和她的同伴，關於一場流星雨的守望，正是。

連這文字，讀來都是專注而寧靜的。

黃春

在那「彎」之後

陳泉澤

北京四中二〇一二屆，現就讀於美國賓夕法尼亞大學。
小學時候在國外長大的，回國發現語文水準堪憂。努力補到大家看不太出的水準，
實際上談起需要文化底蘊的東西立馬就暴露了。
不會寫作，絕大部分寫的作文分數很慘，剩下的都莫名其妙的進書裡或者上報紙了。

　　初中的時候，我的語文水準是相當不好的。那時每逢考到一個比較難寫的題目，就總是許久也想不出合適的材料，最後為了填上那兩頁作文紙，便只得去寫那篇「萬能」的「爬山」了。現在一共數下來，初中的期中期末，居然「爬」了三次山。而現在，看著「之後」這個話題，卻又不由得想到了那個材料，只是現在和當時所想的，大概有些不同了。

　　其實，那個「爬山」材料，無論是事件還是中心，都是極其簡單和幼稚的。

　　寫下來就是這樣的：

　　「某個暑假，我與家人去山東旅遊，到了個山頂上有不錯的景點的小山腳下，於是便決定要上去看看。結果便是天熱、林密、路長、人稀。在幾乎放棄繼續上山的念頭時，爸爸的幾個『就在那個彎之後了』，愣是把我騙了上去。於是感歎：哦，貴在堅持！」於是故事結束了。

　　當然，事情是真實的，心情也大概就是那樣，當然作為一個初中的大考作文，未免顯得簡單極了，幼稚極了，現在來說簡直不敢想像。那時的那幾個「之後」所代表的，也無非就是那種期待與追求，一種由想像帶來的動力。那時的「之後」也無非是個材料罷了，

可是現在仔細思考一下，忽然又覺得似乎初中的三年，便也正如這爬山，在一個個「之後」中過來了。考試前緊張的復習，為的就是之後考得如意時，家長許諾的那頓飯。數月如一日奔跑在夏天的烈日下、冬天的寒風中，為的就是之後在一個陌生的四百米跑道上那最終三分半鍾「表演」後的歡笑。一次次的努力與堅持，所驅動它們的，無非就是那個「之後」。

不過，爬山的小故事，現在想想，倒是引出了一個小問題。在那一個個彎之後，景點終於到達了，可是再之後呢？作為作文的材料，故事到這裡就結束了，可是事實上，時間並不可能到這裡就停止了。當然，到了山頂，自然會是拍照留念一番，然後下山，然而，那種到達目的地之後的空白，再美的景色，卻也無法填補。成功的考試後那漫長的假期日子，也總覺得似乎有種不知所措，好像假期前在心中盤算已久的計劃，也遠遠不能充實那些時間。那個凝聚多少汗水的三分半鍾後，即使是再高興，也再也找不出理由每天拿出兩個小時去鍛鍊了。

中考結束了，可以說也為初中的生活畫上了圓滿的句號。可是「之後」呢？

那個假期，或者說一直到混亂的高一，我都不曾找到這個問題的答案。如同小故事結束了，生活卻並沒停止。也是那時我意識到了，那之後所帶來的一切動力，在最終達到了目標後，便會失去原有的效力。也難怪考試後，縱使原本復習多麼緊張，也會讓人感慨：其實也沒什麼。

我又發現，許多地方，也都似乎迴避著這個問題。無數成功的故事，勵志的書籍，在大張旗鼓地宣揚自己的制勝法則時，卻不曾提到在成功或是達到目標之後，又該如何去做，彷彿這遠遠超出了它們所關心的範疇。

我還是在那個爬山的經歷裡，想明白了這個問題——其實真正

的生活，並不僅僅是之後所驅動的。爬上了這山之後，便是下來，再走，再找到新的山，再爬上去──不斷的迴圈。生活中的一個個之後所引導的，只會是更多的之後，因為只有之後，沒有最後。而那時我所認為的「那彎之後便是山頂」，現在看並不正確。若是再問起：「那個彎之後？」我便答：「一定還是另一個彎。」一定是的。既然如此，就走下去吧，可以有些彷徨，但方向總是向前，向著下一個之後的彎。

爬山，像一張萬能膏藥，被中學生（包括小學生）寫得濫俗了。陳泉澤同學不打自招，也算是幾分誠實。在此，我所欣賞的不是誠實，我欣賞的是他的自省和反芻。

寫作的訓練，是需要自省的。我是怎麼寫作的？我那些壞作文和好作文，都是怎麼誕生的？我欺騙過讀者嗎？

還需要反芻。生活就是這麼多，很多事情需要重新拾起來，需要重新回味思考。那些「當時惘然」的事情，於如今說不定就變得「柳暗花明」起來。

小時候爬山，或者只顧爬了，哪還顧得了那山；或者只顧山了，哪還在乎怎麼爬。都沒關係，不要為過去的幼稚而羞赧。正是那麼多的小幼稚，才成就了今天的小成熟。你看，如今你注意到了那一彎之後，那一山之後，原有別樣景致，多好！

黃春

既然琴瑟起

孫婧璠

北京四中二〇一三屆，現考取清華大學。
作為一名理科生，始終不甘心脫離文藝範兒，其實也並沒有令人驚歎的理工頭腦，
因此氣場強大而奇特。在四中度過悠悠六年青春的我，也終於成為「自強不息，
厚德載物」的清華人，進入經管學院學習。三年海棠三年玉蘭，回首望去，
記得藤蘿架下聽歌的愜意，記得二層長廊上狂奔的急躁，
記得每一次或緊張或平穩的呼吸，這一切都將伴隨著我一路前行。

「說說你的音樂經歷吧。」

「我曾經小有成就，但只是曇花一現。這幾年，我的演出機會很少，」年輕的男孩頓了頓，抬起頭直視四位導師，目光清亮，「這種事情，沒人知道你行不行，但我知道我一定行。」

所以他來了，所以他站在了「中國好聲音」的舞臺上，所以他成功地加入了楊坤組，所以他的臉上沒有狂喜，只有篤定。

從一個忽然走紅的歌者，到得到專業肯定的歌手，中間相隔的是大段落寞的空白。那些望不見未來模樣的困苦日子，丁少華一步一步走過。若沒有這種種，他永遠只是個沒落的無名歌者。好在，他有篤定。

他的歌，前奏一響便沒有不唱下去的道理，而生活，亦然。我想，若失了這篤定，我們如何填滿鳳頭與豹尾之間的一頁頁？何況生活中沒人能向你保證你的執著與堅持定會有輝煌的結局。我們能做的，就只有握緊了篤定，懷揣著最大的誠意，一字字工整地寫下去，書寫生活。

曾經看過一本名叫《何以笙簫默》的小說，講的是兩個倔強的人繞了一圈終於圓滿的感情故事。始終忘不掉它的宣傳語：既然琴

瑟起，何以笙簫默？意思是既然開始了就不要半途放棄。偏偏太多時候我們就在華麗的開頭之後放棄了。假期有一項古詩詞鑒賞的作業，共二十一首。我清晰地記得自己在第一頁滿懷敬意的抄寫「細雨濕流光，芳草年年與恨長」，可第二頁，第三頁，越來越潦草的字跡、越來越多的塗改讓我不願再翻看。我終究是沒有篤定地堅持到底。滴水可以映海，本上的字跡也折射出對待生活中大小事情的態度。這項作業自然是草草收尾的，自然，當我們沒有將中間的過程一點點的做好時，還能期待一個怎樣的結局呢？

其實丁少華並沒有走到最後，他在之後的比賽中被淘汰了，但他沒有像其它人一樣流淚，他很淡定，也依然篤定。他擁有了中間整個完滿的過程，於是結尾究竟夠不夠輝煌、有多輝煌，已經不重要了。

或許，鳳頭易成，豹尾不可期，最有價值的便是篤定伴著我們走過的不留白的時光。

那麼，既然琴瑟起，何以笙簫默？

你可以欣然接受現代生活的模式將你關在了屋子裡，你可以抱怨你少有生活；但你至少還有電視——你無聊時最愛的消遣。你可以不關注天下大事，可以不聽百家講壇，就是隨俗地看一看「中國好聲音」，你也本該看出一些名堂出來。像孫婧璠同學這樣，帶著對生活的思考，去看一個本不大深刻的節目。家長總怨恨地對你吼：就知道看電視，你的學習呢！你別怪家長不理解你，因為你的電視生涯並未讓你媽媽看到什麼益處，連你自己也會覺得是在浪費光陰。

那就是你自己的問題了。以前我有個學生，高考前一天晚上，還纏著我請她看電影，她可是個電影迷啊。她的作文裡，常常

有她剛看過的電影；據說那年高考作文，也是。

前兩天有個學生問我：「老師，不知為什麼，我這麼大了還只愛看動漫這種低幼的東西，什麼哲學美學散文小說我統統看不進去，怎麼辦？」我說：「書無雅俗，在於讀者。」

黃春

比輸贏更重要的

聶羽揚

北京四中二〇一三屆。

崇尚自由，熱愛生活，有著平凡的追求。不奢求成就驚天動地的大事業，
只希望自己能與大氣的四中一般，在屬於自己的土地上做一個本分的守望者。

比賽結束了，偌大的綠茵場上充滿了勝利的喜悅與瘋狂。雨漸漸停了，「We are the champions」的歌聲中，王者們邁著驕傲的步伐跨上神壇，而失敗者留給人們的只是一剪落寞的背影。那是二〇〇八年的莫斯科，那是一個讓無數切爾西球迷痛徹心扉的夜晚。

我記得賽後採訪到切爾西隊長特里時，他如是說：「若干年後，沒有人會記得我們的亞軍，只有冠軍才是我們的方向。所以我們要繼續前進。」這個男人是隊長，是頂樑柱，卻也是罰丟最關鍵一球的罪臣，可他沒有眼淚，只有灑在過去、現在與將來的一滴滴血汗。

輸與贏，至關重要，它意味著許多人一生的成功與否。但我想說，如果拼盡全力地追求和付出過了，那麼輸贏其實只是過眼雲煙。

記得曾看過一場特殊的馬拉松紀錄片，之所以特殊，是因為它沒有終點，有的只是二十四小時的漫長和鬥士們邁下每一步的堅強。一個小時，兩個小時，十個小時……來自各地的名將紛紛宣告退出，而堅持到最後的竟是一名華裔女將和一名普通學生。這名學生也曾猶豫過，懷疑過，攝像機鏡頭還原了他當時跑得虛弱不堪的身軀。黎明時分，只著一件背心的他仍然在街頭隻身一人地跑著，

跑著。我甚至可以聽到他每一滴汗水淌落到柏油路上的清脆聲音，滴答，滴答。可他愣就這麼堅持了下來。到了最後，他還幫助唯一的對手，或者說唯一的夥伴——那位華裔女將一同奔跑，一同前行。這已經不是一場比賽了，當他攙起他夥伴的手時，當他們咬著牙一同努力時，他們已經收穫了更寶貴的東西。

想想也是，人生何處沒有比賽，何時缺少了戰鬥。每一次朝著夢想邁進的過程都是一場沒有硝煙的戰鬥。那些落在後面的，自甘墮落的，其實並沒有輸。只是他們「堅定地」認為自己輸了，那他們也就的確輸了。相反，若是我們在這其中收穫了輸贏之外更寶貴的拼搏精神，那麼再慘烈的風暴過後，我們也是勝利者。

昨天聊天時恰巧想起了高二的足球聯賽，我們班兩戰皆負，淨吞三蛋，未進一球。一個沒能上場的同學很遺憾，而我和另外一個上過場的也很遺憾。不過，我們遺憾的大概不盡相同吧。

至於文章開頭提到的切爾西，他們恰巧也在去年奪了冠，圓了夢。不過這群追夢的老男孩也許早已不需要那座象徵著勝利的「大耳朵杯」了。

足球，是一個很俗的話題，尤其在中國談足球（作者大概懂得這一點，於是只說了外國足球和四中足球）。文章將近結尾處談到了四中足球，談到了自己班輸得很慘，談到了兩個人的「遺憾」：一個遺憾沒贏，一個遺憾沒盡力。同樣是遺憾，境界是不同的，一個功利，一個努力。這一段是寫得最好的，最不一般的。當然還有文章首尾處的呼應，關於切爾西，在征戰冠軍的道路上，盡力拼搏，不管結果是不是贏得了「大耳朵杯」，他們都早已贏得了比輸贏更重要的東西——而不像中國足球（昨晚剛剛輸給了泰國，輸的還不僅僅是球）。

你的學校裡也有各種各樣的比賽，足球，籃球，跑啊，跳啊，你也參與過不少吧？當你慢慢長大，會不會在為勝利歡呼雀躍之後，對失敗也有比遺憾更加遺憾的想法？

有一則笑話：足球比賽時，一位遲到的觀眾急急火火地趕到，忙問身邊的球迷目前比分如何，得知依舊是「零比零」，他大大地鬆了一口氣。

他的人生，只需要比分。

黃春

比修禪更寶貴的

熊錚

北京四中二〇一三屆，現考取清華大學。

平時喜歡看看書、踢踢球。有好多好多愛好，但大多數也就是三分鐘熱情。

不過在這種種的經歷中，也在不斷豐富著自己的體驗，

而且享受這種將零碎的生活細節納入自己的生命體系的過程。

我的大姥爺有兩個兒子，都出家為僧了。他們在深山中克己修行，每年都要閉關百日，磨礪心性。我從小仰慕他們的修禪之行，尊稱他們為「大師」。在這樣一個浮躁的年代裡，還有一對兄弟能守心修禪、寧靜淡泊，實在是難能可貴！但隨著年齡的增長，我逐漸領悟到：比修禪更寶貴的，是他們的佛性——向善為人之心與慈悲胸懷……

我從小便與大師十分投緣：他給我講遊戲中的兵種相剋，他教我戳雞蛋殼來練習神功「一陽指」，他聽我給他嘮叨我寫的武俠小說，還認真地為我幼稚的幻想提出各種建議……其實那時大師就已有了出家之心，不然家庭聚會時，他為何常常早早吃完，一個人靜靜地坐在一旁？可那時我不懂他的心思，總纏著他玩一些那麼幼稚的遊戲。大師潛心思考著那麼深刻的佛與人的因緣，卻從未因我的打擾而表現得索然無味，他就這樣耐心地陪我從小玩到了大。

可當我長到了想聽他給我講道理的年紀，他卻真的出家去做大師了。五年來他只回來過兩次，那些幾歲大的弟弟妹妹可能都不知道還有這樣一位長輩。

但大師從未忘記過我們。我上初二那年，大師專程回來和我談心。他說他對我只有一點不放心，那就是我的性情太浮躁。難道大

師是從我沉迷於遊戲的目光中看出了我性格中最致命的弱點嗎？以前我只是把大師視作最親密的長輩與玩伴，沒想到無言之中他對我的成長傾注了這麼多的心血與思索。「忍」——這是大師留給我的偈語；我會用一生去踐行它，不辜負大師這份深情的期盼與祝福……

大師的哥哥，便是我的大大師。他喜歡邊吃生黃瓜邊和家人聊天，幾句話總令人忍俊不禁；他又喜歡邊喝可樂邊和我促膝交談，給予我無限的教益與溫情。

但令我萬萬沒有想到的是，大大師最終竟然還俗了。捨棄自己的理想該是何等艱難與痛心！但我因此更加敬佩他。兄弟雙雙出家，父母無人照料。大作為兄長，放棄了自己至愛的事業，承擔起盡孝持家的責任。我終於明白：

出家是修禪，持家亦是修禪。

那天在什海散步，我偶然看到路邊一位年輕人懷抱吉他輕聲彈唱。那聲音多情而悵然，我以為是情歌。但漸漸地，那旋律變得如此熟悉——這不是以前大師最愛哼唱的佛門音樂嗎？「哦瑪尼瑪尼唄唄哄……」我驀然領悟：總說佛門子弟要絕情斷欲，但其實佛祖最為深情，否則為何說「我佛慈悲」？就像我的大師、大大師，他們雖然無欲無求、皈依佛門，其實家人和眾生恰恰是他們最深沉的牽掛……

在讀到此文之前，我從未如此近距離地感受到宗教的人情味道。因為在我的生活裡，宗教離我很遠很遠，遠得只出現在書本裡，影視裡，旅途中。而熊錚同學的生活裡，卻和佛祖朝朝暮暮。

每個人都有自己獨特的生活領域和生活環境。遺憾的是並非每

個人都能將這種上天賜予的獨特東西，變成自己的人生財富——包括寫作財富。難得的是，熊錚同學儘管不是個佛教徒，但他並沒有只當一個旁觀者；他真實地和幾個佛教徒親戚生活在一起，看著，聽著，思考著。後來他懂得了一個凡人對於宗教對於修禪的最高境界：出家也是佛，持家也是佛；佛本有情。

記得講授汪曾祺的《故鄉人》時，很多同事誇我講得好。其實不是我講得好，而是我生活得好：還在農村老家的時候，我的村子裡就有金大力，就有釣魚的醫生，就有打魚的一家子。我自己寫文章的時候，總避不了帶上些泥土氣息，因為上天給予我一大段鄉村生活的經歷，我好珍惜。

黃春

時光的遠方

李心雅

北京四中二〇一三屆，現考取清華大學。
空有一顆嚮往小清新的心，可惜神經大條，性格奔放，臉大肉多，
好一個標準的女漢子。冬天怕冷夏天怕熱，因此對一切戶外運動深惡痛絕。
喜歡做不著調的事，喜歡和別人不一樣，卻過著最正常的生活。
目前最大的目標是養一對羊駝。

曾在學校信箱厚重的灰塵中翻出一枚舊友寄來的明信片，不算精美，在長途跋涉中又添了幾分滄桑，郵戳上扣著陌生的地名和遙遠的日期，寥寥幾句，筆跡甚至有些模糊。暗中笑她多此一舉，明明平日短信不斷，偏要費事在旅途中匆匆寄出薄薄的紙片。

收好，短信回覆：「明信片很好看，謝謝。」剛要發送，不禁失笑，手機裡囤著那麼多我們來來往往的短信，我卻何曾回覆過一句：「短信很好看，謝謝。」才發覺，不起眼的明信片竟這般意味深重——這是一位朋友來自遠方的問候，無論時間還是空間。通信方式一變再變越來越發達，可書信那薄薄幾張紙，卻是永遠無法代替的重量。

讀《傅雷家書》曾暗中感歎，那時候條件真差，信件要跨過偌大個歐亞板塊和如此漫長的時光才能抵達，有時甚至在輾轉中遺失。而隨著科技的進步，先進的網路技術為如今的父母提供了極為便捷的通信方式，只需輕輕點擊視頻軟體，就能與千里之外的遊子面對面。然轉念一想，短短十幾分鐘的通話還來不及噓寒問暖聊家事，怎能承載那麼多有關教育與音樂的深論？仿若看見傅雷先生字句斟酌深思熟慮，洋洋灑灑是關心更是教導；又仿若看見傅聰展信淚下，恭敬拜讀，似叨陪鯉對，謹遵教誨。通信方式的革新雖縮短

了時間，但時間太短，期許來不及滲透。唯有書信，在漫長的時光中完成語言思想的萃取和沉澱。

　　更何況，昨日的傅氏家書已整理出版，供後世瞻仰品讀其中亦父亦友的情感，而今日的傅氏家書又在哪裡？科技的飛躍帶來了更多的存儲方式，卻讓日常真實動人的話語迷失在電磁信號間不見蹤影。寫情書的人越來越少，多的是對著電話卿卿我我，有時竟有那人在與電話熱戀的錯覺。試想，若那與電話熱戀的人是徐志摩，是林徽音，這世間將少了多少綿長婉轉的文字？通信方式的革新雖縮短了時間，但時間太短，言語來不及記錄。唯有書信，在漫長的時光之後能有更漫長的日子來回味。

　　見字如晤，多美好的字眼。看你的字跡，揣摩你的情緒；撫摸你的筆觸，念你是胖了抑或瘦了；甚至嗅嗅信上的墨香，冥想你那裡的天氣會是怎樣。寫下我這裡的事，封信時滿腦子是你看信時可能的樣子。大概福樓拜在信中寫自己日日看日出的心境時，也會看到遠方另一個在日出下讀信的影子吧！雲中誰寄錦書來，如今科技太發達，通信太迅速，我還未能勾勒出你隱約的迷人微笑，就收到直白的「哈哈」擬聲詞。通信方式的革新雖縮短了時間，但時間太短，想像來不及蔓延。唯有書信，在漫長的時光中萌發更多的思念與期待。

　　刪掉未發出的短信，轉身買了學校的明信片，玉蘭花開得正好，願你穿過漫長的時光，擁抱這遠方的花香。

　　那封要請郵遞員來傳遞的書信，和一條通過無線電波發送的短信，究竟有怎樣的區別？作者先是「暗中笑她多此一舉」，之後又「不禁失笑」，「我卻何曾回覆過一句『短信很好看，謝謝』」。前後兩笑，笑出了作者的心思，笑出了本文的主題。

有時候，多此一舉，成就了《傅雷家書》，成就了《你是人間四月天》，成就了「雁字回時，月滿西樓」。正文部分用了三個大段，三段完整的議論，不僅層層遞進，還有許多生動形象的細節描寫。更棒的是結尾，「刪掉未發出的短信，轉身買了學校的明信片」。你可以清晰的想見，一個心思細膩的女生，拿著手機，在即將按下短信發送的那一刻，她想起了很多很多……整理出來，就是這篇佳作。

每一次群發一條網上下載來的短信祝福親朋好友節日快樂的時候，你會想起什麼嗎？每一次對著鍵盤敲過一大段文字後又按下刪除鍵統統刪去的時候，你會想起什麼嗎？

黃春

科技所不會改變的

馬志遠

北京四中二〇一三屆,現考取清華大學。
彈過鋼琴,玩過吉他。喜歡音樂,流行到獨立都聽;熱愛街舞,爵士和嘻哈都跳。
業餘數字設計師,專業狂熱美劇粉。稱不上有才但還算機靈,
算不上幽默但是愛講冷笑話。有偉大的夢想,例如給世界帶來更多的美好;
也有私密的願望,瘦下來是其中之一。

一個平常的早晨,爸爸伴著朝陽坐在沙發裡看報,我躺在對面的沙發上,拿著平板電腦讀書。

也許有人會抱怨電子書傷身體,或者有人諷刺紙質書太累贅。我只想說,這有趣的一幕僅僅說明了我家的書香氣傳承了下來,無關所謂的媒介。

從飛鴿傳書以來,人與人溝通的方式從未停止改變。如今面對雨後春筍般的新鮮技術,有人感歎科技反而拉遠了人與人之間的距離。我卻不這麼認為。去美國當交換生,晚上坐在別人家床上給老媽發短信報平安,沒過兩分鐘,「滴滴」的提示聲催促我查看回信。「兒子,聽到你平安的消息真是太好了!在美國有什麼好玩的事情一定要讓我們知道哦!」雖然我還是忍不住回她「哪有你這麼發短信的,和你平時說話完全不一樣啊……」,但螢幕中反射出來的微微上揚的嘴角透露出,我發自內心地為千里之外有人掛念我而感到幸福。

短信也許沒能體現出媽媽的筆跡,但她真誠與關切的心,讓我看在眼裡,暖在心上。

科技所不會改變的,還不只是人與人之間的情誼。前幾天去姑姑家,她熱情滿滿地從各個箱子中翻出新作的畫來,一幅幅小心翼

翼地打開，臉上的喜悅已經溢得無法用語言形容。原來是退休後的她開始從師學習油畫。看著她桌上玻璃下壓著的她與同學出去寫生的照片，我很佩服她對生活的熱忱，也羨慕她對藝術的嚮往。

可是我突然想起我興高采烈地向同學展示我電腦上一張張海報，一個個動畫的情景，我記得我滔滔不絕地跟他講每一個動畫的玄機在何處，弄得他快睡過去了，那時的我與面前姑姑紅光滿面的樣子，大概也差不多吧！

一個是油畫，一個是數字的創作，又有什麼不同呢？退休後重新拾回的熱忱，又和現在的我在電腦前揮灑的青春有什麼不一樣？我們對生活的熱愛，我們希望為這個世界添一抹色彩的心，沒有任何不同。不同的形式，又有多重要呢？

科技所不會改變的，是人與人之間的真誠，是人與生活的互動，是人和世界的溝通。

有人懷舊，有人趕潮。有人是古非今，有人喜新厭舊。馬志遠同學的文章，卻給我們另一個思考的方向：形式並不重要，只要本質未被改變。

儘管一封家書的等待，能夠等出一段相思的幸福，但是，又有哪個郵遞員能像無線電波那樣在新年鐘聲敲響的那一刻將我的祝福送達我所有想念的人？無論是紙質書的質感和墨香，還是電子書的便捷與豐富，其實都無法使一個人愛上讀書或放棄讀書，關鍵在於人們自己的心思和態度。愛懷舊，非要回到甲骨簡牘時代，那豈不是笑話？愛趕潮，非要取締書店關閉郵局停止電報業務，那也是偏激。

馬志遠同學能夠透過形式，看到內容；透過現象，關注本質，這是一種難得的思維品質。他還能以不變的情感，抹平形式的

差異，這更是難得。

想起我自己的書房裡，有新買的平板電腦，也有滿書架厚厚薄薄的書籍，也偶而買一卷竹簡版的〈赤壁賦〉，裝點一下風雅。都挺好。

黃春

香飄滿街

李宏宇

北京四中二〇一三屆，現考取美國卡耐基梅隆大學。
可以將我定義為一名理工男，但本人也十分崇尚文學與藝術。喜唱歌，酷愛電影。
比較熱衷於劇情類的影片，也常常找一些高智商電影來尋求挑戰。
最喜歡克里斯多夫·諾蘭，以及其作品《記憶碎片》與《黑暗騎士》。

最愛街角那家店鋪做的牛肉麵，好吃，味濃！

嚴格來講，這條街更像是一條胡同。儘管周圍都蓋了新社區，這兒倒沒怎麼變。小街的兩邊開滿了店鋪，有個賣菜的大棚，有幾個理髮店，有家包子鋪……各家店鋪緊湊地排列著，琳琅滿目。周圍社區的人也常來這裡，一到周末便異常的熱鬧。

走到街角便能看到那家牛肉麵店，不怎麼起眼。這家店的招牌已變得暗淡，掛招牌的那塊鐵板也是鏽跡斑斑。老闆娘說，這家店比我還要大上個十好幾歲。街上的人都認得這家店，熟知這家店，都知道這家店的牛肉麵是做得頂好的。

每天，天還未大亮，老闆娘就開始熬那濃濃的牛肉湯。待到那湯裡的牛肉已燉得爛熟，湯的濃香飄滿全街時，店也就開始營業了。早上，街上的人被這勾鼻的香氣所喚醒。他們大多會提著個鍋子，穿著睡衣就出來了，來到這家店，盛上幾大勺牛肉湯，回家就著饅頭當早餐吃了。街上的店鋪陸續開了，街醒了。

初次到訪這家店的顧客總會無比驚異於這湯的香，讚不絕口，老闆娘有時被誇得高興得合不上嘴。待到剛出鍋的牛肉麵被端上桌，迅速地抓起桌上的筷子，迫不及待去嘗那第一口。麵，筋道，大有嚼頭；牛肉燉得爛熟，沁滿了濃香，入口即化；那湯是最絕

的，好喝，滿口留香。總有一些人，吃完這一大碗，情不自禁地抬手拍響桌子，呼出一口氣，「太好吃了！」店中的其它人見到這種情形，並不感到奇怪，這實在是常有的事。

我已是這家店的常客了，時不時也會來這兒吃上一大碗。那個陰雨天，我舉著傘來到店門前，想吃上一碗熱騰騰的麵。「小夥子，又來了。」老闆娘一直都是如此的熱情好客。「嗯，來了。」「還是那幾樣兒？」「對，還是那幾樣兒。」我找到一個空桌子，坐定，一手轉著筷子。不一會兒，牛肉麵就被端上來，還有一盤鹽煮花生，一盤醬牛肉。店裡人少，老闆娘便靠在旁邊的桌子上，和我寒暄幾句。「你媽媽今兒沒來？」「沒來，感冒了，在家躺著呢。」「病了？沒事兒吧？我這兒有薑湯，給你媽帶點兒去吧。」「不用了，不用了，沒什麼大事。」「沒關係，我這兒都熬好了。對過兒趙家的小兒子也病了，我就熬了一大鍋，想著一會兒有的顧客會需要呢。」「這哪兒好意思，真不用麻煩了。」「沒關係，我這就給你端去。」沒一會兒，一隻塑膠碗被端到桌上，裡面盛著紅紅的薑湯。

吃著碗中的麵，牛肉湯的香氣依舊，沁人心脾。呵！這味兒，真濃！

街角的一家小飯館，你常光顧，或者，你偶而去填一下肚子——為什麼沒填成一篇好作文呢？

如果有一個餐館（或是食堂），它之於我的作用，僅僅只是填飽肚子，那麼，這家餐館就根本沒走進我的生活，或者說，在這裡吃飯這件事（哪怕經常吃，哪怕天天吃）也就不是我生活的一部分——儘管我基本靠它活著。

可是，活著不是生活。是生活，就會和老闆娘混得很熟，就會記得牛肉麵有多好吃，就會知道這好吃從何而來，就會在這裡

找到家一樣的感覺。

於是，就能從一碗牛肉麵裡夾起生活的味道，就能從一碗薑湯裡喝到生活的味道，就能從老闆娘身上看到生活的味道。

這樣，你的生活就有味道了；然後，你的作文就有味道了。

黃春

不可替代

北京四中二〇一三屆，現考取清華大學。

作為一個理科生，文章向來是令我頭疼的；一場考試中，寫作向來是拉分的；
寫真情實感，向來是我不以為然的。可是，擺脫了考試作文的緊箍咒，
信手寫下一些與嚴謹邏輯、理性思維向來相違的文字，你會發現，真實的流露，
很美好。不信，請試試看。真正的讀者只有自己。

奶奶的家中收藏些古董，有王二麻子的大把剪刀，有蝴蝶牌的腳踏縫紉機，有鳳凰牌「吱吱作響」的三輪車。「奶奶，現在的東西日新月異，您還用這些幹什麼呀？」「孩子，你不懂，這些東西用久了，有感情了，它們不可替代。」哦，我似乎幡然醒悟。是呀，有些東西，真是不可替代。

有些東西不可替代，因為它們承載著記憶。有時翻出發黃的相簿，和家人一起在黃昏的燈光下回味舊事。「瞧，那時媽媽多麼苗條！」「呵，看寶寶這吃飯的狼狽相！」「呦，這不是三叔嗎，現在都已經作古了。」伴著一張張相片，我們似乎乘著時光機，回到了那些美好的瞬間。可隨著數碼相機的普及，越來越多的人將相片儲存在電腦中，很少再找出來回味。但每次我都會堅持將家中的照片洗出來，因為我知道，這一片片輕輕的紙，承載著太多的回憶。它們，不可替代。

有些東西不可替代，因為它們寄託著情感。我還小的時候，媽媽就常伏在那老書案上一筆筆地寫信。媽媽的字多美啊，雋秀的方塊字在絹白的信紙襯托下，更顯其骨勁風韻。長大了些，我學會了發短信、發電郵，逐漸對媽媽的寫信變得不以為然。「何必呢？要寫，還得郵，真麻煩。」媽媽笑了笑，說：「其實郵一封信並不重

1
3
5

要，重要的是我坐下來，靜靜地回想，關於收信人的一切，將心頭的話用最真的語言書出。這每一個字都有著沉甸甸的分量呢。」的確，那短信、電郵真是顯得輕薄、草率了許多。書信，不可替代，因為那份厚厚的情誼。

有些東西，不可替代，因為他們承載著文化與民族的傳統。上自春秋戰國，世人以竹簡為書，參參差差的竹簡，曾填補了多少士人對知識的渴望；蔡倫改良造紙術，一本本輕巧的書躍進了尋常百姓的家，落入了學子的雙手，並在歷史的演進中不斷地更新自己；活字排版的發明，使書更大眾化，老至黃髮佝僂者，少至垂髫孩童，均嗜讀書。而如今，書卻受到了威脅。滑鼠輕輕一點，眼睛掃過顯示幕——這就是現代人的閱讀狀態。而那伴著墨香的書已被置之高閣，上面落了一層薄薄的塵埃，可那書能這樣就被替代嗎？不。那紙頁間，那字裡行間，是中華民族對書的執著，對書的鍾愛。孔子韋編三絕，呂蒙手不釋卷，司馬光開卷有益。這一本本書的背後，是歷史的選擇，文化的符號，是幾千年來我們對書的堅持。書不可替代，因為它們承載著文化與民族的傳統。有些東西，它們不可替代。

而我們是否真的綿延著它們，讓它們在一代又一代之間熠熠生輝，述說它們背後的價值。抓住那些不可替代，莫讓它們從指間流逝，終被淘汰。

「責任」是不可替代的，「思考」是不可替代的，「權利」是不可替代的，「信念」是不可替代的……很多人會在第一時間從腦海裡湧出一大批概念來，並就此寫作一篇「什麼是不可替代的」。

能不能還有些別的東西，小一點兒的東西，離生活近一點兒的

東西，也是不可替代的呢？高子珺同學從她奶奶的「王二麻子剪刀」「蝴蝶牌縫紉機」「鳳凰牌三輪車」一堆舊物中，找到了不可替代的感覺。在奶奶的解釋下，她漸漸懂得了媽媽的舊相冊，媽媽的親筆信；更懂得了書的墨香，懂得了所有承載著「舊情」的東西。

寫得這樣好，就是因為高子珺同學願意在乎奶奶的收藏，願意陪媽媽一起翻看老相簿，願意和媽媽討論書信和電郵，願意看看書，願意攢積幾個成語典故：韋編三絕，手不釋卷。

生活其實很窄，生活其實也可以很寬。都看你了。

黃春

老舍・老北京的味兒

高子珺

　　我看見祥子手裡撥弄著現洋，心中盤算著買車，嘴裡念叨著自己的小九九，身旁老北京洋車黑漆漆的車身、亮晶晶的瓦圈，閃著光；我看見王順發忙著擦桌子碼茶碗招呼客人，手裡拎著老北京的大茶壺，壺嘴徐徐吐著水霧；我看見祁家正房的清水脊子旁石榴正紅，天井的八仙桌上老北京的兔兒爺昂首挺胸，老太爺微笑點頭；我看見沙子龍直視徒眾一言不發，心中暗道：「不傳！不傳！」堂前老北京那枝鏢局長槍，靜靜倚立牆角，與主人遙相呼應。我看見了，老北京的味兒。

　　六年前，我讀到了老舍。彷彿被書中人物引領著，遊覽北京的街巷，呼吸北京的氣息，欣賞北京的色彩，聆聽北京的節奏，感受北京的心情。那是老北京的絲絲縷縷、點點滴滴啊！它似一段京胡弦語，激越鏗鏘，餘韻悠長；又如一壺過口甘茶，兩唇相合，馥鬱芬芳。

　　還記得《茶館》中的吃味嗎？「良鄉的肥大的栗子，過了砂糖在鍋裡『唰唰』地炒著，連鍋下的茶煙都是香的」，「高粱紅的河蟹，用竹簍裝著，沿街高聲叫賣；而會享受的人們，會在酒樓裡，用小小的木錘，輕輕敲裂那毛茸茸的蟹腳。」老舍的筆下，老北京虛虛實實的味兒交相融合，凝為代表。

老舍是愛北京的。雖然祖籍山東，可他卻生在北京、長在北京，愛著這老北京的一切。小時候，習慣了在皇城根底下撒腿亂跑；習慣了在夏日涼亭，剝開一粒粒花生，塞得嘴裡鼓囊囊；習慣了北京，習慣了愛。正如同他作品中無論如何百轉千回，應變曲折，都繞也繞不開的主題——北京！

老舍先生出過國，留過洋，他自然懂得時代終究會推動「老北京」變成「新北京」，這是一種欣喜與哀婉交織的複雜情感。那是《四世同堂》的主人公瑞宣吧，他喜歡逛八面槽、大柵欄、琉璃廠，可他也惋歎「在不久的將來，這些店鋪都會消失」。而老舍正是用他執著的筆，不悔的神，熱愛的心，締造著新的北京味兒。

老舍，就是這樣，他代表著，熱愛著，創造著這老北京的味兒。「我是老北京的兒子。」他如是說；字字句句斟酌間，鄉音盡顯，我這樣想。於是，「味」與「兒」便相遇，相知，相依，不再分離。正如老舍，與故鄉的味兒。

用老舍（或者說用《駱駝祥子》）來寫「老北京的味道」，這不僅不稀奇，還可以說毫無創意。記得講評這次寫作的時候，就有很多同學寫老舍（印象裡某年北京高考寫「北京的符號」，就有不少人把老舍推舉出來了），但都沒寫出「味道」來。
我的意思是，既然題目是「味道」，那麼，老舍並不重要，祥子並不重要，北京也並不重要，重要的是「味道」，其它都是定語。「良鄉的肥大的栗子」「高粱紅的河蟹」「剝開一粒粒花生」，這是最直接的「味道」；「不傳，不傳」「京胡弦語」「在皇城根底下撒腿亂跑」「逛八面槽、大柵欄、琉璃廠」，這是最特色的「味道」。
「『味』與『兒』便相遇，相知，相依，不再分離。」這句真妙！

黃春

「無我」還是「有我」

邵睿琪

北京四中二〇一三屆，現考取清華大學。
樂觀開朗，熱愛生活，勤於品味四季四時日月星光，隨時隨地綻放招牌笑容。
所鍾所愛，靜躁不同：擅小提琴，曾召開個人獨奏音樂會兼獲各種獎項；
酷愛運動，享受隨性奔跑的快意。

漫步在夜色中的鼓樓街頭，這熟悉的場景竟有些陌生。閒步、奶茶，這些對於高三的我來說，都是一種奢侈。

幾名像是剛放學的女生背著書包，聚在一家茶飲店前嘰嘰喳喳。「她們一定不是高三的！」我兀自地想著，「高三的生活裡不應有聚在一起買奶茶這一項。」想到這，我才蓦地反應過來，眼前的景象在我的小日子裡淡出大半年了，難怪陌生！又不禁想到，我拘泥在自己的小圈子裡，模糊了奶茶店的存在，然而這明亮的店面在沒有我的日子裡仍舊開張，依然有許多和我過著不同生活的人結著伴光顧。

原來我的世界裡，「我」太多了罷。

人總是難免主觀一些，從自己的視角看出去，以為自己所看到的是完全的世界，以為自己的心跳便是世界的脈搏，卻往往忘記了自己的世界之外，更廣袤的世界在按其自有的速度運轉。

我看向街道上的人群。她們有的兩人並行，挽著手臂，悄悄咬著耳朵，間或發出一陣笑聲；有的獨步前行，像是在沉思什麼問題。是啊，那兩個人不會因我的存在與否而不說悄悄話了，那一個人也不會因我在遠處的凝視而停止思考。

既然這樣多的時刻彷彿傾向於「無我」，那麼「我」又在哪兒

呢？

　　記得作家劉震雲在談及電影《1942》時曾說，每個災民被問及當年的災害時都會很茫然，他們不知道「1942」這個巨大的概念；他們只記得某一年自家的小白樓燒了，飛螞蚱了，娃兒們餓著了。的確，每家在災害中的損失不同，每家對災難的記憶也就不同。在對小白樓的記憶裡，有個「我」。其實人們總是無意識地書寫著歷史。我們如今回望過去，那一幕幕都是宏大而確鑿的歷史；而當我們拿起放大鏡一照，便會發現組成歷史書卷的正是一個個鮮活的人，正是密密麻麻的「我」。也許減去一個「我」，歷史並不會發生質的改變，但正是「我」的存在，歷史更加完整。

　　至此，我豁然，「我」不是世界的全部，但歷史當中有個「我」。

　　「高三的生活裡不應有聚在一起買奶茶這一項。」這想法，太有高三味兒了。

　　文似看山不喜平。本文從開始拘泥在「我」的世界裡，到關注到「無我」的那一部分世界，再到對「有我」的追尋，最後提升到「歷史當中有個「我」」。

　　思路的變化意味著作者處在思考的狀態。會思考，應該是年輕人具備的品質。

　　如果思考的內容能給讀者啟發，就更有價值了。本文中「人總是難免主觀一些」一段，還有結尾處「我們如今回望過去」之後的幾十字，都能給讀者以啟發，都展現出了作者對生活的觀察和思考。生活，其實是寫作的第一源泉。

陳年年、黃春

午後剪影

李夢圓

北京四中二〇一三屆，現考取香港大學。
喜愛看時事評論和歷史反思，喜愛音樂、電影和外文。
身處自媒體時代，喜愛觀點但不喜愛鋒芒，喜愛自由但不喜愛浮躁。
崇尚理性和實幹，也追求批判性思維和創造。寫作但求真實。

　　剪影，一個寫意的詞：無須精雕細琢，只需寥寥幾筆勾出輪廓便能讓人深諳它的神韻。茫然中我尋找著一天當中最有輪廓感的時刻：清晨固有一個「清」字，但早餐奶的味道不足以令線條清晰；正午的陽光過於刺眼，再加之淡淡的困倦，怎求剪影？黃昏、黑夜若拿來剪影，不過是朦朧的一片罷了。

　　最適合剪影的，莫過於現在——午後。

　　陽光正處於它最合適的角度：手邊的書恰能投下最棱角分明的影子。我忽然有種想在桌面上描下書和書影輪廓的衝動：這樣一天天描下去，我讀過的書，薄的、厚的，便不僅僅是字元了。它們便成了有形的印記，安靜地在那裡彎曲、拉伸，勾勒出屬於我的那一份充實。這剪影也就是我生活的軌跡了。這難道不美妙嗎？

　　這午後的剪影還真是神奇，我又用它看到了更多的景致。目光投向窗外：

　　午後的陽光並不直射因而不會眩目，而更像打亮白雲的螢光燈。白雲和陽光就這樣結合成天然的背景，窗外的一切因此而變得輪廓分明。以前看樹，多是綠綠的一片，可當我將目光擲到綠色的盡頭時，那絕美而自然的剪影幾乎將我征服：伸向各個方向的枝葉在邊緣交疊，虛虛實實，曲曲折折；大葉小葉、長枝短枝、青翠黃

枯已不重要，而那細密繁美的輪廓圖案足以讓人理解自然的手筆是多麼精妙。在午後剪影中，這是多麼純美清新的味道。

當然，午後剪影中的人也未嘗不可愛。此時此刻，大概沒有人會料到我在為他們剪影吧？他們都專注於自己筆下的一字一句，而這正是午後剪影最神秘的角度了。我看到的，是一排排全神貫注的身影，連綿在一起：即使不去描繪什麼筆耕不輟，單是那低下的頭、伏案的姿勢就能讓人由裡及外安靜下來，感受到一種專注的力量。這甚至可以說是「令人屏息」的午後剪影，只因它太純粹，太神聖。

影似乎是剪不完的，但這種充實、靜美、莊重卻總是這午後剪影的主題。也許當我沉陷於晨光的困倦和夜黑的可怖時，再捧起這張午後剪影，還會頓時驚醒。這些輪廓也才算在我心中真正清晰。

李夢圓同學，一定是個極其細心的人，對生活極其熱愛的人。因為她會在一個午後（不，應該是很多個午後）為身邊的人「剪影」，就著陽光，就著姿勢，就著光與影的旋律。因為午後這樣一個特定的時間，一切都顯得格外安靜，格外篤定。剪影，不就是這樣的嗎？手邊的書，窗外的樹，身邊的人，她一定都細細地端詳過、打量過、凝視過，很多很多遍，才可能將那些細節，描述得如此細膩，真實，形象，誘人。

若要問我如何才能對生活有足夠細緻的觀察，我的答案是：心到，方可；心到，即可。你若是沒有熱情不用心，就是給你一臺顯微鏡，你也未必能觀察出個什麼東西來。觀察生活，和觀察實驗現象不同。它不能刻意為之，不能客觀記錄，甚至不能複製、不能重來。

我帶學生去參觀紅旗渠。走在渠壩上，一個學生忽然驚呼：

「看，這裡刻著名字！」另一個學生跑過來，看了一眼：「咳，不就是個名字嗎，大驚小怪的。」我告訴他們，那是修渠時為了承諾工程責任而刻下的施工者的名字。後一個學生：「哦。」前一個學生：「啊──？」

你是不是明白我講這個故事的意思了呢？

黃春

美需要的胸懷

唐佳欣

北京四中二〇一三屆，現考取美國佛羅里達理工學院。
我不是小清新，但也絕對不是女漢子。不過世界就是這麼神奇和神秘，所謂「自我」，
總是依賴在別人的評價和鑒定之上。即使任何一個人都告訴我「你應該學文」，
我也選擇跑到佛羅里達理工去學習天文與天體物理。都說傻子更幸福，你懂的。
所以我就是這樣，和任何一個不值得了解卻也沒必要遺忘的人一樣。人格沒有定論，
正如好故事不需要結局。

當我們妄想偷走「美」的時候，我們往往錯過了眼前的滾滾海浪、萬丈春光。

到花卉市場上買來一大盆海棠花，種死了。也曾抱怨「黑心」的商家往土裡塞泡沫塑料。看紅色的花朵落了，枯了，卻殊不知屋外正春光乍泄。四中初中部的訓誡石後，幾樹的海棠在空中搖曳，一片淡粉色的雲朵下面，或是一個靜靜地坐在那裡畫寫生的背影；或是一串靜靜的腳步聲；或者，只有春天習習的晚風蕩漾起花瓣的漣漪。到底是屋外的春光搶走了屋內花朵的生命，還是死去的花兒去追逐屋外的暖陽？我想是後者。我寧願相信，這些凋零的花朵的靈魂撲向了那春起的花苞，在她們枝頭重生、綻放。

於是在一片芬芳裡，多了些澄澈的淚水，她無須再為春停駐，因為她已然是春天。

當我們欣賞關不住的滿園春色時，另一種顫抖的美卻在我們的背後化為泉水，匆匆淌過。

又是一年的凋敗。花期太短，人們來不及賞盡，酷暑中，人們卻又只是無力地躺在陰涼處。而到了秋天，我們才幡然醒悟：春呢？於是我們尋找、追尋，瘋了一樣的懷戀那美麗的韶光。卻聽一

人感歎：不過只是去年秋！方才監考老師平淡地說了一句：還有十五分鐘。這麼短？聽到筆劃過紙張的聲音彷彿在一瞬間變得嘈雜了。是的。我們就是在這樣的不經意間錯過了太多。我們忙於應付尚未完成的幾百字的文章，忙於書寫似乎毫無意義的語句。有人發出了「哎」的感慨，我想他除了抱怨時間太短應該還有無奈吧——窗外的鳥兒在賞春，而他卻與春天只有一牆之隔。我看著自己黑色的越寫越亂的字，忽然覺得這也不失為一種美，甚至一種絕望而燦爛的美。

作家陳染在《誰掠奪了我們的臉》一書中寫，人到了四十歲，一種凋敗的美便會形成。而這種美，不會被歲月和年華沖淡，相反，會成為一種韻味，讓我們感懷，讓我們疼痛。

我忽然想問，非得四十歲嗎？盛開是一種美，凋敗更是。所以，我更願意承認，她不是想說那個歲數，而是想借那個開始憔悴、開始凋零的年齡講述一種美的胸懷。

天下是什麼？天下不過是人心尖的美與痛。

賞景需要胸懷，美的形成亦然。

我聽到有人舒了一口氣，我明白，一個新的美麗又一次綻放了。以一種新的胸懷。

自己親手種的花，死了。考試尾聲，監考老師宣佈「距離考試結束還有十五分鐘」。這樣的事情，離每個人都不遠。唐佳欣同學居然可以將這兩件事情連綴起來，寫關於「美與胸懷」的主題。她說，「卻殊不知屋外正春光乍洩」，「忽然覺得這也不失為一種美，甚至一種絕望而燦爛的美」。這不就是「胸懷」嗎？在欣賞美的過程裡，一雙發現美的眼睛固然很重要；可是，如果沒有足夠的胸懷，人們又怎麼知道到底該讓這雙慧眼

望向哪裡？去哪裡發現呢？胸懷，就是要在你覺得不可能有美的時候，為你指明一個美所在的方向。

種花，考試；讀一本書，在季節轉換中慨歎。都不是什麼你所不能經歷的生活，關鍵在於是否用心體驗了。花死了，你的思考開始了；要交卷了，你的思考開始了；書看完了，你的思考開始了；秋葉飄零，你的思考開始了⋯⋯

這，才是生活。

黃春

刻刀

南宇晗

北京四中二〇一二屆，現就讀於中國人民大學。

宇晗，意味著天空將明。我最幸運的事就是總能遇見「好人」，
尤其是在十一班的日子裡更是如此：坦誠交往的老師和同學，
真心相待的朋友……仔細想想，覺得這也許是很不可思議的一件事。

十幾年的時光，究竟能在我們心中留下些什麼呢？多數的經歷只是過眼雲煙，逝去得不著痕跡。有時再翻動相冊，便發覺以往的人、事甚至自己，都已然形同陌路，會不會嘆惋：我們所忘記的，太多了吧？

然而我深深地感激自然賦予了人類遺忘的天性。它如同一柄鋒利的刻刀，由流年執掌，在我們的記憶中精細地雕琢，削減繁蕪的雜質，去除紛亂的裝飾，將我們最精華的人格從無章的過往中剝離；同時，這柄刻刀又將這精華反覆打磨、修飾，最終塑造出最純粹的自我。

就像是我從小學的生活中所繼承的記憶那樣。我在那個小學裡度過了整整六年的光陰，我又留下了它的什麼呢？那是從地下室的圖書館向上仰望便能看到的被天窗切割成四方形的一小片天空，陽光從那裡流進來，送來地面上竹林的影子。我至今還可以在腦海中描摹出午後陽光帶來的斑駁竹影在我的書頁上跳躍的靈動。伴奏著的是從幽暗深長的走廊裡蕩起的空靈的腳步聲，它們交織而成的舞劇陪伴我遊過了一本又一本的書籍。

這便是我關於小學的全部記憶了。

也許學校還組織過什麼意義深遠的活動吧，說不定也做過什麼

卓有成效的改革吧，或者我們那一屆正當學校什麼具有歷史意義的轉捩點也未可知。可是我忘記了。

這些看似重要的時刻，於我卻只是毫無意義的廢料，於是遺忘這把刻刀將其盡數剔除，只留下了陽光、竹影和迴蕩的足音，作為我生命精華的一部分。它告訴我：我便是那足音，我便是那陽光和竹影，我所追求嚮往的並非是榮光和業績，而是那帶有些孤獨味道的自由。遺忘將之留下，並且細細雕琢，使得記憶中的陽光更加美滿，竹影更加靈動，腳步聲更加動人……隨著材料的增加和時光的流逝，越是遺忘，我的輪廓就越清晰；越是遺忘，我的人格就越豐滿。

若沒有遺忘這把刻刀，就無從清理掩埋我心靈的塵埃，就無法雕琢我生命中最珍貴的精華。

因此，我不會為遺忘的過往感到可惜和傷感。那些被遺忘除去的不過是些無用的瑣事，真正重要的東西是不會從心裡溜走的，相反，正是遺忘使它越來越深刻、越來越明晰。

我相信：遺忘是柄刻刀，人是經過遺忘修整後的記憶。

「遺忘」是把刀，這個比喻不是很高明，也有別的同學用「刀」來寫「遺忘」是怎樣地將自己的過往一片一片地從記憶中削去。然而，南宇　同學說，「遺忘」是一把「刻刀」，削去了往事的骨肉，卻留下了深深的印痕。於是，大凡歲月走過，都會留下深深淺淺的痕跡。

這不是語言技巧的高下之分，而是一個人對生活有了更成熟的感悟。並且正如作者所說：「削減繁蕪的雜質，去除紛亂的裝飾，將我們最精華的人格從無章的過往中剝離；同時，這柄刻刀又將這精華反覆打磨、修飾，最終塑造出最純粹的自我。」

生活能夠在你心中刻下怎樣的痕跡，是由一個人對紛繁生活的取捨趣味而定的。你看，同樣是小學生活，在南宇　同學的記憶裡，剩下的是「從地下室的圖書館向上仰望便能看到的被天窗切割成四方形的一小片天空，陽光從那裡流進來，送來地面上竹林的影子」。

難怪她能寫出這麼好的文章來。

黃春

CHAPTER **02**

讀書篇

文求工雅要讀書

黃春

　　讀書有什麼用？這是不必我來說的。我只從「讀什麼書有用」這個問題開始。

　　很多學生向我要推薦書目，我多半隻說：「你喜歡讀什麼，就讀什麼。」他們都以為我是在敷衍，其實真的不是。因為我從不相信，一個人被人要求硬著頭皮去讀了一些自己不喜歡讀的書而竟也能獲得讀書應有的效果來。我並不反對有人占著先知先覺的資歷去向別人推薦書目，但我極其反對「一生必讀」之類的噱頭。沒什麼書是一生必讀的，更沒什麼書是中學生必讀的。你願意去讀人家推薦的書，當然好；你願意隨同桌讀什麼你也去讀什麼，也不錯；只要是像模像樣的書，那便開券有益。

　　那些來自教材（課本）的文章，那些傳世經典；歷史、文學、哲學、科學；傳記、武俠、言情、科幻；報紙雜誌、新聞時事、網路博客、電視影片……無不可讀。

　　讀書，是個大話題；這裡只說和寫作有關的讀書。

　　不讀書，是很難會寫作的。所謂「書到用時方恨少」，說的就是寫作時因肚裡空空而提筆傻眼的抓耳撓腮搜腸刮肚的尷尬狀態。當然，「讀的書多」，也並不是「寫作便好」的充分條件。現如今的考場作文——

不論是中考還是高考，莘莘學子都一窩蜂地將司馬遷陶淵明愛迪生居里夫人搬上舞臺，讓他們像川劇變臉似的去演繹各種各樣的話題，這不就正是讀書惹出的禍根嗎？我總在設想，倘若學生們沒有讀過《史記》、《歸園田居》，也不知道是誰發明了燈泡發現了鐳，他們的文章，一定會好看得多。可惜，學生們從幼稚園起，就開始讀這樣的書並開始這樣地讀書了。

錯在哪兒？禍自何處？

孔子說：「學而不思則罔，思而不學則殆。」我化用一下表達我所以為的讀書觀點：「讀而不記則枉，記而不思則殆，思而不寫則憾。」記得教授《信陵君竊符救趙》一課的時候，我曾帶著學生進行過這樣一番讀閱讀：

魏有隱士曰侯嬴，年七十，家貧，為大樑夷門監者。公子聞之，往請，欲厚遺之。不肯受，曰：「臣修身潔行數十年，終不以監門困故而受公子財。」公子於是乃置酒大會賓客。坐定，公子從車騎，虛左，自迎夷門侯生。侯生攝敝衣冠，直上載公子上坐，不讓，欲以觀公子。公子執轡愈恭。侯生又謂公子曰：「臣有客在市屠中，願枉車騎過之。」公子引車入市，侯生下，見其客朱亥，俾倪，故久立與其客語，微察公子，公子顏色愈和。當是時，魏將相宗室賓客滿堂，待公子舉酒；市人皆觀公子執轡。從騎皆竊罵侯生。侯生視公子色終不變，乃謝客就車。至家，公子引侯生坐上坐，遍贊賓客，賓客皆驚。酒酣，公子起，為壽侯生前。侯生因謂公子曰：「今日嬴之為公子亦足矣！嬴乃夷門抱關者也，而公子親枉車騎自迎嬴，於眾人廣坐之中，不宜有所過，今公子故過之。然嬴欲就公子之名，故久立公子車騎市中，過客，以觀公子，公子愈恭。市人皆以嬴為小人，而以公子為長者，能下士也。」於是罷酒，侯生遂為上客。

信陵君的「禮賢下士」、「求賢若渴」，自不必說（有的老師和學生，

往往唯讀出了這一點便作罷了），但我向我的學生提及了一個詞：古人之風。所謂「古人之風」，說的不是一般的古代之人的風尚或風氣，而是有所特指的。古人之風和今人之風的最本質的區別就在於，「古人」往往將自己內心堅守的某些習性或品質或原則，能自覺地實踐並直白地表現出一種極致的狀態。古人之風，是一種非黑即白的道德判斷，是一種沒有給自己留出轉圜餘地的道德抉擇，是一種不加遮掩不必修飾的道德表達，是一種可以壓倒一切乃至壓倒生命的道德堅守。今人之風，似乎就不是這個樣子。即便是喊著口號「走自己的路讓別人說去吧」，也總還是顧慮得太多，比如個人的顏面，比如個人的得失……侯贏是有「古人之風」的，我們決不能將侯贏的舉動視為「恃才傲物」。他似乎很不識趣地一而再、再而三地給信陵君以難堪。侯贏沒有直接應邀跟信陵君去趕赴宴會，而是拐了個彎，將他帶進了熙熙攘攘的集市。實際上，就是暗暗地將信陵君請進了一個考場。信陵君要是通過了考試，就可以得到一位可以為他效命的人才。侯生給他出的題目，是一個話題作文：

請以「尊嚴」為話題，寫一篇文章。當然不是拿起紙筆背著人躲在屋子裡寫，而是直接地在千千萬萬個現場監視的「考官」面前，以現場行為藝術的方式來完成。

何謂「尊嚴」？它和我們常說的「面子」有區別嗎？保全了「面子」，就一定獲得了「尊嚴」了嗎？一時的「顏面盡失」，是不是就一定也會「尊嚴掃地」？一個權貴，他需要怎樣的「面子」？一個君子，他又需要怎樣的「尊嚴」？信陵君，國王的弟弟，這位名震諸侯的響噹噹的公子，面對一個看門老頭的戲弄，他將從哪裡找回自己的「面子」？從哪裡找到自己的「尊嚴」？

請看信陵君的答卷：

侯生「直上載公子上坐，不讓」，公子便「執轡愈恭」。

侯生「願枉車騎過之」，公子便「引車入市」。

侯生「故久立與其客語」，公子便「顏色愈和」。

侯生「謝客就車，至家」，公子仍舊「引侯生坐上坐」，不僅「遍贊賓客」，還「為壽侯生前」。

信陵君用自己的行為藝術，向侯生上交了一篇滿分作文。

這就是一個君子所需要的「尊嚴」，它絕不是常人所固守的那種膚淺的「顏面」，而是發自內心毫不做作毫不尷尬的對他人甚於對自己的一種尊重。給別人以足夠的尊重，就是為自己收穫了足夠的尊嚴。

後來的一次「以『尊嚴』為話題」的寫作中，我的很多學生，都受益於這一次有關「尊嚴」的讀書。

再如讀卡夫卡的《變形記》。有人讀了，但不思考，於是他唯讀出了「親情慘敗於金錢」。這樣的閱讀，就變得意義寥寥，甚至誤人誤己。殊不知，「金錢與親情的鬥爭」，只是小說所借助的一個題材罷了，而其實際要反映的，是「人的異化」，是工業法則對人性的擠壓和扭曲，是人類在自我發展的過程中逐步拋棄人性的必然。為了讓沒有學過哲學的學生便於理解，我曾用自己的語言給「異化」下了個定義：有一些全然不是和我們與生俱來的東西，漸漸地和我們與生俱行了，形影不離之後成為我們生存的鴉片了；還有些東西是和我們與生俱來的，但漸漸地可能離我們而去，不見蹤影之後我們反倒覺得更自然了 —— 這就是「異化」。因此，讀《變形記》，是要讀人的異化，是要思考人的命運，是要反思在人類衝向終點的過程中，我應該如何生活。

讀書，有兩大忌諱：

一是無目的無動機的閱讀，只為讀，只為情節，只為「知道」、「讀過」。這很容易讓自己變成「兩腳書櫥」，寫起作文來儘管也能羅列堆砌顯得很書卷很學問，但終究只能是「掉書袋」。

二是貼標籤，人云亦云，拾人牙慧，形而上學，沒有自己的判斷。看似有思考，但其實都是將自己的腦袋搬到了別人的脖子上。

例如讀《我的叔叔於勒》，便說是「揭露了資本主義社會的金錢罪惡」。然而，其實作為社會主義讀者的我們，我們也會以「葡萄太酸」為藉口來緩解吃不到葡萄的酸楚，就像克拉麗絲夫人說「吃牡蠣會拉肚子」一樣。我們也會以「近朱者赤近墨者黑」為藉口親近那些成績好的同學而疏遠那些成績不好的同學，就像菲力浦夫婦望穿秋水天天翹首盼望大洋對岸發了財的於勒，之後又談之色變避之唯恐不及地躲著眼前落魄的於勒一樣。我們也會在相親的時候向媒人打聽對方的家境如何收入如何，就像那個小職員在看完了於勒的信之後，便立刻結束了猶疑終於下定了求婚的決心一樣。因為我們都是「小人物」，我們都過著「小日子」。這，無可厚非。「小人物」們，就這樣，不高尚地活著，有些卑微；不高雅地活著，有些世俗。只不過是，卑微，不等於卑鄙；世俗，不等於低俗。我們家庭經濟不寬裕的時候，我們的母親不會時常用尖刻的閒話去對付她的丈夫，省吃儉用，一起努力，共同奮鬥就好；我們一家人去海濱散步的時候，不一定非要穿上一塵不染的禮服，衣冠整齊，興高采烈地享受自然享受天倫之樂就好；我們得知親人發了大財，也不必將那封信拿給所有的人看，更不必立刻就計劃用別人的錢去買房子，放在心裡頭，替我們的親人高興一下就好；我們不幸遇上了一個窮親戚將要前來投靠，絕不能視而不見，躲躲掩掩，惡語相加，盡一點力所能及的接濟，給一份溫馨的親情關愛就好。讀本文的時候，你是這麼想的嗎？

　　一個讀書不思考的人，一個讀書思考得過於簡單的人，都是無法真正從讀書中獲取寫作所需的健康營養的。

　　讀書的意義，也分幾個境界：

　　其一，書以求知。其二，書以善思。

　　其三，書以養心。其四，書以怡情。

　　前兩者為理性意義，後兩者為感性意義。過於理性，書讀多了人會

變得「迂」；過於感性，書讀多了人又會變得「酸」，這都不好。須將兩者結合起來，互為平衡，相得益彰，這才會使得一個人在不斷的讀書中，修煉成一個「雅者」。如果你是一個這樣的雅者，那麼，和你相關的所有事情——哪怕就是吃喝拉撒睡——便都能在你的文章中登上大雅之堂，一如梁實秋吃火腿，周作人看蒼蠅，林語堂行酒令。

讀書到這地步，方可「書為人用」、「讀為寫用」。

比如，我的學生孟瑤，讀〈流浪的二胡〉、〈高山流水〉，借〈蘇州園林〉、〈辛夷塢〉寫「機會」對於人「花開僅一次」：

有人說，二胡在江南流浪，流浪著一種悲涼與滄桑。而古琴便是俞伯牙的高山流水，曲高和寡。我卻不這麼想，到過蘇州園林，我最是喜歡其中的「留園」。古琴在園中疏疏落落地響起，一種散淡與飄逸迎面拂來。有人在旁邊娓娓說著「但留風月伴煙蘿」便是這古琴的韻了。仔細想想，古琴這般淡雅疏落，不外是因著不計較。高山流水，知音難覓。俞伯牙也似乎沒有為此苦心經營。這一切便全是緣，不是你可以觸碰就可以抓住的，更不是拼命追趕可以捕捉的。機會並不是我們都能把握的。總有一點禪宗的意思。王維面對山中紛紛落下的花雨，寫下「木末芙蓉花，山中發紅萼，澗戶寂無人，紛紛開且落」的詩句。這是一次偶然的邂逅，並不是每人每時都有這樣的機緣，觀一次花落的景。

另一個學生王一嬌，讀李清照，讀《詩經》，借〈西江月〉、〈蒹葭〉，寫那一種望眼欲穿的愁苦反倒成就了一尊詩一般的美麗：

她本是在荷花澱中爭渡的小女孩，可就在那一天，她倚門回首，卻把青梅嗅。就在這回眸一瞥間，她的美麗乍泄，因為這一瞥中注入了她的期待。如鉤的月下，蘭舟上的她寧靜而美麗。這份淒美在她那才下眉頭、卻上心頭的哀愁中，更在她那望眼欲穿的眼眸間。在山河破碎、風雨飄搖時，本愛看海棠綠肥紅瘦的她揮筆寫下了「生當作人傑，死亦為鬼雄」的詩句，她對收復祖國大好河山的期待成就了她大氣磅　的美

麗。

好想有一天，在蒹葭蒼蒼的秋水邊，看伊人，望穿秋水的美麗。

另一個學生李知菲，讀米勒，借〈拾穗者〉，寫人生的軌跡若能與心路重合，隨心而生，就已是最美：

手握畫筆的米勒，在田埂間、麥粒中享受金黃。當人們向他轉述王子受封慶典的情景時，他只是淡然一笑道：「可憐的小王子。」繼而尋著山的輪廓、花的幽香塗著顏色。人們說米勒筆下的農人有著土的芬芳，畫中的谷堆金黃得發亮，我想這即是因為米勒用心在創作，用心在描繪他真心喜愛的村莊。

另一個學生萬光，讀蘇軾，借〈赤壁賦〉，寫把一切都看開把一切都放開，隨時光向前，用一顆隨性的心，看夠沿途的風景，這樣真好：

一直非常喜歡〈赤壁賦〉中「縱一葦之所如」的句子。試想，駕一葉扁舟在浩淼的江面上隨波而行是一種怎樣的豁達與釋然。你已然不會再去在乎世間的得失，也已然不會再去惦念身後的功過是非。一切都彷彿只剩下身下這一葉孤舟，你隨著江水，不知它將要帶你去向何方；你隨著時光，不知它將要帶你去向哪一個永無鄉。這樣隨心隨性的豁然，這樣無所牽掛的瀟灑，該是人生給予我們的多麼美好的饋贈。隨著時光向前，其實，亦是一種隨遇而安，無所顧念。

另一個學生林宇非，讀史鐵生，借《我與地壇》，寫語文的背後，是生活的運用，是用心去感受；語文背後，是心靈的顫音，一場精神之舞：

記得那天放學回家，隨手翻了翻《我與地壇》，合上書本時，正值日暮時分，高樓擋住了落日，卻擋不住它散射出的一派橙黃。梧桐的大葉片，天上的浮雲和自家的窗框，都被夕陽細心地映到了牆壁上。隨著

風的奔跑，捲動的浮雲匯成了翻滾的大海，梧桐的葉片旋轉著，突破著，像無所畏懼的小船，將窗框的影子衝撞得支離破碎，而配樂的，是兩隻不知名的小鳥。當一切鳴金收兵、舞蹈謝幕時，照照鏡子，好一個神采奕奕的我！那一刻，我到了語文背後。是的，我感受到了作家們所傳達的意蘊！美是邂逅所得，是親近所得。我與美有了個親密的約會！

記得一位同學在學《我與地壇》的時候，說：「我讀著讀著，鼻子一酸，就哭了出來。」多好啊！我至今還清晰地記得，那兩節課裡，這位女生一直眼眶紅紅地呆呆地望著窗外，至於我還講了什麼，她是全然未聽的，可是，這有什麼關係呢？動心動情了，就是最好。

在語文這件事情中，讀和寫，始終是一枚硬幣的兩面，只有相互結合，只有相互支撐，只有相互平衡，才能使你的語文，有尊嚴地站起來。

從讀書中挖掘寫作素材
——我是怎樣作文的

邱明昊

北京四中二〇一二屆，現就讀於北京大學。
熱愛讀書和體育，對文學和歷史有特別的興趣。
最喜歡三國時期的歷史和讀經典名著。最喜歡的作家是雨果，
最愛《悲慘世界》和《九三年》。相信讀書能使人變得豐富，
變得有趣，找到前進的路。願與大家共勉！

　　寫作最重要的是文中有我，要在文章中體現自己的品性和風格。我們自己的品性與個人風格體現在我們每個人所擁有的獨特的生活中。然而對於高中生來說，大家的生活相對相同、固定，擁有一些同齡人所沒有的獨特的生活體驗是一件可遇而不可求的事。因此，我們就更要在讀書上挖掘我們可以用於寫作的素材。每個人的愛好不同，喜歡涉獵的書的種類自然不同，更何況同一本書我們每個人闡述的角度，引發的思考也不盡相同。

　　從讀書中挖掘寫作素材，首先要做一個愛讀書的人。讀書是一件能讓大家受益終身的事情，其益處遠遠超過了為寫作積累素材這件事。就我自己以及我身邊的很多同學來說，往往不是為了積累素材，大多是出於自身的興趣而翻看了各種書籍，而能把讀過的書用到自己的文章裡反而是預先未能想到的。

　　愛讀書只是第一步，但要在文章中用到自己讀過的書還要做很多準備。畢竟書籍中的內容非常龐雜，而可供我們寫作發揮的空間不過千字而已。因此，對於書中的內容我們要善於裁剪，善於擇要。我下面就幾種書的裁剪摘要方式談談我自己的體會。

　　第一類：小說。

　　小說是我自己讀的最多的一類書了，這裡主要指的是經典名

著。比如大家耳熟能詳的《簡‧愛》、《悲慘世界》等。小說最核心的是人物。每一部優秀的小說都塑造了不止一個的經典的文學形象。有些人物如「吝嗇鬼」葛朗臺，「套中人」別里科夫等，都已深入人心，成為某種特質的代名詞。因此在寫作引用例證時可以選擇經典名著中的人物，會使文章增色不少。

選人物，一定要選那個給你最大觸動，使你思考，讓你感動，真正到你心裡去的人物。他很可能不是主人公，但他是感動你的人，而你是寫文章的人。比如讀《悲慘世界》，給我最大觸動的是年輕的革命領袖昂若拉，他鮮花一般鮮豔的生命給了我極大觸動。在經典名著裡，無論是多麼小的一個人物，都有其鮮活的魅力和生命力在其中。而且要堅信，能打動你的人物，一定也可以打動那些讀你文章的人。

我們選取的人物可能具有很多特點，在我們不長的篇幅裡一定要找到與文章主題相合之處，重點討論這個人物的一個特點。小說裡最能打動讀者的是細節。寫作時也要舉出書中的細節、具體事件來體現這個人物的特點，用細節打動讀者。

第二類：詩詞。

如果你恰巧喜歡讀古詩詞或者現代詩歌，那麼運用好這一特長，文章就能寫得非常漂亮。一句宛若天成的詩詞不僅會讓文章顯得精緻有韻味，而且是一個很好的抒情發議的切入點，能將文章的氣氛渲染得恰到好處。這是我在一篇名為〈感悟自然，感悟內心〉的文章中寫的：「眼前遠去的春色，稍縱即逝的美好春光漸漸流去，讓人感到哀婉與傷感。春每歸兮花開，花已闌兮春改。歎長河之流速，送馳波於東海。」眼前飄零的花瓣和那遠遁的花的芬芳不正是自己隨風飄去再不回來的青春韶華和錦繡理想嗎？「秋風吹渭水，落葉滿長安。」滿地的落葉不就是自己一年之中已逝的日子，再難尋覓的光景嗎？

在使用詩詞時，值得留心的是對於同樣的主題同樣的義項，古往今來不同的詩人寫下了一脈相承或是截然不同的詩句，用於對比和從不同角度闡發是非常合適的。

第三類：歷史／科學故事。

對於歷史或是科學等的興趣，也是可以利用的資源。要知道，多數同學寫議論文舉例子，歷史上的例子不過五個，司馬遷、文天祥……科學家則不過愛迪生而已。如果能夠憑藉自己在閱讀中涉獵的例子很好地支撐自己的文章，那將起到極好的效果。

另外，即使一些常被寫到的歷史人物或科學家，如果知曉一些他們很少被人提及的事蹟或特點，也會讓文章別出心裁。例如提到文天祥，多數人引用不過〈過零丁洋〉，但我以為他的臨終遺囑更有感染力：「孔曰成仁，孟曰取義，唯其義盡，所以仁至。讀聖賢書，所為何事？於己於今，庶幾無愧！」

第四類：散文。

散文我讀得不多，作文中用得也較少。但是我確實讀過很多從某篇散文的某些語段切入的寫得非常漂亮的文章。散文某種程度上說跟詩歌很像，都是可以很好地起到渲染文章氣氛的作用。

另外，一些散文中往往也刻畫了一些很典型的人物，比如朱自清先生的〈背影〉中父親的形象等也可以用作支撐文章的素材。

以上就是不同種類的書的不同材料的裁剪方式，下面簡要說說如何把書裡的內容變成可以用在文章裡的材料。

最重要的是在下面要做好充分的準備工作，讀過一本書之後其實留在腦海裡的還只是一個大概的印象，寫作時很難運用自如。最好的方式是針對讀過的特別有感觸的書，先寫作一篇讀書筆記。寫讀書筆記可以 明你梳理這本書的主題、作者的思想脈絡、你自己最感興趣的人物以及作為支撐的細節。換言之，寫讀書筆記就是在幫你整理出寫作哪些主題是可以用得上這本書裡的內容的。

另外，讀書筆記也 明錘鍊了語言，讓我們能夠用簡練美麗的語言抓住重點地敘述我們想用到的書中的內容。

大家不妨進行這樣一項準備工作，找十本自己最喜歡的書一本本地翻閱回憶大致的故事和人物，對著以前的讀書筆記看效果更佳。每一本書都試著去問自己，寫作哪些相關主題的時候可以用得上書裡的哪部分內容。如果尚嫌抽象，就挑一些這本書中自己最愛的章節、人物、場景，看看寫什麼的時候能用到這些即可。

將讀過的書裡的內容用到寫作中是非常好的。因為那些都是你真正讀過的，曾給你帶來感動、衝擊的文學形象，你真切地為那些書中形象的命運而揪過心，曾經廢寢忘食過，這樣的例子是有感染力的，這樣的文章是有生命力的！多少次拿到一個作文題，腦海裡突然湧出那些熟識的文學面孔，突然想起當時他們陪我走過的時光，突然想起自己那時的感動、歡笑和淚水，一筆揮就，是怎樣的感動！

回首自己高中三年的時光，最大的幸事之一就是養成了讀書的習慣。多少個晚上，都為著書中人物的命運牽腸掛肚；多少的閒暇，都隨著書頁的翻過而逝去。那些詩歌、那些小說、那些散文陪我走過了最美好的高中三年，它們讓我笑過，哭過，沉思過。它們豐富了我的生活，它們讓我明白未來的路該怎麼走。書中自有一個你想不到的世界，那個世界的精彩將投影到真實世界裡給你意想不到的影響。青春歲月，正好讀書。願大家珍惜！

英雄的青春

邱明昊

　　漫步歷史長河，時常迷戀於英雄們的那絢爛多姿的青春。

　　是誰策馬飛馳，留下那二十六年絢爛青春？十八歲失去父親的孫伯符，失去了保護，卻磨滅不了勇敢與堅韌。前方艱險卻不曾畏懼，虎豹豺狼則一併掃滅。八年間，金戈鐵馬，收江東六郡一姓名下；八年間，馭風縱歌，看青春歲月盡情揮灑！

　　是誰羽扇綸巾，留下那赤壁烈焰中熾烈的青春？「一管妙清商，纖紅玉指長」，那份才情，古來誰有？「坐中知密顧，微笑是周郎」，那份優雅，誰人兼具？「談笑間，檣櫓灰飛煙滅」，那份豪情，那份志略，焉有敵手？青春如此，優雅而又絢爛！

　　紅日初升，其道大光。那些裘馬輕狂的少年英雄，建功立業，馳騁四海，滿懷著熾熱的理想，勾畫著美好的未來。

　　可青春僅止於那年少的輕狂嗎？「早歲那知世事艱」，少時談論夢想，談論抱負，燃燒青春是輕鬆而自在的。歷經時間變遷，現實打擊，品嘗過苦澀，見證過死亡，胸中還有當年那份銳志，還有青春流淌嗎？

　　「僵臥孤村不自哀，尚思為國戍輪臺。夜闌臥聽風吹雨，鐵馬冰河入夢來。」那個風雨大作的寒夜，你胸中湧起了什麼？七十年過去了，當年橫槊賦詩的風采早已不在，卻只有僵臥孤村的淒涼相

隨。往事種種映入腦海，多舛命途浮現眼前。然而「不自哀」三個字竟截住了一切對個人的感喟。這一夜你不會感慨青春如流水逝去嗎？你不會感慨未竟的功名事業嗎？

「我也會感慨，我終其一生地執著追求，卻始終沒有得到。然而我將永遠追求，正如同二十歲時的我一樣。」「上馬擊狂胡，下馬草軍書。」這是青春的誓言，而不是年少的狂語。七十年前談的人生與理想，今日依舊記得。無時無刻你不是那個為國奉獻一切的陸放翁。位卑未敢忘憂國，耄耋亦有真豪情。百折千回，欲竟鴻鵠之志；千辛萬難，永存報國之情。那一夜入夢的是鐵馬冰河，是不是也有那個弱冠少年縱馬飛馳在大散關前？

什麼是青春？青春不是年少時的信馬由韁，不切實際的幻想。青春是憑著一腔赤誠對人生，對世界的莊嚴承諾。它既是年少時的揮斥方遒，亦是暮年時的老而彌堅。因為什麼？因為那一腔赤誠從未變過，因為當年對世界對自己的承諾永遠都在。

英雄的青春如歌，如海。那一個個高貴的心靈中所迸發的真誠，那廣濟天下之志歷經千古而熠熠生輝。英雄的青春永遠都在，他的每一舉每一動無不是為著當年那個心底的諾言。只要永遠保有著那份真情，執著而勇敢地追求並堅守，何時不是青春呢？

英雄，在書裡；青春，也在書裡。英雄的青春，當然也可以在書裡。孫伯符、周瑜、陸游，都在書裡；金戈鐵馬，羽扇綸巾，塞上長城，都在書裡。

既然都在書裡，那麼，搜羅、列舉、鋪排，那都不難。我經常讀到學生在作文裡「旁徵博引」，但總覺得是在「開列書單」，是在像宋人寫詩一樣地「掉書袋」。究其原因，便是缺少了自己對書的「讀」的過程。「讀書」不是「背書」，是要理解的：

讀景要見景，讀事要懂事，讀理要明理；讀人，要知人。邱明昊同學和你一樣，讀了〈京口北固亭懷古〉，讀了〈赤壁懷古〉，讀了〈書憤〉，讀了很多的詩詞文賦，但他不僅讀了，還喜歡上了。他肯定喜歡孫仲謀，肯定喜歡周公瑾，肯定喜歡陸放翁；喜歡，才能更了解；更了解，才能更知心。所以，他不僅寫出了「英雄」的他們，更寫出了他們的「青春」，這才好──因為，題為「青春」啊！

黃春

上帝的望遠鏡

邱明昊

即使一個人的視力再好，他也看不到別人的心裡在想些什麼，看不見他在無人的地方做了什麼。正因為此，總有人做著些見不得人的勾當，並越發肆無忌憚起來。然而總有一架上帝的望遠鏡架在天上，洞察著每個人的內心和行為。

而在這架望遠鏡旁的那一雙眼睛，正來自我們自己。

元代名士許衡早年間與眾人一起逃難。大家走在路上，口渴難耐。恰巧看到路旁有一株梨樹，眾人紛紛上前摘梨解渴，唯有許衡不為所動。有朋友勸他：

「如今世道這麼亂，這棵梨樹的主人恐怕早已不知所蹤了。」許衡聽罷，正色答道：「梨雖無主，我心有主。」「我心有主」這四個字跨越千年的歷史持久地給著我一種震撼的力量。儘管可能四下無人，但每個人的行為總受著一種監管，那就是來自自己內心的監管。

所不同的只是有人謹守內心，而有人則完全漠然於自己的內心。「我心有主」的人擁有著最為強大的精神力量。他們將來自自己內心的監管置於最神聖、最值得敬畏的位置。在他們看來，在自己架設的這架望遠鏡面前做到光明磊落，是最神聖的也是最重要的。而這樣的人還在乎外界的監督的有與無嗎？

無疑，這樣的境界是很難企及的，然而，這並不意味著我們每個普通人不能從點滴開始向著這個方向努力。而其中最為關鍵的就是培養對自己內心的那一份敬畏。每當我們覺得四下無人監督時，總要記著就架在我們心裡的那架望遠鏡，它把一切都看得清楚明白。面對著這架望遠鏡所投射的犀利，我們每個人天生都不禁要打顫。然而很多人在生活中卻一再地去打破它，並最終視其為無物，永遠喪失了對內心的敬畏。而我們所要點滴做起的，就是要維護並不斷積累對內心道德法則的敬畏，因為就像哲學家康德所說的那樣：「我對它們的思考越是深沉和持久，它們在我心靈中就越喚起日新月異的讚歎和敬畏，這就是我頭上的星空和心中的道德定律。」終其一生的思考與謹守內心的道德法則，在那架望遠鏡面前磊落的為人行事，將讓一個人永遠生活在最崇高的幸福之中。

　　上帝的望遠鏡是不存在的，真正存在的望遠鏡是我們每個人心底的道德法則。一個人的視力再好，他也看不到別人的心裡在想些什麼；一個人的視力再差，他也對自己的內心瞭若指掌。當我們做些事情總以為無人知曉時，「天知地知」本無意義，最重要的是「自知」。不要冒險破壞那份敬畏，否則這將使我們從此再不看重自己的內心，而失去為人的根本。

　　讀書，當然多多益善。

　　許衡，這個名字比起司馬遷陶淵明愛迪生居里夫人來，那真是太過小巫了。

　　名氣雖小，事情卻照樣偉大（注意，寫作中所謂偉大的事例，是就其與主題之契合程度而言的）。他說：「梨雖無主，我心有主。」邱明昊同學一定是因為對「我心有主」這句話心有靈犀且情有獨鍾，方能在考場裡在面對「上帝的望遠鏡」這一話

題時，頓時記起不大著名的許衡來了。這種閱讀調動，是寫作構思中極有效的題材來源。

如果你是一個被動閱讀的人，如果你的閱讀只限於教材和課堂，那麼，你的閱讀經驗就和他人雷同，你就會在面對同一個作文題的時候，和別人一樣寫上一些「天知地知你知我知」之類的故事。然而，真正喜愛閱讀的人，他們的閱讀經驗，肯定都是個性化的。你看，邱明昊同學就讀到了你所沒讀過的許衡，讀到了你所沒讀過的康德。

「我心有主」，就成了這篇文章帶給讀者的長久記憶。我到現在，在談到「慎獨」的時候，還能清晰地想起「上帝的望遠鏡」，想起「我心有主」，想起許衡，想起邱明昊同學。

黃春

學習，體悟與表達
——我是怎樣作文的

李伊丁

北京四中二〇一二屆，現就讀於北京大學。
我的性格活潑，調皮。我有一張圓圓的臉，一雙水靈靈的大眼睛，
我那雙小耳朵好像是專門聽老師講課用的。我的優點是在家裡聽爸爸媽媽的話，
在學校聽老師的話。我也有缺點，我的缺點是上課有點不愛回答問題，
還有點兒不愛喝白開水，還有點兒不愛吃胡蘿蔔。

　　寫作與閱讀之所以聯繫緊密，是因為它們都是用文字來呈現人的思想，閱讀就像一種學習的過程，寫作則是實踐。通過這種類比就能很清楚地看出要想使寫作受益於閱讀的關鍵：「學習」的到位程度、學來的東西的「消化」過程以及「實踐」的方法。

　　閱讀的方法有很多，有人喜歡讀書之前對作家及時代背景做一個「預習」式的準備，也有人喜歡不帶任何先入為主的觀念直接打開一本書，有人喜歡邊讀邊做筆記，也有人喜歡沉浸在故事情節中一口氣讀完，這因人而異，也因所讀書的類別而異，不能說哪種更利於理解，更利於寫作。不過無論採用何種途徑，對於寫作而言目標都應是相同的，即理解和記憶。

　　這裡所說的記憶不是指讓你像背課文似的把書上的內容都背下來，而是以一種更輕鬆的方式。比如我自己在讀到精彩的句子或「於我心有戚戚焉」的段落時就喜歡把它們摘抄下來，閒著的時候就來回翻看，脫離書本環境的這些語段會讓你回憶起書上的內容，也會給你新的思考和靈感，在這個重複和思考的過程中你會很自然地記住它們，而它們對你寫作的幫助也不知不覺從「可以引用」這種對字句的影響變成了「可以闡發」這種對立意的支持了。記憶的目的並不是讓你在作文中顯擺一句「著名作家簡·奧斯丁在她的作

品《傲慢與偏見》中曾這樣寫道……」。事實上，在文中引用一句很牛的人的很牛的話並不能讓你的文章變得牛起來，但是圍繞著書中某一句話的深入探討，或是在行文思路和感情都進行到了一個高潮時引用一句作為點睛之筆，往往會為文章增色不少。

　　這方面的記憶對精確程度沒有絕對的要求，只要不影響到句子的意義和指向，個別字詞跟原作不同沒有太大關係，但也有一部分內容我推薦一字不差的認真背誦的方法，比如《論語》、《大學》、《古文觀止》之類。我個人小學五六年級的時候背《論語》，初中開始背《大學》，當時年紀小，書中的許多道理並不能很好地理解，但還是都背了下來，後來才發現這樣的好處——那些人生哲理其實誰也說不清自己長到多大能懂，而自己先做好積累，就像是在等待生命中一個合適的時刻、合適的事件讓你收穫體悟，這便多了一份從容，也避免了錯過。《大學》中有這樣一段話：「所謂誠其意者：毋自欺也。如惡惡臭，如好好色，此之謂自謙。故君子必慎其獨也！小人閒居為不善，無所不至，見君子而後厭然，掩其不善，而著其善。人之視己，如見其肺肝，然則何益矣。此謂誠於中，形於外，故君子必慎其獨也。曾子曰：『十目所視，十手所指，其嚴乎！』富潤屋，德潤身，心寬體胖。故君子必誠其意。」其中提到的「慎獨」的含義就是我在一次旅行中偶然領會到的，在那之前雖然也明白它字面上的意思，但並沒有其它更具體的感覺，然而參觀平遙古城的票號時，在一個光線並不太好的舊式格局的房間裡，我看到端端正正懸在大廳正中央的木匾上的「慎獨」二字，心中突然覺得十分緊張，甚至有些害怕。後來我在自己的作文中這樣寫道：「它太犀利，太一針見血，它好像一束灼灼的目光，憑藉一股強大的穿透力直逼你的心底。」這種感受也引發了我對「慎獨」含義的思索，對自己的反省和對社會上一些現象的關注。感官上和心理上受到的衝擊永遠比書面上的解釋能教會我更多東西，相信對於大部

分人也是如此，但這樣的機會何時會在生活中出現總是無法預測的，要想有收穫只能自己先做好準備，不怕苦的背誦是第一步，也是理解的基礎。

閱讀之後面對的問題就是如何將學來的東西消化吸收，變成自己可以實際應用的材料了，我認為這個步驟的關鍵在於思考和感悟。畢竟我們所閱讀的文字都是別人的故事、別人的思想，那些道理就算能讓我們感到再強的認同和共鳴也不如我們自己的文字那樣貼切真實，而在這兩者之間架起橋樑的就是我們的體悟。我高二時遊學去了嘉峪關，但真正被那裡的景色震撼，從心底裡升出許多感慨是在一年之後，受我當時看的一本流行穿越小說的啟發。當時讀到熱血沸騰處，我的腦海中驀然出現了極為生動的圖景：遙遠的地平線，連綿的雪山，一望無際的戈壁，戒備森嚴的關口。於是我寫下了這樣的文字：

記得在嘉峪關的時候，大家都忙於拍照，三人一群五人一夥的讚歎著雪山戈壁的景色之美或是這古老關卡的堅固雄偉，而我心底，卻總是彌漫著一種無法稀釋的濃重哀傷。腳下踏著乾燥的黃土，頭上頂著刺眼的陽光，我想，幾百年前，這裡也是這個模樣，可沒有聒噪的我們，只有滿面滄桑的守關將士，他們要在這樣荒無人煙的地方孤獨終老，所謂戈壁雪山在他們眼中，美嗎？或許，唯一能令他們心動的景色就只有那不停盈缺的明月。從未說與人聽的思念有一日斷了嗎？當清冷的月色灑滿冰涼的盔甲，心是否也漸漸冷卻，甚至麻木到忘記了苦澀呢？我們眼中的景點，可是幾百年前的邊疆和戰場啊！怎麼笑得出呢？我在角落裡靜默著，看著那些打著漂亮陽傘的女生，我想，有沒有過像這樣正當好年華的公主從這裡經過，被護送著，或者說押解著，走上和親的路？這旁邊沉默的石頭有沒有見證她的淚水呢？我在陽光下發著呆，看著男生爭先恐後去騎馬，我想，那從遠處縱馬奔來的神采飛揚的少年，是誰家的

好兒郎？我看他拉開弓，或執起矛，威風凜凜地立在軍中，稍顯青澀的眉宇間，竟也滿載著對家國尊嚴不可侵犯的護衛。他的敵人又是誰家少年？他刺傷了誰，誰又將他挑下馬，再也無法返回家鄉？帶著幾分敬畏，幾分顫慄，我的手輕輕撫上粗糙的城牆，我想，這一寸黃土，封存著哪個匠人的汗水，浸染過哪位將士的鮮血，有沒有聽守夜的衛兵唱過思鄉的曲調，或臨行前吹響的悲壯的號角呢？我與手下那歷經千年風沙的城牆對視，心中感到一股洶湧而來的無力和單薄，它用一種比文字更直白的方式警告著我生命的渺小和脆弱，同時還有一些就算經過漫長時光也不會褪色或消亡的東西，我感同身受。我想，這是歷史。

用自己的思考和感受將自己從書中得到的東西引向實際生活大概就是這樣一種感覺。再說一句題外話，對於除了名著，或者通常意義上的「好書」之外的書籍的閱讀，我覺得只要用心也可以收穫很多東西，當然我認為像當時流行的穿越小說之類的書讀起來沒有太大營養，但要讀就用心體會，也從中學習些東西，如果只是將它看成打發時間的工具的話那未免無聊。

如果前期的準備充足，最後將閱讀所得實踐到寫作中去就是自然而然的事了。作文中能夠體現的閱讀成果不僅是原句的引用或文辭應用的進步，更有廣闊的知識面以及對人生哲理的領悟。關於詞句的方面我前面也提到過，這裡就不再贅述了，因為我覺得只要你不斷章取義，不想當然，花一點心思把那些內容背下來，理解了就至少不會用錯，至於使用它們的技巧，是需要更多練習和嘗試的。閱讀對於知識面的拓展是毋庸置疑的，除了書中本身包含的內容之外，讀了一本喜歡的書之後再去找這個作家的其它作品來讀，或讀該書作者的傳記也都會有不錯的效果。更簡單地說，讀完穿越小說，看完古裝劇，趁著這個興致翻開自己曾一度敬而遠之的史書，這都是很好的嘗試。將這些東西應用到寫作中，往往會得到對某一

問題較為立體的理解，而在不斷拓展閱讀的過程中也常常會獲得靈感或有意想不到的收穫，比如我高中時就因一首詩的緣故瘋狂地崇拜詩人蘭波，並在很長一段時間裡沉迷於書寫對「自由」的理解。

　　高三的時候我寫過一篇〈喊〉，表達了在課上學習了魯迅先生的〈《喊》自序〉之後的一些感受。文章中引用了詩句、讀過的文章、作家名言等，一共六次，但可以從文中看出那絲毫不是在炫耀，因為我提供了與它們匹配的論述和思想。有時候我覺得這是一件很幸福的事——在自己想要表達心中的想法和感情時，有那麼多東西可以恰如其分地用上，使我的描述變得更為生動有力，也便於更多的人理解明白。其實把我在文章中竭力傾訴的那些東西說成「對人生哲理的領悟」有些誇大其詞，畢竟只是十幾歲的學生，能領悟些什麼呢？但就是那一次次發呆，一次次困惑，一次次捧著書沉思，一次次在文章中探討理想、幸福、生死，組成了十幾歲的我身上最寶貴的一些東西，而將它們給予我的一大功臣正是我所閱讀的書籍。不懂的東西從書中學來，對事情的看法想法受書籍影響，閱讀所帶給我們的是一種全方位的教育，而我們的寫作水準只是「順便」從中得到了益處而已。

　　我一直覺得，為提高寫作水準而讀書是一種極無意義的做法，畢竟中學的寫作練習不是為了讓我們成為作家，而是為了鍛鍊我們的表達能力和思維水準，閱讀更不是為了給寫作提供什麼好處，而是為了幫助我們成長，是一種對人生觀、價值觀的澆灌。搞清楚這些，再用心去讀，用心去寫，我想一定能得到很大收穫。

我想留住那只醉舟

李伊丁

波浪啊，我浸透了你的頹喪疲憊／再不能把運棉輪船的航跡追隨／從此不在傲慢的彩色旗下穿行／不在監獄般可怕的眼睛下劃水！

——題記

它是一隻脫離了縴夫、錨、纜繩和岸的束縛的貨船，在海上隨意漂流，無牽無掛。這是詩人蘭波筆下的醉舟，也正是詩人自己的寫照。

許多詩人都用詩歌為自己造夢，用浪遊的想像超越沉重的肉身，而現實生活中和那些平凡的人沒什麼兩樣。但蘭波例外，他所有的詩都寫於十九歲之前，十九歲之後是那真實的醉舟的故事——他身無分文地流浪四方，在賽普勒斯建造總督府的宮殿，在衣索比亞走私軍火，在沙漠裡跟隨過阿拉伯人的駝隊，又隨吉卜賽人的大篷車一路演出。

究其原因，正如詩中描寫的「傲慢的彩色旗」、「監獄般可怕的眼睛」，是現實中的種種黑暗壓迫和禁錮使他選擇了叛逆，選擇了流浪，用他的方式去追尋所嚮往的自由。你可能認為這並非最高明的做法，但相較那些在挾制下屈服並漸漸麻木的人們，蘭波是值得尊敬的。

然而，醉舟式的生活真如字面上那般浪漫嗎？在一封給家人的信中，蘭波這樣寫道：「我很快就三十歲了，我已無力在這世界上徒勞地奔波。」他已如此疲憊，但他依然沒有放棄，哪怕賺到了錢，甚至是一筆不小的財富，他也似乎寧可把錢束在腰上，而不肯回去過上中年男人標準的富家翁生活，直到一八九一年去世，年僅三十七歲。

　　再品那「徒勞」二字，心中感慨萬千——十幾歲時寫於詩中的「願我龍骨斷裂！願我葬身大海」，並不是一時的少年熱血，而是願以全部生命去踐行的誓言！或許人們總會懷疑他這種過於極端的方式是否有意義，或許他本人終其一生都未能找到關於真正的自由的解答，但那都毫不影響他的偉大和人們給予他的崇敬。他追求得那樣熱烈，那樣執著，給了後人莫大的激勵，而那醉舟也如同海上的燈塔，為後人指引心中的方向。

　　《醉舟》結尾寫道：「如果我想望歐洲的水，我只想望／那黑而冷的小水窪，到芳香的傍晚／一個滿心悲傷的小孩兒蹲在水邊／放一隻脆弱得像蝴蝶般的小船。」那小孩兒是曾困於重重禁錮中的蘭波，更是仍掙扎其間的我們。水窪裡的紙船和汪洋中的醉舟，它們的影像重疊在了一起，彼此道出了對方的脆弱，彼此預示著前進的方向。

　　我們每個人與那些現實中的黑暗和壓迫對抗，尋求自由之時，正是我們放出自己的那只小紙船之時。一 那，浮現於我們腦海中的，是那只在風浪之中、烈日之下仍毫不畏懼的堅持著的醉舟，它承載著一種精神的力量，灌注於我們心中。

　　心中留住那只醉舟，哪怕我們的紙船如蝴蝶般脆弱，我們也不會退卻，越來越多的力量彙聚起來，總能衝出水窪，駛向寬廣的大海。

「我想留住」，這是作文題目。多數人寫的是想留住一段時光，一份情感，一點記憶，一件往事，乃至一個人。李伊丁同學想留住的，是一種生活態度：醉舟。

起初，我並不太明白「醉舟」之含義，因為我第一次聽說這個詞（我不知道是不是李伊丁同學的原創）。讀罷此文，我終於明白，所謂「醉舟」，是一種自由不屈的生活態度，是一種流浪精神。

起初，我也並不認識「蘭波」，在我有關李白杜甫惠特曼泰戈爾的詩人印象裡，從沒有過這個名字。讀罷此文，我終於明白，偉大的詩人都有一個共同特徵，那就是「隨性」，是不屈，是自由，是流浪。

現在，蘭波的醉舟，李白的酒杯，杜甫的茅屋，裴多菲的自由，泰戈爾的飛鳥，連同陶潛的東籬，屈原的長鋏，李清照的海棠，辛棄疾的欄杆，蘇東坡的竹杖芒鞋……疊加在一起，光怪陸離，既美麗又深刻。

讀書，就是好啊！

黃春

生活中的發現

黃舫溲

北京四中二〇一三屆，現考取北京大學。

這個世界上沒有兩片一模一樣的葉子，當然你更找不出和我一模一樣的名字。「舫舟翩翩，流水溲溲」，頭尾相連即「舫溲」。我感情豐富，看電影可以比片裡的人哭得更傷心。一條短命的金魚，一隻瘸腿的小狗，都會讓我的同情心氾濫。我立志做一名悲天憫人的詩人，於是結下一段不滅的文字情緣。

川端康成說：「淩晨四點，我發現海棠花未眠。」讀到這裡，腦海中浮現出詩人與海棠相伴的一幕，花未眠，人未眠，因為發現，詩人獲悉了自然的一個小小的秘密，那是獨屬於他的收穫。

生活若缺少了發現，該變得多麼乏味不堪。今天的旭日跟三千五百年前的一模一樣，身邊的清颺和萬世之前同般質感，這樣缺少洞察的生活態度，又何以發現那些藏匿於角落的美，又何以發現每天發生在身邊悄然無聲的蛻變？

抬起頭，右轉四十五度——

你瞧：如洗的藍天上一群結對的大雁吸引了我的視線，它們整齊地列著隊，時而群聚時而變幻方陣，像是在上演一齣空中「芭蕾」，雁陣的優雅讓我驚歎不已——原來，藝術不僅屬於人類，更屬於萬物生靈。那每一隻鴻雁都是一個高貴的舞者，在碧空中旋轉自己的風姿似的，秀出真實的自己，我小聲對自己說。

你的視線還未從和諧的雁陣中收回，我又滿心歡愉地提示你：俯下身來觸摸大地。哦，校園的古樹下，一群小小的螞蟻們正齊心協力地搬運食物，大大的甲殼蟲竟成了小螞蟻的腹中食，這世界太不可思議了。原來弱小的螞蟻一經團結就能凝聚一股強大的力量。弱者並不意味著挫敗，聯起手來，就可以達到讓強者難以企及的高

度。

　　放了學，你走在寬闊的林蔭道上，快瞧啊，我小聲提醒。迎面走來的是一對相互攙扶的老夫婦，夕陽以最完美的弧度瀉在夫妻倆斑白的髮絲上泛著金色的光亮。

　　「慢些走啊，老頭子。」老奶奶顫顫巍巍地說道。臉上的皺紋藏不住滿心的關切。

　　望著老夫婦佝僂的背影漸漸遠離，你的心彷彿被某種感動濡濕了，像花朵中的一滴露。暫且留住那欲頹的斜陽作剪影為他們的美麗上色。

　　人間真情其實不必誇大成捨己救人的英雄壯舉，不必局限於扶危濟貧的慷慨施捨。你發現，真情就是一聲簡單的問候，一個普通的攙扶，一種發自內心的愛。

　　生活是發現的百寶箱。在這裡，你可以觀察蘋果從樹上下來的自由落體，蒸汽衝撞壺蓋的巨大力量，也可以從簡單到不能再簡單普通到不能再普通的日升日落、潮漲潮汐中發現獨屬於你自己的深刻透徹。

　　做一個「未眠人」，去看生活的花開！

　　這篇文章最棒的部分，必定是那兩句前後呼應的開篇和結尾：
　　——川端康成說：「淩晨四點，我發現海棠花未眠。」
　　——做一個「未眠人」，去看生活的花開！
　　題為「生活中的發現」，其實，讀書也是需要善於發現且有所發現的。讀語文書，讀川端康成，能否發現自己喜歡的一篇文章，一句話，這，和在芸芸眾生中發現一個自己喜歡的人一樣，很重要；否則，你就會覺得語文很無趣，人間很無趣。就這樣，黃舫湲同學由於發現了「淩晨四點，我發現海棠花未眠」

這句話，於是在生活中的點點滴滴背後，她開始了自己的發現之旅。她發現了天空的雁陣有著曼妙的舞姿，她發現地上的蟻群懂得齊心協力，她發現亙久的愛情在於相互攙扶……

於是，在黃舫湲同學的世界裡，生活的花，開了。

黃春

我的文藝篇章
——我是怎樣作文的

張啟

北京四中二〇一二屆，現就讀於清華大學。
我喜歡行走於麗江的古道上，觸碰自然的清新；亦喜歡奔跑在紅綠相間的網球場上，
享受運動的快樂。生活對我來說就是一場遊樂會，我享受生活中的一切，
享受自由自在、無拘無束的快樂。現在的我在清華園裡，享受荷塘邊的浪漫，
享受日暑旁的愜意。願你們有機會和我一起，感受清華的點滴。

　　高一高二的時候，我帶著自己十分規整的議論文出入語文的各種考試，但是當時我得到的評價是文章「少了些味道」。我一直在思索所謂味道的來源，是歲月的積澱，又抑或是書中的那一縷墨香。不得不說，在我的眼中，如今高考作文體制最大的弊端便在於給學生以規範的套路，讓學生不需要思考地照搬例子就可以得到讓自己滿意的分數。平心而論，我最欣賞最崇拜的文章，是那種有深度有積澱的大作，是那種有生活智慧的美文，而非事例和論述的疊加。

　　文行至此，相信所有正在閱讀本文的學弟學妹們都有了一個問題，如何寫出讓自己愉悅、讓閱卷者滿意的文藝篇章呢？那下面的文章裡，我就嘗試著以自己的體驗來和你們分享文藝篇章的點滴。

　　首先，閱讀文章或是觀賞文藝作品之時，需要有敏感的神經，去體悟去感觸，更要在行文之中去調動進而去運用。我現在就讀於清華大學經濟管理學院，這是一個幾乎可以算是文科的文理兼收院系。我們要修中國文明、西方文明、中文寫作、中文溝通。大學這一年我已經寫了十萬字左右的文章，也算是在行文中被錘鍊成了一位老手。我在寫文章的時候有一個特點，就是喜歡引用，或是引用文章中的觀點，或是引用名人的言辭。我希望以這樣的方式震撼、

說服書桌前的讀者。仔細想來，其實我讀過的書並不多，我最大的特點不過是在讀書和觀賞文藝作品時保持十分敏感的狀態，開放自己的心去接納他們的觀點。

這樣，在行文之時，我便很容易抓取到觸動我的片段。我有個酷愛讀書的摯友，他手不釋卷，一拿上書就是一天。有時候，他也會讓我幫他改改他的文章。在修改之中，我發現他的閱讀並未映像於文章之中，他看過的書籍的精髓並沒有體現在紙面之上。於是，文章的光芒便減了幾分。相反，我有時把他給我講到的文中的段落應用於自己的文章之中，反而得到了好評。所以文章的品質固然與閱讀量大小有關，但是閱讀量大並不能保證文藝篇章的出現，我們更需要敏銳的洞察力和很強的應用能力去使文中的精華有用武之地。

其次，要學會勾畫記憶有哲理有力量的句子。文藝作品的一大弊端就是它具有瞬時性，一首歌裡的一句經典的歌詞可能瞬間飛入你的腦海，又瞬間消失。

這個時候，我們要做的是定格這些文藝的片段，並把它們放在你的腦海中，成為你自己的積澱。這樣，成文之時，閱卷者會看到作者廣博的視野和細膩嚴謹的思維。

再次，要找到屬於你自己的一些書籍或文藝作品，並反覆觀賞。泛讀的力量和深度總是有限的，在泛讀之時，我通常只是略略記下書中的情節，至於一些思考和細膩的情愫，都被我拋於腦後了。而我特別喜歡《目送》一書，因而閱讀之時，反覆的思考與體會讓我吃透了全書的所有章節。於是，窺一斑而知全豹，我借本書的脈絡體悟了人生的很多情感，收穫了關於生活的很多智慧。

每次考前，我都會再看一次自己喜歡的書，因為它讓我進入了自己的語文狀態，也開放了自己的思維與感覺細胞。於是，高三的每次考前，雖然沒有費大力氣記誦事例，也沒有什麼精力去調整文

章結構，我還是用自己在閱讀中找到的感覺得到了不錯的分數。二〇一二年高考，我的語文雖然發揮並不好，也上了一百三十分，具體分數記不太清了。當時考前，我就是在反覆閱讀中找到語言文字的感覺的。

語文是一門要求你沉下心走進它的學科，而不是一門可以用刷題和惡補知識去提高的學科。我們需要的，更多的是「語文氛圍」和「語文情調」。

最後，是一個小技巧，就是要巧讀巧看。所謂巧讀巧看，就是在應考之時，多側重考試可能涉及的方面，而不是盲目選擇書目和電影。從閱讀方面，可以多讀高考試卷上復線率高的作者的文章，去找到高考試卷和作答的感覺，去體會高考所需要你體會的語文氛圍。高考的閱讀總是很有深度和韻味的，文章背後的作者也都是富有思考力的大家，這樣的閱讀對於應考本身就是很有幫助的，這不僅可以提高你的閱讀能力，也可以提高你的思考力，進而增強作文水準。

從觀賞電影方面，可以多看與自己文章風格相符的電影。若是豪放派，則該觀賞具有歷史背景的鴻篇巨製，稍一引用，便體現功底。若是婉約派，則該觀賞具有細膩情感的小清新電影，文章之中自己的語言與電影中詩化的語言交融，別有一番韻味。如今的閱讀與電影觀賞，從一定意義上來說，需要有一定的功利色彩。廣泛涉獵的結果便只是娛樂，而少有提高，只有真正去思考文藝作品，你才有可能收穫不一樣的文藝體驗，寫出不凡的文章。

我一個關係很好的女生朋友曾經收到過她的語文老師這樣的一段評語：「你是一個什麼樣的人，就會聽到什麼樣的歌，看到什麼樣的文，寫什麼樣的字，遇到什麼樣的人。你會聽到治癒的歌，看到溫暖的文，寫著倔強的文，遇到正好的人。你會相信那些溫暖、信念、夢想、堅持這樣看起來老掉牙的字眼，就是因為你就是這樣

子的人。」我說了很多如何去欣賞，如何去應用，但歸根到底，還是要你們自己去體驗。我希望你們在閱讀之中能收穫屬於自己的成長，看到幾尺書桌之外更廣闊的一片天。

相信與懷疑

張　啟

　　人出生於相信之中，相信善良，相信美好，相信愛，相信這個世界。確實，我也是一個願意相信的人。曾經的我相信為朋友兩肋插刀的兄弟之情；曾經的我相信海枯石爛、永不變心的愛情；曾經的我甚至相信完美的存在，相信只要自己努力，就一定可以做到盡善盡美。

　　然而，相信脆弱得像沙灘上的小貝殼，現實的大海襲來，它便再也不見蹤影。於是，曾經願意相信的人們被現實削去了稜角，只會懷疑身邊的人與事。

　　於是在街上借陌生人的手機比登天還難；在生活中幫助別人似乎成了最蠢的事。

　　確實，現實太讓人失望了，扶起老太太站起來的人可能被當成嫌疑犯，追捕小偷的人可能被當成嫌疑犯。於是，我們便篤定地認為相信是世界上最沒用的事了。

　　可是，我們學會了去懷疑身邊的事物，就一定不能再相信了嗎？難道只有懷疑才有存在的可能嗎？

　　這個問題困擾著小時的我，但龍應台的〈相信〉一文卻給了我答案。文中，作者寫盡了自己對家、對國的失望，寫盡了不滿，她甚至說自己懷疑曾經相信的一切事物。然而在文章的末尾，她卻說

了這樣一句話「還可以相信」。

還可以相信？當時的我十分不解，既然我們懷疑了曾經相信的林林總總，我們還拿什麼去相信呢？

幾年之後的今天，我有了答案。「彭宇案」中的老太太讓我們懷疑樂於助人的意義，讓我們懷疑自己對於弱者的憐憫和關愛是否還有價值。可是當看到叢飛所資助的孩子們的一張張笑臉時，誰還會有這樣的懷疑呢？范跑跑讓我們懷疑老師的職業道德和操守，可是當我們看到那位女教師為救學生而被壓死在廢墟裡的慘烈場景時，誰還敢對教師的道德有所議論呢？

於是我明白了：我們的懷疑沒有錯。因為或這或那的生活瑣事總讓我們對於自己的理想一再修改，讓我們對社會失去了信心。可是，不要只沉溺於不順意的些許小事中，你可曾細心體會過那些震撼你心靈的愛的故事？當我們看到一些不良現象的同時，更應該看到有多少人在用盡全力帶給他人溫暖與感動。

因而，我們的相信更沒有錯，因為有這些可愛的人們讓我們可以相信。

學會去懷疑吧，因為沒有懷疑的相信充滿了盲目，早已失去了它應有的價值。也請學會去相信吧，因為縱使有人使我們懷疑，我們的身邊仍有許多可愛的人值得我們去相信。讓我們帶著懷疑去相信身邊的一切吧！

本文的精彩之筆，來自「還可以相信」——從龍應台的文章裡「剽竊」來的一個句子。

以我猜想，倘若張啟同學不是讀過龍應台的散文集《目送》，面對「相信與懷疑」這個話題，他必定要和大多數人一樣，寫寫什麼「懷疑可貴」、「相信難得」之類的主題了；然而他卻

來了一句「還可以相信」，既表達了如今世界「相信難得」的現狀，又表達了「相信還在」的信念。如此成熟的思想和表達，我揣度靠張啟同學自己，是很難想出來的。

幸好，他是愛讀書的。

「書籍是人類進步的階梯」，龍應台的一本《目送》，幫助張啟同學在思想上、在世界觀上、在生活態度上，提升了一個大大的臺階，使得他在這樣一個懷疑一切的時代裡，找到了自己「還可以相信」的理由。

還使得他，寫出了這樣一篇好作文。

黃春

紛紛開且落

李聖蓉

北京四中二〇一三屆。

站在玉門關的土丘上，望著無垠的黃土與戈壁，高唱精忠報國，恨不能狂飲濁酒，
戰死沙場；坐在西湖的青石邊，看著薄霧封鎖湖面，低吟斷橋殘雪，
只願與君郎相伴，共度此生。在細雨中拾一片落花，嘆世間無常；
於暖陽中瞥一絲微笑，知人心如春。感受著，思考著，走向遠方。

　　最愛王維的那首〈辛夷塢〉。在花寂靜的一開一落中，便反映出了禪悅帶給人的趣味。

　　講課的時候，好幾位同學對這首詩發表了自己的見解。說法不一，但總是要與王維的經歷或者是其它的方面扯上些關係。不過我卻沒從中看出那麼多心情那麼多故事，也不曾看出什麼釋然抑或是清高。我所能感受的是一種平淡之中的會心一笑，一種由心底發出的純粹的一點喜悅。

　　是禪的味道。似乎包含了太多，實際上卻平常而簡單。感受到這種「只可意會，不可言傳」的禪趣後，不禁也讓人引發許多遐思。

　　從達摩進入中國將禪宗思想傳播到中土以來，中國的文學便開始與它緊密相連，尤其是唐宋的詩詞。這種影響是潛移默化的，從「返景入深林，復照青苔上」到「不識廬山真面目，只緣身在此山中」；從山水詩人王維到唐宋八大家之一的蘇東坡，不論是詩詞還是詩人詞人無不多多少少受到些禪文化的影響。禪的發展與詩詞的發展可謂交織在一起。禪的意境與趣味，往往是提升詩的高度的一個重要部分。

　　那麼，你不禁要問，禪是什麼？

　　這是一個被人們問了千年的問題。禪是佛陀在靈山會上的拈花

與迦葉的微笑，禪是「紛紛開且落」的木末芙蓉花，禪是以平常心做好生活中的每一件事情。禪也可以是一杯清香的趙州茶，一塊味美的雲門餅，一聲臨濟和尚的喝斥，一悶德山長老的棒子。禪甚至可以是一棵柏樹，幾匹麻布，一蓑斗笠，一葉扁舟，一堆糞便，一列白骨，乃至山河大地宇宙星空。

因為它自由灑脫，當下頓悟時，便哈哈大笑地揚長而去，留下一個在原地不明所以的你。但有一天你也會突然靈光一現，含笑不語。

禪，我無法確切地說明它。但是我明白，禪者內心會靜默地微笑著看清世間種種，而後或許會遊於山林，或許會進入滾滾紅塵中，看大江東去，又或許待在歷史與世界的某個地方，自然地過完一生。而詩人不過是以他們喜歡的方式，詮釋出了生命的意境。

因為，天下萬物本如此，法爾如是。他們看清了生命的本質，所以他們既能灑脫，又可以堅定不移地完成自己該實現的理想與使命。

而我，僅在那一開一落的 那間，看見了一點掠過的靈光。不過也不用哀歎抓住得太少，畢竟這世上的一切，都會「紛紛開且落」。

本有生滅，無常即常，也不必自歎，又說了許多廢話。

王維的〈辛夷塢〉，一首很美的詩歌。其實，說「美」，是一個偷懶的說法，因為實在很難說出怎麼個美法。就像李聖蓉同學的同學們一樣，各人有「自己的見解，說法不一」。李聖蓉同學就想到了「禪」。其實很多人都知道「禪」，很多老師在講解此詩時也往往要講到「禪」。但是，能像李聖蓉同學這樣對「禪」有真正理解的人，還真不多。

她是如何了解「禪」的呢？當然得靠讀書。無論是她說「從達

摩進入中國將禪宗思想傳播到中土以來，中國的文學便開始與它緊密相連」，還是她就「禪是什麼」的話題自問自答，你無不能看出她從自己的書的世界裡，獲得了多少東西。

儘管這是一篇學習隨筆，寫起來比較隨意，從構思來看不足為訓。但是，能這樣讀書的學生，還有不會作文的嗎？

黃春

讀一曲生命的悲歌

余牧瀚

北京四中二〇一三屆，現考取法國特魯瓦工程技術大學。
我最大的愛好是看書，喜歡杜魯門・卡坡蒂的《聖誕憶舊集》，
菲茨傑拉德的《夜色溫柔》、《了不起的蓋茨比》，還有柯南・道爾的
《福爾摩斯探案集》。好運動，鍛鍊自己革命的本錢。將赴歐洲求學豐富人生閱歷。

中國歷史上沒有哪一個時代，了解之後，會令我立刻想到牢籠中的困獸或是深不可測的泥潭，除了魏晉。

王朝不斷更迭，社會上層爭奪砍殺，政治鬥爭異常殘酷，人的生命如一粒塵埃漂泊在蒼茫天地間，短暫而飄忽。他們是魏晉的名士，這個時代的靈魂。荒涼無情的現實使他們看到人生的虛妄與現實世界的不可依憑。「人生寄一世，奄忽若飆塵。」人生苦短總是晉人的悲歎，所以他們不會選擇衝進風雨飄搖的社會尋求秩序重建的可能，而是把自己的生命更多地投入到「閱讀」中。

他們讀老莊。莊子「逍遙乎物外，任天而遊無窮」的思想是他們精神的寄託。人生有太多無法解決的痛苦、荒謬，唯有在精神這虛無而又無比真實的世界中才可能有徹底的自由與內心的平靜。

他們讀自然。甚至自然中的景物成了他們對姿態的追求。若孤松之獨立玉山之將崩的嵇叔夜，飄若遊雲矯若驚鴻的王夷甫……「春月柳」、「岩下風」都是他們對美好儀態的修飾。說明他們返璞歸真的生命與自然有著極大的默契與親近。「會心處不必在遠，翳然林水，便自有濠濮間想也，覺鳥獸禽魚，自來親人。」人世的冰冷使得晉人回到青山綠水間尋找心靈的棲居之所，與鳥獸禽魚達到對生命的共識。心靈與自然融合最好的體現便是陶淵明的田園詩。

然而我從詩面上雖讀出了自然是晉人心靈中一個安詳的角落，卻覺得字裡行間總是訴說著：魏晉風流更多的是帶著痛苦的味道，他們更多的是讀自己的內心，這是「人的覺醒」的時代。他們向外發現了自然，向內發現了自己的深情。時代的變故使他們的內心敏感而脆弱。時事的變遷、人生的無常總可以掀起他們內心巨大的波瀾，樂便樂到「我足當以樂死」，哀便哀到「一慟幾絕」。然而每一次痛哭每一次長嘯都是晉人對生命本質最真誠的流露。我從中看到一股最原始的生命熱力。當「禮」已成為人性的桎梏、統治的工具時，名士們便開始以荒唐的舉止來反抗這荒謬的禮教。劉伶的裸形室內，阮籍的青白眼，嵇康的廣陵散……他們還飲酒、服藥，企圖實現精神的解放，表達內心鬱結的情感。宗白華先生說醉的境界是無限的豪情。然而醉過之後呢？怕是感到更深的絕望吧。

他們讀的其實是一曲生命的悲歌。自由的艱難，生命的意義，理想與現實永恆的對立，人生的虛無與渺小……這些都暗示了一個注定的悲劇結局，因而這只能是一曲悲歌。然而在晉人痛苦的思考中，我看到了他們對世界的執著與深情，以及生而為人的苦難和高貴。他們提示了靈魂的重要，生命的品質，從而讓不甘平庸不甘沉淪的心靈，在世俗化程度艱深的今天，聽到來自遙遠時代的絕響。

魏晉時代，是一個閱讀的時代。這個說法，你聽說過嗎？你肯定沒有，因為這是北京四中余牧瀚同學的觀點。

讀書，好。更好的是，余牧瀚同學不僅讀有關魏晉的書，還肯定讀了魏晉人所讀的書：《莊子》等，這些書有一個共同的書名「生命的悲歌」。

「會心處不必在遠，翳然林水，便自有濠濮間想也，覺鳥獸禽魚，自來親人。」我知道「濠濮間想」的典故出自《莊子》，

我隱約記得這句話似乎來自《世說新語》，但我真不敢相信，一位中學生在考場裡能將這麼一句話，一字不差地默寫下來。且不說她還闡釋得有板有眼，就單說這讀書之效，就足以讓人不好意思把分給低了。

你再讀讀文章開篇：「中國歷史上沒有哪一個時代，了解之後，會令我立刻想到牢籠中的困獸或是深不可測的泥潭，除了魏晉。」你想，余牧瀚同學讀過了多少個時代？

黃春

「無我」還是「有我」

張天玉

北京四中二〇一三屆，現考取香港中文大學。
在四中的三年，編輯校報的經歷鍛鍊了我的能力，
基因工程選修課激發了我探索科學的興趣，豐富的人文課程開拓了我的視野，
到祖國大西北的遊學增長了我的見識——在這個過程中，我不斷向外學習新知識，
也不斷向內提升自我。

讀魯智深圓寂前所作的詩「錢塘江上潮信來，今日方知我是我」，不禁想到，圓寂便是看破了紅塵，達到了「無我」的最高境界，而此時魯智深終於找到了「我」——「無我」與「有我」，究竟是怎樣的關係？

或許起初，人們從混沌的母體降至人間，並無「我」的概念。從牙牙學語時跟著母親念出第一聲「我」字，一場對「有我」的追尋便開始了。追尋中，人們渴望自我與其它人不同，渴望個性與獨特，於是不斷強化著自我。

還記得早年的李叔同，瀟灑才子，風流倜儻，他是春柳社話劇《茶花女》中嬌媚動人的反串角色瑪格麗特，是鋼琴前輕彈吟唱便成廣為傳頌的《送別》的作曲者，是中國第一個用裸體模特大膽表現人體美的畫家……他將自我深深鎔鑄進戲劇、音樂、繪畫，用一切形式張揚著自我的與眾不同。

有時候讀小林一茶早期的俳句，也有此感。「雁別叫了，從今天起，我也是漂泊者。」從「雁」到「我」，不正如中國古代才子佳人們從灞橋柳色到「我」的送別之淚，從杜鵑啼叫到「我」的心中滴血，又從「木猶如此」到「人何以堪」……

在對「有我」的追尋中，人們強化著自我意識，張揚著自我個

性，而豐富的經歷使人成熟蛻變，漸入佳境，最終入了「無我」之境。

我十分仰慕李叔同，最仰慕他以弘一法師身份寫出的書法。弘一遁入空門，拋棄了早年多彩的生活，安靜地寫圓潤樸拙的字。曾經他的書法神采飛揚、鋒芒畢露，而此時他淡化了字體中「我」的痕跡，使書法回歸自然本真，一筆一畫渾然天成，飽含空曠淡然的「無我」之感。

而後來的小林一茶也是一樣。「故鄉呀，挨著碰著，都是帶刺的花。」他客觀冷靜地敘述著所見，一切似乎與他無關，他只是靜靜看著、看著。

「無我」，似乎是淡化了自我的存在，但我想，「無我」中恰恰蘊含著「真我」，只是這「我」已不在臺前，而退居幕後了。弘一樸拙的字裡是他早年藝術的積澱與「悲欣交集」經歷的凝縮；小林一茶的花中綻開著他隱藏著的對故鄉的愛……魯智深不也最後終於在「無我」中認識到了「真我」嗎？

從「不知我為何」到追尋「有我」，從「有我」漸入佳境到「無我」，最終「無我」之境又蘊藏了「真我」──其實「我」一直都在，我們一直在追尋，直至發現。

忘了聽哪位專家說，很多考生在考場作文裡賣弄才學，很令他厭惡。

我想說的是：倘若真是「賣弄」，那著實可惡；然而假如有那麼一位學生，他就是才高八斗呢？難道不允許人家「顯擺」一下嗎？比如這位張天玉同學，不就可敬得很嗎？我們以為：「『顯擺』的是自己的思維能力、鑒賞水準；『顯擺』的是自己對生活的觀察、思考；『顯擺』的是自己的視野、儲備；『顯擺』

的是自己的立場、個性……我們就應該用這些去超過其它同學，去成就一個出眾的自己。」當大家都在搜腸刮肚找例子，生搬硬套求宿構的時候，本文開篇下筆就讓人耳目一新。即便同樣「舉例子」，那文中的李叔同、小林一茶的出場，就顯然與眾不同了。更難能可貴的是，作者還能在行文中寫出他們從「有我」到「無我」的人生變化，又能在最後意識到「無我」中蘊含著「真我」，張天玉同學的認識水準的確是高出了絕大部分的高中生的。

所以，如果你滿腹才學，萬萬別藏著掖著。寫作，辭讓不得。

黃春、陳年年

無 言

董怡晨

北京四中二〇一二屆，現就讀於清華大學。
原本討厭芒果，現在莫名其妙地愛上了芒果；原本要去香港，
現在卻在清華讀工業工程專業；原本熱衷下棋、羽毛球，
現在二者都成為了再渺小不過的興趣；原本深度歷史控、二次元、遊戲宅，
現在這些標籤像斑駁的牆皮一樣搖搖欲墜；原本喜歡繪畫、看書，
現在……還一如既往地喜歡著。但不管怎樣，變化迅疾的東西也好一成不變的東西也好，
廣度也好深度也好，現在的我也好未來的我也好，都是生命的重要成分，都是「我」。

提到無言，很自然想到禪宗公案。其中往往以無言為最高境界。著名的「不可說」等強烈地傳達出了某種無言的意味，神秘且令人無法把握。

但對於很多類似的玄機，宗教方面文學方面，哲學方面藝術方面，人們都有一套專業的解決方案，或生硬附會字面意思或給予做作模糊的解釋。似乎只要裝備了語言與文字這兩樣武器，就可以破解無言的困境，讓原本晦澀的意味浮出水面，任何人都能輕易理解。

於是，自以為是的人們試圖從表面文字開始，將它一點點淺化剝離。當下，各方面的鑒賞書籍在市場中大肆氾濫，其中充斥低俗的理解與趣味，大量的抄襲套用。古詩詞也可能全部被肢解為具象的概念。殊不知無言的本質往往高於表象，這本質是不能通過說、寫來展現的，具有無可言說的況味。

在書中看到，二十一歲的史鐵生在一個靜謐的夜晚來到地壇，隱約間聽到漆黑的廟宇中傳出淒涼的嗩聲；李修文在《韃靼荒漠》中塑造了一個獨居荒島、飼養孔雀的十五歲的童男子蓮生的形象。

在雷雨交加的夜晚，蓮生為保護他新種的幼苗不被大雨打濕，將被子高懸於樹上，然後放聲高唱。

一幅幅難忘的畫面，潔淨得甚至沒有任何語言，卻有熾熱沉鬱的情感從中迸濺，以無言的姿態，如花一般在讀者心頭烈烈盛放，綻出精神的火花，感動彼此。

可若是讓我此刻說出點什麼，或是找到恰切的詞語來形容它時，有種力量讓人保持緘默。這大概就是無言的力量，它來自情感的積累，譬如孤寂，悲傷，希望，欣喜。一旦它們在心中沉澱翻覆，洗禮打磨，最終流露，那這樣凝重深刻的情意自然會超越語言，超越任何表達的載體奔湧而出，變得無法說出。當思緒的光芒淹沒了文字，便是無言的境界。

濮水邊垂釣的莊子，流連於瓦爾登湖畔的梭羅，寫出了「執手相看淚眼，竟無語凝噎」的柳三變。他們的無言絕非無話可說。相反，恰恰是充沛的情意溢出了文字的框架。這不同於那些吐沫橫飛的演說家，不同於專門玩文字的文藝青年。前者的情意高於文字，後者則用情感裝點文字，一大串精美的話語間了無真情，十足虛浮。

記得安妮寫過，無言恰如黑暗的大海，波濤洶湧。唯在讀者作者心靈相互知會的瞬間，文字會發出微光，照亮彼此泅渡的海面。

或許真是如此。暗處的東西一旦從口中說出，被分析得頭頭是道，其原有的意境，那作者努力傳達的意境會蕩然無存。而我們所能做的，是認清這浪花翻滾下還有這種難以被發覺的、激湧的暗流，摸索它，嘗試讓自我發出與作者這「相互知會的光芒」。

我想，無言正是一種類似於搖曳的陰影的美，它只可被昏黃的燭光成全，卻不會融於白晝刺目的陽光。

記得和這篇文章相關的作文題是「說」。董怡晨同學選擇的寫作話題是：

「無言」，即「不說」。

如果說禪宗之「不可說」（「天機不可洩露」）太過玄秘，那麼，史鐵生在地壇搖著輪椅，莊子在濮水邊釣魚，梭羅在瓦爾登湖畔離群索居，柳三變在留戀處與情人「執手相看淚眼」，就顯得很真切，很生活。

作者說，不僅有很多東西本身就是無言的，而且，走近它的人，閱讀它的人，欣賞它的人，也應該是無言的。否則，無言之美，就會被破壞。

董怡晨同學的這些題材和靈感，也是從讀書中獲取的吧。其實，任何一本書其本身也都是無言的。讀書，就是和一個無言的人，做心與心的交流。

黃春

聽雨，聽自己

趙天曉

北京四中二〇一二屆，現就讀於美國加州匹茲學院。
對我而言，在四中，重要的不僅僅是獲得知識、學習方法和為人處世的道理，
更重要的是培養一種情懷、塑造一種大氣、感知自己的理想，
努力成為一個有遠大抱負並有與之相稱的能力，又不失理想和浪漫主義情懷的人。

「滴答，滴答……」伴著彩虹的絢麗，雨滴沿著屋簷有序地淌下，擲地清脆有聲，似那波濤洶湧後的浪花，雖平淡卻不失炫目的美感。一場大雨過後，又聞這天外之音，把一切煩惱都拋到了腦後，只做那麼個簡簡單單的聆聽者。不知為何，我竟是這般獨愛這雨聲，愛它的清脆細膩，愛它的低回婉轉，愛它的變幻萬千。

縱觀中華上下五千年，這樣的聆聽者真的太多，只是，不同的人，漂泊在那不同的年代裡，聽著同一種聲音，卻有著迥異的感受。王維的「空山新雨後，天氣晚來秋」，杜甫的「好雨知時節，當春乃發生」，都讓我聽到了一陣喜雨，下得恰到好處，無聲無息，卻悄然滋潤著世界。隨之而來的不但有清新的味道，更有妙不可言的心情。志南和尚的「沾衣欲濕杏花雨，吹面不寒楊柳風」，又透著那麼一種愜意，細雨沾衣，瀟瀟灑灑，徜徉在這如期而至的春色裡。當然，不是每一種雨都來得那麼輕盈、雅致。像文天祥的「山河破碎風飄絮，身世浮沉雨打萍」，杜牧的「清明時節雨紛紛，路上行人欲斷魂」，都給人一種大雨滂沱後的破敗殘景。彷彿讓我聽到了一陣嘩啦啦的暴雨，沖散的不僅僅有溫暖的陽光，還有心裡的光亮。

我也希望從這雨聲中聽出點什麼，可不知怎的，哪怕是每年同

期而至的春雨，都不能給我一種亙古不變的感受。明明都是那麼細膩，明明都帶來了春的味道，可有的時候，它似長鈴，給人以愉悅的心情；有的時候，又聽得那麼沙啞，好像在這春雨瀟瀟中也暗存著一絲悲涼；有的時候，又好像是千萬根銀針，雖是春的外表，卻不停地紮在這已然飽受寒冬的可憐的土地上……在它面前，無論我多麼努力，多麼渴望做一名合格的聽者，卻總不能得到一個準確的答案。

原來，聽雨，不是在聽那淅淅瀝瀝的水花迸濺的聲音，而是在聽自己心中激蕩起的那一縷縷波瀾。不同的人，懷揣著不同的心情，即便面對的是同一種事物，也不會有相同的感受。因為，很多時候，我們雖處在同一片藍天下，卻也各自擁有著一片獨一無二的雲彩。

朋友，生活不亦如這雨聲嗎？我們所經歷的並非生活本身而已，更多的體會還在於我們出發時的心情。當你笑著待它時，生活會給你一份快樂的感受，似那春雨無聲，滋潤著你的心田；當你苦悶著面對它時，生活也會變得難以入耳，令你只聽到悲涼，感知不到希望。既然如此，我們何不帶著一種快樂的心情，去踏上自己的旅途？人生苦短，似白駒過隙，倘若再不珍惜，縱使再好的一場久旱後的甘霖，也奏不出牽動心靈的華美樂章了……

「Kiss the rain, see me why to cry」，聽雨，不但給了我那種「水光瀲灩晴方好，山色空濛雨亦奇」的美感，給了我一份「久居樊籠裡，復得返自然」的恬然，更重要的是，它教會了我要笑待生活。

我愛聽雨，因為在聽自己。雨雖無味，可生活百味盡在其中。

要寫「聽」這樣的題目，一定是要將其具體化的，也就是「聽什麼」。趙天曉同學選擇了「聽雨」，並且是要借「聽雨」來

寫「聽自己」。

記得讀過余光中寫的一篇很長很長的散文〈聽聽那冷雨〉，不知道趙天曉同學讀過沒有。儘管兩篇文章還是可分軒輊的，但有一點優點是相同的，那就是二者都引用了許多的詩句（余光中更多的是化用，巧妙地化用會比直接的引用來得更高明，更有味道）。數百字的文章裡，緊張的考試中，作者竟然一口氣從筆端蹦出了六句和「雨」有關的古詩名句，這也是不簡單的。

有學生問我，高考默寫就考那麼寥寥幾首古詩，那我們為什麼還要背這麼多呢？天天背，天天背，有什麼用呢？

我說：「到時候，就有用了。」到什麼時候有用？說大點兒說遠點兒，當領導作演講就有用了；說小點兒說近點兒，考試寫作文就有用了。

黃春

為你流淚

高雅

北京四中二○一三屆，現考取北京大學。

讀書，就像是從文學的純潔聖域俯瞰這個世界，可以觸摸到偉大的思想；

寫作，就像是從這個世界向文學擲去的探路石，它因真實、自我而美麗。

高中時，我擔任過校刊編輯、詩社社長；離開高中，相信文學依然會伴隨著我，

以及每個熱愛生活的人。

　　靜靜的，在溫暖的房間中，一遍遍地看著文字，任由心中如怒濤般翻湧。真實或虛擬的故事，平凡或偉大的人，將真愛的啟迪注入我的淚水。

　　你是雪域中最大的王，你為了注定的命運捨棄愛情，你用隱忍和犧牲祐葬蒼生。你的心如靜水般清澈純潔，又如火焰般激揚瀟灑。我知道你的選擇不代表著沉淪於人言，而出自你的佛性你的大愛。你告訴我如果注定不能擁有，就為別人的喜樂作出犧牲。雙手一合，便打開一個世界。心念一轉，便滅絕一種思緒。你是青海湖上永不飄散的歌，我願將淚水流在雪域來融化你生前的千山暮雪。你是倉央嘉措。

　　你是法國大革命的犧牲品，不僅僅如此，你是其中最堅定的一個。你不怕屍骨進入採石場而永遠失去價值，你怕的是沒有價值地活著。你用生命成全你愛的人的家庭，你用信仰藐視這狂躁的革命。你說：「我看到，她的孩子將以我的名字命名；我看到，這個民族將為自由而戰，鍥而不捨……」念出這些話，再難抑制住淚水，我願將淚落在面前最後一縷夕陽上來洗淨血色的希望。你是《雙城記》中的西尼·卡頓。

　　讚美你的人很多，真愛你的人少，不管怎樣，你讓許多人流下

淚水。你幽居在鐘樓上，世人侮辱你譏笑你，只因你醜陋的外表。你的生活死水一般，可你善良柔軟的心沒有死，就算是最微弱的希望的火光也能將它點燃。你從未擁有過他人的愛，可你卻甘願默默地為愛死去。你靜靜地躺在那裡，就算是死了，因為你的心在逆流中沉入海底，愛也消亡了。我的淚水獻給你的浪漫精神，我願用淚水洗刷你身上的塵土。你是鐘樓怪人凱西莫多。

若是讀到高老頭淒涼的身影在昏燈下搗毀銀盤賣錢，黛玉積攢幽怨孤獨慘澹又不甘地死去，我會感到壓抑惆悵但卻不會落淚。因為這是小愛，他們死於自己創造的世俗。而大愛，是心靈的澄淨，是你奉獻出最珍貴的東西，在離開前無比堅定的眼神。大愛是用自己的不幸詮釋最完美的幸福，用冬日的寒冷來懷想夏日的溫暖。

坐在桌前，被那一段抑或是一句的文字深深撼動，用越來越模糊的視線一次次地重複它，漸漸地不自覺讀出聲來。聲音越來越大，越來越堅定，直到感覺感情爆發的那一刻，淚落下來。

之後又靜靜地，不想打擾這為你落淚的情狀，不想打斷這種大愛的體驗。

高雅同學是學校詩社的社長，當然是愛好寫詩的了。詩人，是要比常人多幾分敏感，多幾分善感的。「流淚」這個話題，就太適合詩人了，尤其是一個中學生女詩人。你看，她讀書的時候，就會為書流淚。為倉央嘉措，為西尼·卡頓，為凱西莫多，為高老頭，為林黛玉。

我說，為他人流淚的人，是善良的；而為書本流淚的人，是純淨的。

世上讀書人，不少；但是為書而流淚的人，大概是越來越少了。

我所說的從讀書中獲取寫作的素材，是有前提的，只有那些你曾經為之動容、為之動情、為之動心的書，才能成為你寫作素材的寶藏。

而流淚，就是動容動情動心的一種。

黃春

為你流淚

張韻凝

北京四中二〇一三屆，現考取北京大學。
北京四中校刊編輯，二〇一三年北京高考文科狀元。
喜歡記日記、烘焙、長跑以及讀書，也喜歡平時隨便寫幾段記錄自己的突發奇想。
嚮往三毛的自由、北島的詩、蔣勳的孤獨狀態、村上的天真以及菲茨傑拉德的希望。
希望能認真做自己真心喜愛的事，堅持自己的信仰。

你，一頭黑髮，一襲彩衣，在風中狂奔如一團熾烈的火焰，一縷滑過天際璀璨的煙花。你不會知道，你身下廣袤荒漠中平凡的、為你流淚的我。那片我企圖觸碰的蒼穹，早已吞噬了你的痕跡。

我本是為你歡笑的。初次翻開書頁，邂逅了愛冒險的你。看著你偷偷潛入公共浴室看洗澡的女人們，看你生氣地打偷吃盆栽的羊耳光，我笑了。你像個孩子，永遠頑皮純真的孩子。

是你的境遇嗎？馬德里的冬天，你穿著開裂的靴子在雪中艱難地走著，分明很拮据臉上卻仍掛著倔強的笑。我將手伸向窗外，北京正飄著第三場雪。那細小的晶粒在掌中融成的雪水，有沒有你的淚悲涼？

是你的愛情嗎？一次心力衰竭，結束了你的第一次姻緣；一場海難，吞噬了一生的愛人。「我的那半心，已經隨你入了墳墓。」你在墓前，一遍遍畫過逝者的名字。卻已然說不出一個字。我流淚了，為著你那耀眼火花的黯淡。看著你在異鄉街頭狂奔，只因從陌生人中看到逝者的面龐。我知道你不像世上人說的那樣浪蕩。你是癡情的，愛得入骨，也受到了太痛的傷。你穿上花衣，開始重新微笑。你學著釋然，殊不知那創口太深，終究把你吞噬。

抑或，是你的夢想。在敦煌的洞窟中，你十指交叉，淚如雨

下。我不太懂你的祈禱了，只朦朧感知到你追尋的境界，在那裡超脫世俗覆壓下的太多苦痛。我知道，那麼多年你一直追逐的，自由、愛情和簡單的快樂。有些捉住了，但一次次打擊把它們撞得七零八落，再也沒有時間和力量細細採集。看著身旁不諳世事的年輕人，你說，好羨慕這些快樂的寶貝。我的淚，不再抑制。你的話中，有多少疲憊的調侃，多少心酸，多少強顏歡笑。你寫過，你的英雄是唐·吉訶德，那個勇猛的鬥士，永遠無畏地聽憑自己的心戰鬥。其實，你就像我心中的鬥士，那麼堅強執著地向自己的夢想靠近。只是在墜落的瞬間，在你重新感到世俗包裹、戴著疲憊的面具時，腦中那根生命的弦，斷裂了。

書頁再次被洇濕，為你流的淚中有太多複雜的成分。我知道你那流淚的一生不能被複製，但我將小心記憶為你滴落的每一滴淚，你的快樂，你的傷痛，你的執著，三毛。

尋　春

張韻凝

　　尋春的去路與歸程，本是同一條小徑。然去時策馬飛馳，而歸時卻懂得了拈梅相嗅。並非意外之得，乃是心質的成熟。

　　不知你是否看過一瓶葡萄酒靜置成熟的過程。剛發酵完的葡萄酒是混濁的粉色，稍稍一搖，便有氣泡急不可耐地冒出水面。飲下一口，是發膩的甜味，以及一股刺鼻的辛辣之氣；大半年後，你看那原來的粉質已沉澱到玻璃瓶底。

　　酒液是紫紅色，是天邊晚霞與黑夜最後一道相接的顏色，甜味淡了，取而代之的是微微的苦味，以及飲下後那持久包裹全身的溫熱感。

　　人的一生，恰似一場尋春，抑或葡萄酒的成熟。青春年少時意欲「踏破嶺頭雲」，易因激動而冒出辛辣的氣泡；時間沉澱，才使人懂得道旁梅花的妙處，心質靜置得沉靜，才有了苦而後甘的成熟。

　　三毛是我最欣賞的作家之一。初讀三毛，是對《雨季不再來》的青澀的感同身受，是被《撒哈拉的故事》的異域風光繚亂了眼目。我欣羨她敢於闖蕩世界的流浪氣息。

　　曾經最不喜歡看她的回鄉記，看她在故鄉飲下一瓶混濁的井水而痛哭流涕，看她在敦煌洞窟中面對土塑的佛像長跪不起。我不明

白她的淚水。

慢慢才發現，就像許多人一樣，三毛也在終其一生地追尋。她追尋著自己的愛情與自由。在馬德里，在她魂牽夢縈的撒哈拉，她有著流光溢彩的生活，她大笑著，然而她從未真正快樂。海浪將她的愛拖至洋底，她也不再流浪。而在敦煌，長跪於滿牆飛天的洞窟中，她拷問淚流滿面的自己，才發覺，自己追求的永恆並不存在。多年的痛苦使她的心質成熟，她決定如面聖的信徒，繼續自己艱難的追尋與流浪。多年後，這個成熟了的她在敦煌得到自己的答案。

年少出行前意欲尋的「春」，與梅花枝頭十分的「春」，意蘊實不相同。當時間沉澱，那個我們年少輕狂時的壯志如氣泡般破裂於途中；靜置下來的，是我們追尋的過程，是我們對人生對自己的坦誠，沉蘊而甘醇。

尋春，實為追尋那個最本真的自己。

三毛，是很多女生十分喜愛的作家。張韻凝同學是校刊編輯，我知道她應該是格外的喜歡，她經常在作文裡寫到三毛。

喜歡讀書，不一定非要比誰讀得多，有時候你書富五車但沒怎麼往心裡去，那也是白讀。我不大清楚張韻凝同學是不是讀了很多書，但我知道，她讀三毛，是很認真很用心的，因為她自己喜歡。你看她在本文裡對三毛的描述，那必定是做了深度閱讀，才可以從心底裡翻出來有關三毛的印象和記憶。

三毛的境遇，三毛的愛情，三毛的夢想，都充滿了悲劇的色彩，在張韻凝同學的閱讀記憶裡，三毛自己就是一個流著淚的形象，三毛和三毛的書的成熟，就是「一瓶葡萄酒靜置成熟的過程」。

「為一個人流淚」，寫這種文章，很容易走向簡單化，很容易

將對方寫得悲悲戚戚，或很容易將自己寫得淚點很低。要寫得好，第一要義肯定是作者對人物的盡可能了解，盡可能走進人物的內心，盡可能觸碰到「流淚」的因由。

如果是寫「為你而笑」、「為你喝彩」、「為你驕傲」等，也都是這樣。

黃春

暴雨滂沱？暮雨瀟瀟？

張皓璁

北京四中二〇一三屆，現考取清華大學。

人生一世，若偶然灑落在時間長河的花，姹紫嫣紅開遍，各有各的嫵媚嬌柔。所以紅樓諸芳皆有花品格，冷豔衡蕪為牡丹，高潔瀟湘為芙蓉。而我，願為一株丁香樹。一半在土裡安詳，一半在風裡飛揚，一半灑落陰涼，一半沐浴陽光。紮實的根基，從土裡汲取營養；結實的枝條，在風中傲然茁壯，非常沉默非常驕傲，靜靜地盛開，春花繁盛滿枝條。有金粉金沙深埋理的寧靜，又有春山春水悸動的熱鬧，讓濃鬱的香氣，播撒漫山遍野，寧靜萬丈紅塵的喧囂。

　　大鵬展翅高飛，直衝雲霄，用飛翔的方式演繹王者的霸氣；遊魚深潛海底，出遊從容，用暢遊的方式盡顯自由之樂。荊棘鳥於血染殘陽之時自絕於最尖利的枝條，將劇痛化作生命的絕唱，用最壯烈的方式將生命的壯美發揮到極致；而黃鸝只在春日融融中婉轉地鳴垂柳，用最從容的方式鳴出生命的簡單本色。人，往往陷於暴雨滂沱式的激烈壯闊還是暮雨瀟瀟的內斂從容中無法選擇。其實，生命不問方式，只消活出光華。

　　方式無所謂好與壞，只有是否合乎自己本性以及是否服從於內心追求之分。

　　黃沙漫漫，鮮有甘露，僂人掌蜷縮起張揚的葉，將每滴生命之源深深埋入體內，在困境中，它活得從容。而沙漠大黃則將碧綠肥碩伸展開來，在單調的黃沙之中自成一道亮麗風景，它用它的張揚向荒漠演繹著生命的不屈與燦爛。我們無法評價它們的方式孰優孰劣，我們只驚歎於生命因它們的從容或張揚而分外燦爛與雄壯。就像雞蛋與咖啡豆面對沸水時，一個內心變得堅強，一個激情地擁抱著水，將平淡的水變得無比醇香。若是強迫雞蛋與咖啡豆交換方

式，雞蛋只能在水中破裂成一鍋散黃，而咖啡豆的醇香只能永遠封鎖身內，終其一生，展現出的只是表層的平淡無奇。雞蛋與咖啡豆，選擇了最適合自己的方式，將自己的生命演繹出精彩。

方式只是個載體，不同的方式有時只是生命力的不同演繹方式和精神內核不同方向的外延。魏晉時期，服藥還是飲酒，看似是截然相反的兩種方式。服藥使人清醒，增加生命密度，使生命變得更有品質；飲酒讓人昏沉，稀釋生命打發時光，是最接近死亡的生命方式。實際上，服藥與飲酒，都源於對美好生命的熱愛與追求。嵇康借藥來旺盛洞察力與戰鬥力，清醒地與黑暗較量，用自己的血與汗去追求明日的光明；劉伶借酒消愁，現實的黑暗讓他深感生命的無意義，與其將自己察察之生命，置於泥淖中苟活，不如在酒精的麻醉中追求超脫的自由。而這兩種方式也充分演繹了他們的生命力。服藥造就了清醒的嵇康，將他的所有生命力用於戰鬥，顯現出生命的勇敢與堅持；飲酒成就了飄逸的劉伶，將他的生命化作夢境，對靈魂自由的無限追求使他的文章、他的思想超脫凡人。超脫於凡事的庸庸碌碌，他們選擇了不同的方式，藥是嵇康的磨刀石，而酒是劉伶的培養皿。

陶潛與謝靈運面對官場的黑暗，一個隱居山林，在雞鳴狗吠中尋找內心的平靜，從菊花豆秧中追尋生命從枷鎖中的超脫；謝靈運寄情山脈，在崇山峻嶺中體味生命力的旺盛與燦爛，在猛浪若奔中咀嚼生命最自由的形式。他們都是從醜惡人世中掙扎隱向大自然，在大自然中尋求生命的真諦，只是選擇的「棲居地」不同罷了。隱居的陶公在田園中體悟出生命的簡單本色，成為田園詩的鼻祖。遊山的謝公在山水中感悟到生命的飄逸不羈，成了山水詩的宗師。反之，如果只著重於方式相同而未悟其精神本質，終是不倫不類，難登大雅之堂。魯迅曾諷刺在租界之中安享高官厚祿之人，重金購菊數盆效潛公作詠菊詩以自詡隱士，其惡俗恰恰與潛公的清高淡泊對

比，反而使其盡顯粗俗本色，「是真名士自風流」，何以羈於方式之別呢？

暴雨滂沱，在力道中盡顯生命的剛烈；暮雨瀟瀟，在溫和中也自成一派從容坦然，生命何羈於方式，只消活出生命的光華，是真名士自風流。

這是一個理科學子，你不信吧？我也不信，因為我們都能看出來，這位同學一定受過不一般的人文教育（或是人文薰陶）。事實上，她就是從文科班轉學理科的。讀了很多書，就是不一樣啊。何況，她讀先秦，讀莊子；讀魏晉，讀嵇康劉伶，讀陶淵明謝靈運。她讀了這麼多高營養的好書，她怎能不會寫呢？先秦，是中國歷史上的一座思想的高峰，一片思想的海洋；不僅浩大，而且峰巒疊嶂，波起雲湧。三教九流同登臺，使得這個時期的思想呈現出空前絕後的豐富性。讀先秦的書和有關先秦的書，你會發現，中國思想的起源，是從一個巍峨的高度，噴瀉而來的。

魏晉，是中國歷史上的另一座思想的後花園，一方思想的自留地；儘管來得酸楚，但是畢竟又十分壯烈。玄學，佛學；退隱，清談；佯狂，固守；山水，田園；風骨，風流……都是這個時期獨有的美麗與魅力。讀魏晉的書和有關魏晉的書，你會感覺到，自己的身上流淌著的那些對生命的初步理解，其實都與魏晉書生一脈相承。

黃春

生活不能缺少詩意

張佳碩

北京四中二○一二屆，現就讀於對外經濟貿易大學。
熱愛文學，喜歡詩歌，每每於深夜仰望天空，珍惜繁忙生活中的點點詩意。

　　住在三一九宿舍的時候，十班的男生經常會在天氣晴朗的夜裡觀星，燦爛的星像黑色火焰中迸出的火花。我驚異於他們能準確地了解星座的位置和名稱，更驚異於在忙碌的學習中，他們不僅有如此的閒情，還能積纍這些試卷上不會出現的知識。如同十班一位同學的書架上一本詩集的題目《我的心靈是一座花園》，心靈的花園不應在現實中荒廢，就如陶潛所說「田園將蕪胡不歸」。悉心地守護這花園吧，而澆灌著花園中花草的應該就是詩意吧！生活不能缺少詩意。

　　詩意並非抱著詩書死讀，而是一種善於觀察、思考生活的態度，也是一種幽默詼諧的情調。

　　錢鍾書的〈窗〉通篇是對窗的刻畫和由窗引發的諸多聯想。作者將窗及閘作對比，將透明眼鏡與墨鏡作對比，寫出了社會上不同文化差異，也洞見了生活中的奧秘與情趣所在。有人覺得這種小品一點也不經世致用，研究這些無用的東西無非是錦上添花。殊不知，這種對生活細緻入微的觀察能力可以為作家提供豐富的素材，也涵養了作家的心靈。對於錢鍾書而言，生活充滿詩意，不僅是為了寫出好作品，更是為了使生活不流於平庸，在社會的刻板模式中不迷失自我。而反觀當下的成功人士，社交場合談笑風生，卻有不

少人的內心荒蕪；享用了滿漢全席歸來，卻有不少人饑腸轆轆。這是因為缺乏詩意使他們無法觀察到生活中的美，從而體會不到生而為人的樂趣呀！而農民工詩人卻在繁重的體力活中洞見了農民工生活中的情趣、信念，因而寫出一首首真摯感人的詩篇。

你瞧，詩意的生活才能讓一個人感到由衷的歡樂呀！

或許生活的重壓使我們無暇顧及生活本真，卻妨礙不了我們以輕鬆幽默、略帶自嘲的態度為自己的生活添上一份詩意。周國平版的西西弗斯是一個幽默的詩人。作者碰上西西弗斯，開始在為生活遇上了最不幸的人而害怕，誰知西西弗斯從山上回來後，興高采烈的，他說：「你看，我採到了這麼漂亮的小花。」總有些細微的地方是宙斯的神威鞭長莫及的，那就是幽默淡然的態度，是化解生活苦難的詩意。

歌德每天看日出，就是為了從中獲得生活的詩意，汲取靈感的同時，也使生活更加完美、快意。林語堂推崇東方人的生活也是因為東方人敏銳多思，富有詩意。

讓我們也能在閒暇之時看看太陽，看看星星，望望天上的飛鳥，守護好內心這座詩意的花園，讓生命美妙多彩。

一群住在學校宿舍裡的大男生，「經常會在天氣晴朗的夜裡觀星」，還會覺得「燦爛的星像黑色火焰中迸出的火花」，這種事情，的確很「詩意」──已然不亞於李白了。

「生活中不能缺少詩意」，這種口號是人人都會喊的，這種論調的文章，也是很多人都會想著寫到考場去的。只是我以為，倘若你自己並未體驗過何謂「詩意」，那麼你的文章大抵也是寫不好的──你也許只能寫李白的酒杯，只能寫陶潛的東籬，只能寫易安的捲簾，只能寫徐志摩的康橋……總之，你沒法寫

你自己，於是你的觀點也就不是從你自己的心底裡生發出來，也就沒法打動別人。

同樣是借別人來寫己志，張佳碩同學筆下的「錢鍾書的窗」、「周國平的西西弗斯」、「歌德的日出」，讀起來就很自然。為什麼？因為他不僅讀書，他也生活；他是將讀書和生活揉合在一起的。因為，他自己和他周圍的人，「會在天氣晴朗的夜裡觀星」。

黃春

沒有之後了

王紫嫣

北京四中二〇一二屆，現就讀於北京師範大學。
我嚮往文藝些精緻些的生活，卻總處在散漫的混亂的現實。
我喜歡攝影，喜歡畫畫，喜歡走在路上，也喜歡寫點東西。尋找美，感悟它，
記錄它的過程總是有趣而精奇的。即使總是拍不到好照片，寫不出燦爛的文字，
我依然篤信生活本身的美好。

收拾屋子，找到一本很久很久以前的故事書。曾經很愛很愛，總纏著人讀給我的書。落著厚厚的土，大概是堆了很久了。

小時候，特別喜歡聽故事，總喜歡隨著情節不斷地追問，「之後呢？」直到書頁合上，故事看似完滿地結束了，我仍在不停地問，「之後呢？之後呢？王子和公主生活在一起之後究竟有了幾個小孩？邪惡的巫婆死掉之後會不會復活啊？之後，到底怎麼樣了？」

我得到的答覆，往往是腦袋上被輕輕拍幾下，或是一聲歎息：「傻孩子，之後，就沒有之後了。」

我討厭這樣的答覆，卻無可奈何。完美的故事，應該會很長很長，很美很美吧。一個沒有之後了的故事，多遺憾多可惜啊！

我常常為那些不曾謀面的王子或者公主憂慮擔心，在那些沒有之後的故事之後，他們，究竟生活得好不好？可，我總是終日終夜地思索，終歸沒有答案。況且小時候的我，並不怎麼會終日終夜地思索。我關注的，更多的還是那些完結的實實在在的美好幸福。

終於有一天，我發現那些讓我苦苦琢磨的童話都是假的，那些讓我牽掛的公主和王子，不曾結婚，甚至不曾存在。我突然好害怕。我不知道，在那些我所篤信所苦苦追尋的一切都破滅之後，我

的之後，又會是怎麼樣？

　　我好害怕，之後的那些，我所不知道，我所不能決定的一切。我本以為，生活，也會像童話，簡單而純美。好人總會有注定的幸福，壞人總會有注定的懲罰，一切的一切，都像是童話，實在、明確，不會改變。那些沒有之後了的童話，像那些映著陽光的七彩的肥皂泡一樣，最終在陽光下破滅了。我呢？丟掉了童話的我，害怕卻不得不面對那些未知的無法把握的未來。之後的我，總有一天，也會「沒有之後」吧？

　　我又開始不斷地追問之後，不再是關於那些已經破滅的童話，而是關於沒有童話的我。我問自己，也問每一個人。好好學習？之後呢？之後又能怎麼樣？那我又何必好好學習？對身邊的人好？之後又能怎麼樣？誰又會陪我一輩子？好好吃飯，對自己微笑，多看書，要快樂……之後呢？這些慣常的生活，總會有被打破的一天吧，那，之後呢？

　　不過是沒有之後罷了，不過都是些沒有意義的事，不過都如那些童話，只是蒙人的。

　　呵呵，都何必呢？

　　於是，我不再看童話，也不再相信未來，不再有夢想或是期待。

　　很久之後，又翻開曾經很愛的故事書。書上的土很厚，我費了好長時間才擦乾淨。那些很假很假又很美很美的故事，讓我讀了一遍又一遍，心中滿滿地，都是最初的感動。

　　我喜歡那些漂亮的公主，為她們各種被欺負的不幸感到同情，為她們困難的時候總有人出手相助感到羨慕，為她們最終能和真愛的人在一起而真心祝福。

　　直到合上書，我突然發現，我忘了去問，忘了去想，之後的故事。

或許，不重要了，那不過是個故事，是個可以讓我感受到久違的單純和幸福的故事，就夠了吧！之後的，沒有就沒有吧！童話能感動我的，就是童話本身。之後的一切，即使未知，也沒必要迷惘，沒必要苦苦思索，那不影響，此刻的美好。

　　就像，嗯，我也沒必要在十六歲的時候，想清楚之後的整個生命，規劃好之後一輩子的結局，那和一個小小孩為童話中人物的命運擔心一樣毫無意義。沒必要總問何必，不是每件事情，都有那麼清清楚楚的理由，只是好好的，隨意去做喜歡的事就夠了。沒必要為之後那些掌握不住的事情期待或者恐慌，好好的，享受沒有之後的現在就足夠了。

　　我把那本書又收好。我或許早就過了追著童話看個不停的年齡。但是，即使到了之後，到了之後的之後，也要如童話一樣，很簡單很簡單地生活著。

　　小時候我們都讀過童話：「從此以後，王子和公主過上了幸福的生活。」人們總是喜歡滿足於一個大好的結果並將其歸為結局，而不大去想「之後」的事情。可是，孩子會去想——我們孩提的時候，應該都想過的。媽媽說「故事講完了」，可我們依舊還在想，之後呢？大灰狼還會欺負小羊嗎？惡婆婆還會欺負公主嗎？

　　只是，睡一覺，我們便忘了接著想了。

　　可，王紫嫣同學沒忘；至少在高中的某個考場裡，她想起這多年來懸而未決的疑案來了。

　　這，也是讀書的一種境界吧！不止於書本所告訴我們的東西，而希望探尋到更多。很多人讀了很多的書，可是寫起作文來，看似旁徵博引，但充其量也只是在復述而已。不像王紫嫣同

學，能有自己的思考，能超越書本，超越作者，超越閱讀本身。

好像，這就叫「掩卷遐思」。對吧？

黃春

CHAPTER **03**

行路篇

行聽穿林打葉聲

黃春

「讀萬卷書，行萬里路。」古代文人將這兩句話，作為一生的最高理想，作為人生的最大幸福。如今，對於一個學生來說，萬卷書，萬里路，都並不難得。

尤其是「萬里路」。我每天開車上下班，來往於家和學校，和同學們一樣。

好像沒過幾天，里程表上的數位一不小心就會「數以萬計」——還是「公里」。

李白行萬里路，留下半個盛唐的詩篇；司馬遷行萬里路，留下史家絕唱無韻離騷；余秋雨行萬里路，留下《山居筆記》、《千年一歎》……我們走過哪裡？我們留下了什麼？

北京四中要求學生在校期間必須完成幾次「行走」：走出國門，到大洋彼岸去體察異域的文化與風情；走出城市，到老少邊窮地區去體驗農村的艱辛與幸福；走出現代，到故地遺址去體味歷史的久遠與厚重……這是學生必須做的事情，比上課重要，比考試重要。因為我們堅信，走出去，生命才能獲得更豐富的色彩，才能具有更堅實的質地。

對於作文來說，生命的色彩，將直接決定文章的色彩；生命的厚度，將直接決定文章的厚度。而這一切，都須從行走中得來。

井底之蛙，總覺得自己的天地已經足夠廣大；故步自封者，永遠以為自己是天下第一。電影《天堂電影院》中有這樣一句臺詞：「你如果不出去走走，就會以為這裡是全世界。」（後來，北京市西城區曾將此作為一個作文題目的話題）

這話說得極具現實意義。當你將自己的足跡限定在家與學校之間（更有甚者只有學校），當你將自己的眼光限定在黑板與作業之間，當你將自己的見識限定在考試和升學之間……你的作文的格局，就變得逼仄不堪了。於是，你只能書寫「中考體育加試八百米長跑」、「考試失敗後老師語重心長地對我說」、「好好學習邁好人生第一步」……

於是，你肯定沒有想過我的這位學生所想的事情：

九歲那年，我在麗江認識了一個摩梭女孩兒，她因為家裡的經濟條件不允許，只能輟學打工賺錢。我很心疼她，卻不知道能為她做些什麼。高一暑假我行路又去了麗江，在街上遇見了更多離開學校，在商鋪裡織圍巾賺錢的摩梭女孩兒。一條摩梭手工圍巾在店裡能賣到近百元，但她們只能賺到幾塊錢。太不公平了。

我想要給她們帶來經濟上的幫助，又覺得自己捐的錢太微小，又無法持續。

於是我產生了建一個網店的念頭——把她們的工藝品直接賣給網購人群，我負責經營，但不收取任何費用。這樣摩梭人織一條圍巾的收入，就從幾塊錢直接變成了近百元。

回到北京後我便開始著手建立網店的工作。我聯繫了摩梭文化研究會，在淘寶網上開了一家小店鋪，名叫「我愛摩梭」，同時在父母和朋友們的 明下組織活動，對外宣傳。通過這個小小的網站，摩梭女孩們已經獲得了超過兩萬元的收入。更重要的是她們獲得了更多人的關注。

今年夏天，我又去了麗江的山村，接觸了她們的真實生活。走進她們瑣碎而艱苦的生活，我才看見了她們需要幫助的地方實在太多太多。

我知道我所做的努力還需要不斷持續。

現在，我已經籌集到十萬元人民幣，給山裡的摩梭婦女們建紡織廠。目前我在努力尋找基金會，希望建立一個助學基金，讓她們的孩子不要因為貧窮而失去受教育的機會。

我也曾經猶豫過，懷疑自己是否能夠做得了這些事。可一旦行動起來，我發現，我們擁有許多資源，只是需要決心和恆心去實實在在地做。如果責任只停留在空想上，對我們就毫無意義。

在座的我們每一個人，都有一顆熱忱的心，希望能給在生活中掙扎的人們帶來改變。在座的我們每一個人，也都具備了實現這種可能的才智和能力。我們需要的，只是發現問題的眼睛，用一點勇氣、一點信心，把這份責任真實地扛起來。

今天我們成長為人，用肩膀承擔起社會給我們的那一份責任，扮演起改變世界的角色。所有需要幫助的地方，需要的不是別的，正是我們。哪裡有貧困，我來改變；哪裡有不公，我來改變。

天下興亡，我的責任。這才是我們成人的真正意義。

這是我的一位名叫劉適也的女學生，在十八歲成人儀式上的發言。她的雲南之行，她的摩梭情緣，從九歲，走到十八歲，走到今天，走嚮明天。誰都會背顧炎武那句驚世駭俗的豪言：「天下興亡，匹夫有責。」然而，你真明白「匹夫」二字嗎？臺灣忠信學校校長高震東先生說「天下興亡，我的責任」，他直接將無所確指的「匹夫」，理解為確切所指的「我」。這不僅僅只是一個概念理解的問題，更不是一個堂而皇之的噱頭，這是一個人於行走天下的過程中體悟出來的經驗。高教授如此，我的學生劉適也，亦如此。我見過許多學生在成人儀式上高喊「天下興亡，匹夫有責」、「為中華之崛起而讀書」、「今日英才明朝棟樑」……但我從未像聽劉適也講這個小故事時那樣真正地受到感動。只因為，她對於「成人意義」的理解，不是聽來的，不是想來的，而是「走」出來的。

近些年來，我每年都要帶我的學生去到我的農村老家，進行一周的社會實踐，美其名曰「知識青年上山下鄉」：住農戶家，吃農家飯，上山摘楊梅，下田插稻秧……當我的學生們第一次走進江南農村，第一次光了腳丫子踩著鬆軟的泥土，走過田埂，走下水田，第一次插秧，第一次點著了真正的篝火，第一次看見螞蟥，第一次見著了辣椒樹，第一次從山上摔滾下來，第一次讀懂了「滿架秋風扁豆花」……作為老師，我是幸福的。你會看到，當他們從田地裡回來，回到課堂，回到考試時，他們的作文，都變了：有生活了，有情感了，有思考了；有鮮活的題材了，有質樸的風格了。

　　你讀，一位男生這樣寫道：

　　當我踏上田間小路，眼前盡是一望無垠的梯田，耳邊傳來農人趕牛的吆喝聲的時候；當我呼吸著南方濕潤清涼的空氣，嗅著熟悉的牛糞味道的時候；當我雙腳踏入稻田的水中，把一束嫩綠的秧苗插進柔軟豐腴的泥土中的時候，我感到一種難以言狀的親切感和歸屬感。

　　就是這位名叫汪文正的男生（現在正在北大讀書），就是他，在當時返程的列車上，和我徹夜探討著一介都市書生求學、工作、做人的終極意義。

　　這就是行走的好處，你可以去到更多的地方，見到更多的人，經歷更多的事情；這樣，你才會有更多的見識，更多的體驗，更多的情感，更多的思考。你會在不斷地豐富中學會包容，在不斷地揚棄中學會堅守。你的文章，才可以上下五千年，縱橫八萬里。

　　這樣的文章，我們稱之為具備了「大格局」的文章。

　　你一定讀過下邊的兩個文段：

　　倫敦、巴黎、羅馬與堪司坦丁堡，曾被稱為歐洲的四大「歷史的都城」。我知道一些倫敦的情形；巴黎與羅馬只是到過而已；堪司坦丁堡根本沒有去過。就倫敦、巴黎、羅馬來說，巴黎更近似北平——雖然

「近似」兩字要拉扯得很遠——不過，假使讓我「家住巴黎」，我一定會和沒有家一樣的感到寂苦。巴黎，據我看，還太熱鬧。自然，那裡也有空曠靜寂的地方，可是又未免太曠；不像北平那樣既複雜又有個邊際，使我能摸著——那長著紅酸棗的老城牆！面向著積水灘，背後是城牆，坐在石上看水中的小蝌蚪或葦葉上的嫩蜻蜓，我可以快樂的坐一天，心中完全安適，無所求也無可怕，像小兒安睡在搖籃裡。是的，北平也有熱鬧的地方，但是它和太極拳相似，動中有靜。巴黎有許多地方使人疲乏，所以咖啡與酒是必要的，以便刺激；在北平，有溫和的香片茶就夠了。（老舍《想北平》）

就連寫故鄉，那一方生我養我的地方，老舍都要將其置於自己的行走經歷中去比照一番，更何況郁達夫要寫非故鄉的北平呢：

秋天，無論在什麼地方的秋天，總是好的；可是啊，北國的秋，卻特別地來得清，來得靜，來得悲涼。我的不遠千里，要從杭州趕上青島，更要從青島趕上北平來的理由，也不過想飽嘗一嘗這「秋」，這故都的秋味。

江南，秋當然也是有的，但草木凋得慢，空氣來得潤，天的顏色顯得淡，並且又時常多雨而少風；一個人夾在蘇州上海杭州，或廈門香港廣州的市民中間，混混沌沌地過去，只能感到一點點清涼，秋的味，秋的色，秋的意境與姿態，總看不飽，嘗不透，賞玩不到十足。秋並不是名花，也並不是美酒，那一種半開、半醉的狀態，在領略秋的過程上，是不合適的。（郁達夫《故都的秋》）

小的時候，我也常在作文裡寫類似於「我渴望像一隻雄鷹翱翔在藍天」之類的豪情壯語，長大後每每想起來，都覺得是自己實在矯情得很。因為那個時候，我只是以為：一隻很大很大的鳥，飛得很高很高。直到那一次我在青藏高原親眼見到了雄鷹，我才真正明白了「雄」字的含義，才真正明白了什麼叫「翱翔」，才真正體會到了什麼叫作「渴

望」，因為在仰望雄鷹的時候，我不自覺地張開了雙臂。

紙上得來終覺淺。行走，行走；不走，是不行的。你沒去過和高郵一樣的南方水鄉，你是讀不懂《故鄉人》的；你沒去過新疆，你是讀不懂《葡萄的精靈》的；同樣，你沒見過杜鵑花，你怎能描寫花映山紅？你沒遊過蘇州園林，你怎能描寫曲徑通幽？

作家需要采風。所謂「采風」，無非就是「行走」。熟悉的地方沒有風景，我們需要走進陌生的地方，走進別樣的風情。行走中所獲得的所有「不同」，那叫豐富；而你也必能體會到不變的「相同」，那就是「真諦」了。

哦，對了，也許你要說：我當然想行走，可我沒時間，沒條件。

確乎如此，儘管今人上天下地已非難事，但行走起來，似乎還不如古人方便，抬腳便走。即便你有了錢，有了閒，都未必能買到火車票。

想走，不行。沒關係啦。聽說過一句廣告詞嗎：

「身未動，心已遠。」

其實真的不必非「萬里」不可。身，可小動；而心，必大遠。這就夠了。——這是我的一位學生的外婆告訴我的：

曾經問過外婆：「咱們全家去旅行吧，新疆可是好去處，天山天水天上池。」她用杯子底砸開一隻核桃：「太貴了，散步就好。」

⋯⋯

每天，我都走過家門前相同的小路。今天花開，明天謝；曾經吃掉我手中玉米的小野貓沒有出現；兩位遛狗的老人在為小事爭吵；還有天空中純潔的星星越來越少了。只要用心帶動你的目光，一切都能變成一場旅行，你定能從中體味自然萬象，世態炎涼。

天冷了，再去看外婆，她肯定又開始搗鼓核桃玩了。我新近悟到每時每刻我都能旅行，這旅行有大有小，有形有色，旅行在生活角落，重重疊疊。在外婆深深的眼睛裡，一切，用心去體味它的內涵，何嘗不是

旅行呢？

　　人生短暫，想嘗盡酸甜百味，人心冷暖，想見識斗轉星移，水滴石穿，就請用心旅行。不必阿房宮、日光城、白馬寺、日喀則，即使只是散散步就好。（張忱《散步就好》）

　　如果你真有心，你能注意到一朵野花，惦記著一隻野貓，那你何必遠走，真的，散步就好。

　　接下來的這位同學，她也只不過是走出了房間走出了單元樓門，而已。

　　不經意間的一轉頭，瞥見牆角細碎的紫色。纖小的紫花地丁，就這樣不經意地綻放著。蒲公英也明豔了，稀疏地綴在泥土中，隱藏在草芽間。有一種莫名的感動，為這個隱藏在我身邊的世界中的朗朗生機而感動。原來在我日復一日重複著同樣工作的蒼白的世界的旁邊，還隱藏著一個色彩斑斕的世界。

　　你看那如煙的細柳，未長出濃密的葉子，卻更如煙籠霧繞一般；你看那未開的榆葉梅，頂著滿枝濃粉的骨朵，等待著綻放的時機；你聽那楊花穗墜地的聲音，輕微地，細碎地響著；你聽那魚兒從水中躍起爭食的水花聲，驚起一串微瀾。原來在我一日日倒計時時，這個世界，已經拋下我，繼續前進了。

　　身體走了走，心中明亮了許多。我們累了倦了沒有了動力，我們抱怨這個世界一點都不美好，其實只是因為我們把自己生活的小圈子當作了整個世界。

　　不必拘泥於行走的方式，更不必攀比於行走的距離。有錢人可以飛著走，有閒人可以經常走，而一個心有情趣的人，邁開腿，便是走。史鐵生都能走遍地壇的每一個角落，何況我們呢？

　　除去幾座殿堂我無法進去，除去那座祭壇我不能上去而只能從各個角度張望它，地壇的每一棵樹下我都去過，差不多它的每一米草地上都

有過我的車輪印。無論是什麼季節，什麼天氣，什麼時間，我都在這園子裡呆過。有時候呆一會兒就回家，有時候就呆到滿地上都亮起月光。記不清都是在它的哪些角落裡了。我一連幾小時專心致志地想關於死的事，也以同樣的耐心和方式想過我為什麼要出生。這樣想了好幾年，最後事情終於弄明白了：一個人，出生了，這就不再是一個可以辯論的問題，而只是上帝交給他的一個事實；上帝在交給我們這件事實的時候，已經順便保證了它的結果，所以死是一件不必急於求成的事，死是一個必然會降臨的節日。這樣想過之後我安心多了，眼前的一切不再那麼可怕。比如你起早熬夜準備考試的時候，忽然想起有一個長長的假期在前面等待你，你會不會覺得輕鬆一點？並且慶幸並且感激這樣的安排？（史鐵生《我與地壇》）

怎麼走都可以，關鍵是「且行且思」（在北京四中的校刊《流石》中，就有一個專門的欄目：且行且思）。這是我所謂的「行走」，與一般意義上的「旅遊」和「趕路」的本質區別：不僅是身體在發生位移，更要移情，移思。

所以，要說得專業一些或文雅一些，我願意將我所謂的行走，換做另一個詞：遊學。

清華大學原校長梅貽琦說：「師生猶魚，行動猶游泳，大魚前導，小魚尾隨，從遊既久，其濡染觀摩之效，不求而至，不為而成。」此話意在強調所謂教學，無非教師之示範與學生之模仿。假若置於遊學，其意則更為明顯。有師為導，固然好學；無師自遊，也同樣可學。有時候，一個人的踽踽獨行，反倒更利於體驗，更利於思考，更利於動心動情。

三年前，我曾一個人背包走青海。很久沒有提筆著文的我，一路上手直癢癢，也不管是坐在候車廳門口冰冷的水泥臺階上，還是顛簸在搖搖晃晃的汽車裡，抑或是躺在海拔四千多米的高原草甸，我都在書寫。

六七天的時間，硬是寫完了兩根筆芯，一筆一畫地寫下了四萬多字的《高原紅》（你可以在我的博客上看到）。

其實，對於我們這樣的非職業作家來說，這種書寫，並不是目的，而是使得行走變得更充實更生動更意趣無窮的一種辦法。真正的行走，需要行動的自由和書寫的空間。所以，這也是我們打小就每年一度的全校春遊（秋遊）所不能比擬的。這也就是為什麼同學們所書寫的「遊記」，只能在通篇「零食」、「撲克」、「殺人遊戲」、「集合」的末尾，平添一句「啊，香山的紅葉真美呀」之類的濫情俗調了。

我的學生，基本上都是「行走」的愛好者。他們走過的地方，比我多得多；他們的年紀，也使得他們走出的感覺，比我多得多。在後文裡，有他們的「行走心得」和「寫作心得」，你不妨參看一下。

我以為：走出來的天地，是最寬的。

公路與加油站
——我是怎樣作文的

陳夢嵐

北京四中二〇一二屆，現就讀於美國波士頓塔夫茨大學。
在高中期間，擔任校刊主編，愛寫作，愛文字，更愛旅行。

「讀她的文字能讓人沉靜下來。筆墨的桑林茂盛、幽美，她會挽桂枝編的小籃款款來採擷，借一枝一葉帶你去看身外世界，去品世間人情。當你在怦然心動後感歎語言的無力時，她的娓娓道來又幫你還原了一個個場景和波波折折的心情。體物入微是女孩的特質吧，且行且思是成長的特質吧，這裡記錄的是一顆在不斷走向沉凝與大氣的、渴求美與善的心。」（摘自「流石文學獎」頒獎詞）

再過幾天就是我高中畢業一週年。一年前的這個時候，春風還吹得透毛線衫。我在操場邊的樹蔭下坐著，看著在最後一節體育課上打球的人們，看著看著就莫名其妙地掉了眼淚。複雜的心情中有一味是出門旅行前的那種不安，而且世界這麼大，我甚至還沒有一份兒靠譜的旅行計劃。

事實證明那份不安雖然不可避免卻也難免多心。一年裡我似乎一直在旅行，卻幾乎沒有動筆。倒是比以前能說了，別人問一個問題，我的對答裡多了來自世界各地的談資：一條河能隔開人煙稀少的俄羅斯和邊疆旅遊業發達的內蒙古；一條海峽能隔開上街買藥的青年和臥病在床的母親——直到兩人雙雙去世；而一片汪洋，能隔開駐足在波士頓滿街玉蘭花下出神的我和北京的春天。

為一個專案寫申請時被問到了這樣一個問題：世界上你最喜歡的地方是哪裡？我特地繞開了像紐西蘭、義大利這樣的第一反應，想了想，想到了我在內蒙古玩的時候拍下的一張加油站的照片，於是「加油站」成了我的答案。雖然說那揮之不去的汽油味兒簡直就是之後暈車的導火索，到處張貼著的「小心爆炸」標識讓人打電話時總有一種不安，而解決個人問題的地方通常都是不堪入目的水準，在我心中加油站仍然代表著什麼：它們代表著可能性，它們永遠不可能是終點，所有在加油站落腳的人，都要繼續走下去。到美國後我在一家加油站看到了一個彩票推廣廣告，廣告上說：你真正贏得的是暢行無阻的自由。至今這還是我見過的最到位的廣告。

　　加油站代表的這種可能性蔓延在它守候的這條公路上。公路上的旅人們剛剛離開了家，丟下了家裡的懶散和閉塞，即便這是被迫的。從前閉著眼睛都能從廚房摸到主臥的衛生間，如今一個不小心就會錯過出口。當公路上再沒有了像國貿這些熟悉的建築，每一個起伏的山丘、每一群飛馳而過的駿馬甚至是每一叢相對更繁茂的青草都成了標誌物。對於我這種雖然拿了駕照卻仍然不敢開車的人，沒法兒享受在天和地之間飆車的快感，就只能歪在後座，看著車穿行在雲朵的陰影裡，車裡的光線忽明忽暗，剛剛抓的蛐蛐兒又一次想爬出裝它的礦泉水瓶未遂，從瓶口摔了下來，驚動了我的手心。

　　這種敏感而充滿遐想的狀態一直持續到旅人們抵達他們的目的地——好像一到既定的終點，旅途就結束了。旅人們舉起相機拍下面前的這片雅丹，因為景區導覽上說它像一隊壯觀的戰艦。導遊開始喋喋不休，蓋過了風穿過雅丹的聲音和剛剛在內心萌發的蒼涼。旅人們完成了從城裡人到遊客這一身份的轉變，一切都已經回歸正軌，只差做好自己分內的事兒。

　　可是這不是旅行。氣勢磅　的風景前有一個笑容燦爛的我，下次帶朋友來的是一個滔滔不絕的我，這些都是意料之中的事情，這

些事情這一片雅丹可以給所有在這裡下了旅遊大巴的遊客。更有意思的是那些意料之外的事情：有什麼是這一片雅丹只能給此刻的我的？我受到了哪些啟發，又勾起了心中的哪些經歷？這啟發會化成一股衝動讓我想用自己的方式親近這些夕陽下血紅色的石頭嗎？旅行中的人應該處於一種歡迎一切意料之中和意料之外的狀態，處於一種不知道自己要的是什麼的狀態。一年來我發現自己越發反感一口咬定的人們，即便不反感，也難免有些質疑。基於自己的過去或是自己有限認知的草率定論，如何敵得過變故和無奇不有的世界呢？與其一心一意，倒不如尋尋覓覓，這就是旅人——尤其是年輕的旅人——特有的濫情。這尋尋覓覓讓年輕的旅人們天真可愛，而讓衰老的旅人們永遠年輕。

所以旅行能夠給人的素材是兩方面的。一方面，它可以外化成談資，外化成明信片，外化成簡歷中的一條。另一方面，它又可以內化成一小塊拼圖，拼在我們心裡那個微縮版世界拼圖上。春天正午的時候，新奧爾良的陽光透過彩色玻璃窗照進來，打在教堂的石頭地上，這妙不可言的一幕被我留在了相機裡。

而生活在卡特琳娜颶風受災地的那幾天，我切實地感受到重建之路的漫長：街區裡還有零星坍塌的房屋凌亂的後院，而扛著梯子過路口時，仍有開車經過的黑人用濃重的南方口音謾　著，質問著為什麼他的房子仍然得不到修繕。旅人們在看也在聽，在行走也在感受。

我仍然在問我自己：為什麼一年幾乎沒有再動筆。今年新年的時候我留下了這樣一句話：永遠追求更大的手筆，讓小打小鬧見鬼去吧。離開校園半年以後我終於鼓起了自己的野心。在校園裡的時候，每一次生活中的小波瀾都能讓人感慨萬分：我想記下這些感慨，我想把這些感慨公之於眾，告訴大家我的生活是如此精彩。只是沒有被記下的日子有多平淡，我倒幾乎不記得了。對於那時的

我，寫作是把一個巔峰定格在那裡，然後讓它的陰影覆蓋它腳下的土地。

四月的一天去波士頓交響樂團聽音樂會，路上和同行聊天就說到畢業後考研的事情。我突然意識到經過實習、考研、讀博這麼一折騰，距離下一次真正的回家時間不會短，長則十年或更多。真正的回家是什麼？就是不想過去，也不想未來，完全地放鬆，在沒有多餘的可能性的生活狀態下放下了戒備。或許那時，我又能寫些什麼了。我將不避諱迷惘，我當然也會寫希望。

而現在我還要繼續這剛剛開始的旅行。我不再急於表達了，因為所有的想法產生了都還在生長，都還有可能生長——這樣一種狀態讓我迷惘。我猜這和開著車跑在公路上是很像的：遇見每個加油站，能歇歇腳，補給補給，解決些個人問題，這自然是欣喜的。但是沒有一座加油站會贏得達到終點般的欣喜，因為前方還有路，還有不知道要走多久的路。然而在向著未知終點進發的路上，我專注地開著車，也因此常常走神看一看河邊吃著青草的牛羊。

以北歐為名的美好

陳夢嵐

　　一望無際而又沉默的海，空茫遼闊的雪景，綿延的深綠色森林，宛若破碎的寶石般晶瑩的湖泊，山頂處精緻的木屋，古老肅穆的石頭教堂，炫目的極光……幾乎滿足了所有人對於夢幻的想像。

　　這裡是童話的故鄉。

　　我想，沒看過童話的童年，一定是不完整的。

　　「在海的遠處，水是那麼藍，像最美麗的矢車菊花瓣，同時又是那麼清，像最明亮的玻璃。然而它是很深很深，深得任何錨鏈都達不到底。要想從海底一直達到水面，必須有許多許多教堂尖塔一個接著一個地連起來才成。海底的人就住在這下面。」還記得嗎，《海的女兒》的開頭。安徒生用如此細膩的手法，描繪著那片海。於是至今我仍對於蔚藍色的大海，懷著最天真的憧憬。

　　「當我還是一隻醜小鴨的時候，我做夢也沒有想到會有這麼的幸福！」還記得嗎，《醜小鴨》的結尾。那只已經變成天鵝的醜小鴨，在心底這樣 喊著。

　　童話裡美麗的公主、勇敢的王子、善良的精靈、古怪的女巫以及惡毒的後母，構築了童年的一方天空。

　　後來我長大了，已經不再相信很多事了。

　　我知道世界上沒有聖誕老人，也知道晚上不乖乖睡覺其實不會

有大灰狼把我抓走。但我選擇執拗地相信童話。

我相信一定有夢想的 Neverland；我相信灰姑娘是可以靠自己的努力變得光彩熠熠；我相信夜晚的夢來自某個仙境；我相信有用糖果、巧克力和華夫餅乾搭建的房子；我相信真愛之吻也可以喚醒沉睡的心靈。

或許因為我的成長，我與童話已經漸行漸遠。但是它依然美好。

後來我去了北歐。

去了斯德哥爾摩。那裡是《尼爾斯騎鵝旅行記》誕生的地方，也是長襪子皮皮的故鄉。六月坡公園是斯德哥爾摩小人國。

去了哥本哈根。去看海邊的美人魚雕塑，到市政廳廣場探尋賣火柴的小女孩的腳步。

去了歐登塞。那裡是安徒生的故鄉，是不折不扣的童話世界。

我愛北歐的天，藍得像海；我愛北歐的海，藍得像天。經常在視線的最末端，天和海就融在了一起。北歐安靜恬淡，宛若處子。這裡可以捕捉到一切細小的聲音——風吹碎海面，鳥離開樹枝，甚至是花開的聲音。

就像在童話書裡的插圖一樣。

我想，也許只有在這片土地上，才開得出那樣純淨的童話之花吧！

每一塊土地，都有自己的性格。

寫一方水土，就得寫出它的性格來。

陳夢嵐同學以為，北歐的土地，當屬於童話。

我們都是讀著丹麥的童話，長大起來的。北歐的那方水土，是怎樣孕育出了那麼多絕美的童話故事？陳夢嵐同學通過自己的

北歐行走，得到了自己的答案。

這是行走的最高意義。

她說：「沒看過童話的童年，一定是不完整的。」同樣，沒有童話的土地，也是不完整的。「北歐的天，藍得像海；北歐的海，藍得像天。經常在視線的最末端，天和海就融在了一起。」北歐，本身就是一部童話呀！

如果你喜歡童話，就去北歐走走；如果你喜歡三毛，就去沙漠走走；如果你喜歡英雄，就去邊關走走……

行走過，是會不一樣的。

黃春

走過那條槐蔭路

陳夢嵐

　　我家在那個路口的西南角，學校在那個路口的東北角。過了馬路一直到學校所在的社區門口，有一條一百米長的槐蔭路。這是我最愛走的一條路。

　　我走了三年、愛了三年的槐蔭路。

　　我最愛早晨那趟行走。從家出來，是七點左右。我不戴眼鏡眯著眼看東方的晨光──我的新一天開始了。到了路口，我邊邁下人行道邊張望兩側的燈，哪邊綠、還將綠上一陣，我鑽進我的槐蔭路。這路之所以成蔭，便是因為路兩旁都種了一排細枝碎葉的槐樹。槐樹的樹冠越長越大，漸漸的，便遮天蔽日了。

　　我在路的一年四季中走過。初春，我會一直抬著頭，掃過一枝一枝的像新生兒皮膚般潤而褶皺的葉芽。盛夏，蔭下彌漫著閃著金粉的綠光，我扭過頭，第一縷陽光照在學校圍欄上攀附著的爬山虎上，平添了一叢叢搖曳的斑駁的樹影。這時，我會偷著抓一縷陽光，然後欣喜地笑出聲來。刮著秋風的早晨，陽光有一種厚重感，我有意踩過一堆堆乾枯凋落的樹葉，似乎只有它們能落腳；金黃的小槐葉，像碎了的太陽。冬天的再晚些時候，我出門那會兒還什麼也看不見。我小心翼翼地踩著雪，走向路盡頭的那盞孤燈──那是班車下車點的燈。

初中走了三年，我看的都是路，路上的景，從未向右邊，穿過爬山虎，向學校裡張望過，直到開學前幾天，我路過那裡，偶然看見操場上，幾個五顏六色的方陣——國慶練隊——一群穿著黃衣藍褲的孩子、巡視的班主任，我的心中忽地升起一種失落感。我還在傻傻地等開學，可開學後，我不會再行走於這條路了。那些白光照射點與槐葉顏色的變遷，都將不屬於我，我再也不是那些穿著黃藍校服從四面八方向這裡會聚的孩子中的一員……

曾經，我是主人，我只當是從臥房，走一段這醉人的槐蔭路，到我的書房去罷了。

今日，我是過客。我只能走過這條路，卻不再擁有；我只能從柵欄向書裡張望，望塑膠跑道、望松柏桃花，望鋪了一操場的未踐踏過的白雪啊——我已無權將它捧起，打在一個個最親愛的人的背上。

當我望著這一切，我不能駐足，只能走過。在北京城的西邊，還有一棵更大、更廣闊的槐樹，一條未知的、更幽遠的槐蔭路。

又將是一個三年呀……在另一條槐蔭路上，流年攜卷著我匆匆走過。

愛滿世界旅行的陳夢嵐同學，也會對一條每天要走的上學路，如此眷戀。這才是真正的行者，她的路，不僅在遠方，也在腳下。

寫一條上學之路，很多人在小學初中都寫過的。很多人寫上學路上風景很好，上學路上有好夥伴相陪，上學路上扶老大爺過馬路……可是在陳夢嵐同學的眼書裡，上學的路，因為距離很短，被她看作是「從臥房，走一段這醉人的槐蔭路，到我的書房去」。這學校，儼然就是家的一部分了。還有啊，會把學校

比作「書房」的孩子，應該是很愛很愛學習（至少很愛很愛讀書）的了。這樣的學子，才會視上學之路為「醉人的槐蔭路」。所謂景語皆情語嘛！

書寫對一條路的眷戀，也不新奇。本文特別的是在文章末尾，作者並沒有照例表達一下依依不捨之情，相反，她很淡然地說「我不能駐足，只能走過」，因為初中結束，還有高中，「在另一條槐蔭路上，流年攜卷著我匆匆走過」。

如此一來，那條槐蔭路之所以醉人，正因為它載著我，走過一個又一個的求學的時代。

槐蔭之美，到底還是美在積極人生。

黃春

行者不休
——我是怎樣作文的

于松喬

北京四中二〇一二屆，現就讀於哈爾濱工業大學。
擔任過北京中學生通訊社總社社長；參加中國網球公開賽採訪團，
採訪李娜、德約科維奇和沃茲尼亞奇等球星；參加世博採訪團並任小組長，
採訪巴西大使、紐西蘭大使；採訪著名作家史鐵生；創辦四中記者站，
擔任四中團報《訊報》學生主編……總之，愛交流，愛寫作。

其實作為一個高中生，想要出去走走不算容易。一段說走就走的旅行對於這個年齡段的我們來說有些奢侈。一方面課業負擔不輕，我們很難從密不透風的時間表中找到一片足以承載這個願望的空間。另一方面，我們很難說服父母甚至是自己去進行這樣一段近乎和「玩」畫等號的旅行，因為這件事情的收益和做「王後雄」、「五三」試題比起來不那麼直接。

不過，一件事情對人的價值並不是從它好不好實施來判斷的，並且個人認為，語文寫作就是在積纍點點滴滴的看似無用的事情，如思考和閱讀「閒書」中得以慢慢提高。行走，就是這樣一件事。

現在我們的生活過於追求一種秩序，一種原則，很多事情不允許模糊。可能很多人會問如果要行走，那麼我們要去哪裡，要帶上什麼。

不過行走的意義其實不在於你去了哪裡，帶上什麼，更在於「出門」這個動作。只要你出門了，那接下來的大千世界就都呈現在你的眼底，至於真正去觀察什麼，就看你當時心情如何，或者人生思考的鳳求是什麼，這些都是因人因時而異的。也就是說，不是那些掛著 4A 級景區牌子的地方才是我們的目的地。我們是在行走的過程當中去解答自己對生活的疑問，至於哪裡的哪片景致給了我

們答案，就看自己的造化了。但是行萬里路之後通達的機會也就大了許多，所謂「為者常成，行者常至」就是這個意思。

行走和寫作有著效果上的一致。首先，行走能夠幫助獲得寫作靈感。

寫作的過程，就是逼迫學生們去想一些關於生活或者人生的問題，去看究竟是誰有更精妙的解答。而我們平時兩點一線的生活和高速的步調把我們置身於一個隱形的隧道當中，我們對身邊發生的一切來不及反應，漸漸地就變得漠然，更別說之後的思考了。而出去行走就是逼迫自己去觀察，去思考，去對這個我們生活的世界有反應。所謂寫作靈感，就是思考出來的想法和認識，如果通過行走有了更多的想法，那麼無疑就是擁有了更多的寫作靈感。

我們高一的寒假遊學去了武夷山，之前我對山居生活總是不甚理解，只是記住了老師說的居世希望出世，但是具體為什麼有這樣的渴望我是不得而知的。在那次的遊學當中，我看到了山間空地用石頭圍個圈就當個茶僚，與自然無限的接近，人和環境的界限，對空間的定義原來都是看自己的胸懷有多大，無怪乎劉伶會說：「我以天地為棟宇，屋室為褌衣。」我還看到了文章中的「岸芷汀蘭」，沙洲的蘭花邊獨立著個梳理毛髮的小鶴，我才意識到了原來生活可以如此愜意，人類作為自然的一部分，也該順應自然的發展規律，不要急於求成，一切都在自然而然之中。在之後的寫作當中，我用到了幾次這樣的思想，成果還算不錯。所以一旦我們在旅行中找到了一些問題的答案，當我們再回到教室進行寫作的時候，就有更多相對成熟的靈感，可以拿來解釋題目當中的問題。

其次，行走的過程可以積累不錯的寫作素材。

平時我們寫作的時候有很多同學覺得沒有素材，其實就是沒有一個多彩的生活和善於觀察的眼睛。巧婦難為無米之炊，沒有素材的寫作一定乾癟，沒有生活的寫作也不接地氣，有淪為玄學的嫌

疑。而最好的素材當然是自己身邊的生活或者自己親眼見到的景色和故事，這樣的文章讓人讀起來更誠懇也更親切。從行走當中獲得的素材就恰是這種。

正如前文所說，行走並不在於去了哪裡，只要帶著一顆好奇的心，就一定會有收穫。記得一次美術課，老師帶著全班同學去北海賞春，一部分同學抱怨作業繁重，甚至拿著練習冊去，還有一些假裝文藝拿著一本散文書去彰顯氣質，但是真的寫作好的同學兩手空空，步履悠閒，舉目四望，神情怡然。在她以後的範文中，果然把此行寫入，而且我們驚奇地發現很多當時沒有發現的細節，在她的筆下卻變得如此美麗。

在《目送》的序言書裡說道：「相機，原來不那麼重要，它只不過是我心的批註，眼的旁白。於是把相機放進走路的背包書裡，隨時取出，作『看見此花』的心筆記。每一個被我『看見』的瞬間那，都被我採下，而採下的每一個當時，我都感受到一種美的逼迫，因為每一個當時，都稍縱即逝；稍縱，即逝。」我們的語文老師最愛和我們說的一句話就是「慢慢走，欣賞」。在行走的時候留給時間去思考，去建立心靈和外界的聯繫，才能記住。「看到」和「看見」是有區別的，而只有真正被我們看見的東西才會走進我們心裡面，將來成為我們可以運用的素材。儒學大師王陽明曾說：「你未看此花時，此花與汝同歸於寂；你來看此花時，則此花顏色一時明白起來，便知此花不在你的心外。」我們要做的就是對風景「明白」，而後將美請進我們的心裡。

當然，寫作素材是需要積纍的。在一天的勞累尋覓之後，把自己觀察到的景色人事拿筆記錄下來供以後再看。最及時的記錄能提供最深入的思考和相對最全面清晰的描述，到真正需要寫作運用的時候，才可以很容易地調動起來。

最後要說，行走，本身就不是一件可以省心的事。在《泰囧》

之後掀起泰國旅遊熱，《北京遇上西雅圖》之後大家都湧向西雅圖。人們趨之若鶩，但是到的所有地方看到的都是別人準備好的風景，旅遊攻略書裡寫的都是他們期望遊客得到的感受，即使最後果真看到了電影當中的風景，得到了攻略當中的感受，充其量也只是參演了他們計劃好的一場大戲。至於人生的理解、寫作素材的積纍，靠這種近乎知識式的背誦，是永遠提升不了的。多總結屬於自己的行走心得，發現屬於自己的景致才是正道。

屬於自己的景色需要自己去發現，屬於自己的問題需要自己去解答。行者，是因為不休所以常至，一直在路上，一直尋找，一直思考，寫作水準就會漸漸提高。

帶上心去走走

于松喬

　　我有個幾乎所有同齡人都有的夢想：環遊世界。我想跟著三毛的腳步去欣賞撒哈拉的夜，去看加那利群島的夢書裡花；我想去惠特曼奔跑過的堪薩斯草原跑上那麼一通，去坐在梭羅坐過的瓦爾登湖畔吹吹風。可只是這樣走走，我的世界就一定會博大嗎？

　　我曾隨著眾人擁擠地來到泰山極頂，在啟明星閃耀的那個方向踮著腳，隔過人頭去等那意料之中的日出。之後揉著惺忪的睡眼下山，奔向下一個景點。這樣的旅遊不僅讓人身心俱疲，也絲毫沒有想像中的感動，因為你看到的和旅遊指南上期望所有人看到的完全一樣，甚至還沒有《國家地理》上照得那般精妙。這旅遊僅僅變成了獵奇，慌亂地在各處留下了腳印，之後轉身離去。我的全世界，在這樣的行走之後歸然不動。

　　也許「走」本身並非旅行的真諦，帶上的那顆心，才是通往新世界的金鑰匙。

　　那一年，我讀過《黑白蘇州》和《白髮蘇州》之後再遊蘇州，我沒有去拙政園，也沒有去胥門。我只是想在路上走走，讓吳儂軟語飄進我的心裡去將我長了老繭的心柔化，去看看黑白到底是不是這蘇州的魂靈，看看這蘇州到底有沒有余秋雨說的「鶴髮童顏」。起初我還為錯過了那些鼎鼎大名的景點而惴惴不安，可後來我逐漸

意識到，這裡城市的精魂和皇城北京不同的地方絕不僅僅集中表現在劍池、拙政園，而是在每個人的生活態度之中。到了這裡，你才會真切地了解到為什麼這裡會舉全城之力徵集「最美媽媽」的雕塑，才會了解是什麼動力讓吳菊萍一躍接住墜樓的孩子，因為這個城市有著柔美的剛烈，有著街坊間的親昵。是這些，拓寬了我的世界。

其實擁有一顆敏感的心，在哪裡不是行走？不是旅途？像余秋雨的《行者無疆》中所說，行者無疆，不僅是萬水千山走遍，更是一種心態。

是電影中提醒了我：平時我們在新世界底下亟亟奔走，卻不知「新世界上面，北京的小夜晚有多夢幻」。是那次十點下了晚自習回宿舍，看見一輛輛泔水車，我沒有掩鼻，而是心生一種不可名狀的感動：是什麼讓我們這個城市在朝陽初升時換上了一副光鮮亮麗的面貌？是那個華燈初上就沒入下水道檢修的維修工，是在我們要躺下睡覺整個城市進入夢鄉的時候那一隊隊的修路工。我們享受的所有安逸，包括我們有機會坐在教室書裡念書，都不像它表面上看見的那麼簡單和理所應當，都是有著無數人在努力默默付出著。

人生如逆旅，我亦是行人。其實只要懷著一顆敏感的心，每一步都能將生活的疆域拓展。

去走走吧，帶上心。

在我的印象書裡，于松喬同學絕不是一個會玩文字的孩子。他是個理科生，但和幾個文科女生混得很熟。也許是這個，使他沾了點兒文氣兒。慢慢的，他也能愛上行走，還知道帶上心行走。不像別的理科男，出門只知道帶相機、手機、遊戲機。他還知道，行者無疆，只要「擁有一顆敏感的心，在哪裡不是行走？不是旅途」？

很多人會說自己「愛好旅遊」，但是，我也相信很多人所謂的「旅遊」，和我所說的「行走」，內涵和外延都不盡相同。沒有哪個旅遊團（者）會走在深夜的街道上，被一輛輛泔水車深深感動；也沒有人會在自己睡下的時候惦念著還有人正走在路上。

所以，從行走中獲取寫作的素材，和一般的旅遊札記，完全是兩碼事兒。

旅遊，重在欣賞和記錄；行走，重在體驗和感悟。

記憶中，於松喬同學在幾次「行走」之後，寫出的文章，給人的感覺便明顯的不一樣了呢。你也可以。

黃春

聆聽美麗

朱思澄

北京四中二〇一三屆，現考取香港浸會大學。

我是一個還算文藝的理科生。儘管我愛數學、有條理清晰的理性思維，但我也愛生活，喜歡在周末清晨七點淋著綿密的細雨去逛一圈寧謐的後海，看看盛開的荷花或亮著光的荷葉；喜歡在教學樓四層探出視窗看操場上奔跑的學弟學妹，聽他們那有著無限活力的響亮的說話聲；喜歡在高三苦中作樂地用各種彩色的膠條裝飾各科厚厚的講義；也愛聽音樂，愛跑步，愛聞普洱舊舊的味道，愛吃好吃的。我愛生活，所以我享受生活。

　　我見過一個孩子，她沒見過我。她看不見。她說：「可是我還聽得見啊！而且我聽力比你們都好！」她說這句話時，臉上的笑特別驕傲。那時她七歲。

　　聽，我們差點都忘了。現在的我們，聽著 MP3，快步穿過一條又一條街道；現在的我們，對父母的嘮叨、老師的提醒充耳不聞；現在的我們，已經不會聆聽了。

　　一個「五一」，我隨父母去江南遊玩。不巧，剛到的幾天一直在下雨。我們只能悶在房間書裡，無聊地看電視、睡覺。我閉眼躺在床上，莫名的煩悶。窗是開著的，一陣陣曉風吹來，一股股江南水鄉的氣息也隨之撲面。我好像還聽到了，雨水打在滑亮的石地上「滴滴答答」，偶有冒雨出行的小船「嘩嘩」的劃槳聲，甚至還能聽到撐傘的姑娘經過時脆脆的高跟鞋聲⋯⋯嗯，還有細雨中尤顯悠揚的叫賣聲，賣的應該是南方特有的水果。細細聽來，似乎還有來不及避雨的小雀喳喳的啼叫。

　　這樣聽來，雨中的江南是最美的，最有韻味的。忽然來了興致，跐上一雙鞋，帶上一把傘，我便衝入了雨中。於是又有了雨打在傘上的「劈啪」聲。就這樣漫無目的地走著，聽著江南的雨。江

南的雨是一曲輕柔玲瓏的琵琶，古典淡雅。

當然，北京也存在著不同的聲音，不同的美麗。一個秋高氣爽的上午，我們去郊區爬山。攀上頂峰後，坐在山頂的亭子中，愜意地閉目養神。一陣「嗡嗡」聲由遠及近，又遠了，應是尋找秋菊的蜜蜂；一陣「嘩嘩」的輕響，幾聲摩擦，似是未落的樹葉又熬過了一陣秋風；突然有「嚓嚓」幾聲脆響伴著笑聲而來，是沿山路走上來的孩子們在枯葉堆上打成一片了。

閉上眼睛，讓耳朵去聆聽美麗，感受美麗，果然也是一種好方法。聆聽，總會讓人感受到意外的美麗。聆聽是伴隨著想像的，比如風的聲音，你聽到過嗎？春風是「嗡嗡」的，總有被吹亂「航線」的小蟲；夏風是「嘩嘩」的，葉子正茂密；秋風總是夾雜著輕細的「啪」、「啪」，一聲接一聲，是枯葉從樹枝上折斷落下的聲音；冬風總「呼呼」地吹個不停，好像寒冷從不停歇。

當時只馬不停蹄地前行，我們也忘了、放棄了最初最原始的美好。當眼前越來越繁華、繚亂，我們就自然地忘記了聆聽，忘記了拋棄表面的繁複，直接去「看」、去接觸本質。聆聽美麗，用心去感受美麗。

當你想要尋找美麗，別忘了聆聽。

朱思澄同學見到了一個盲童，也許是在志願者活動時，也許是在某段旅途中，無論如何，應該都是她「行走」的收穫。她收穫到了一個人生的啟迪：我們的耳朵呢？

她又在另一次江南行走中，「聽」見了雨。她覺得江南的雨「是一曲輕柔玲瓏的琵琶，古典淡雅」。因為她雖關在屋書裡，卻知道打開耳朵。

她又行走在北京的郊外，「聽」見了秋之聲。在並沒有太多視

覺享受的北國的山谷書裡，她打開耳朵，自然的清脆和孩童的天真，爛漫在一起。

有人說，上帝關上了你的一扇門，一定會為你打開另一扇窗。說的就是這個道理。習慣了用眼，過於依賴了眼睛，人的耳朵就退化了；因而，很多人對世界的欣賞，便少了好多「窗戶」。一個常常行走的人，更能有這樣深切的體會和感慨吧！

黃春

走一走

張程

北京四中二〇一二屆，現就讀於北京大學。
高中期間，以考場才女著稱，曾獲北京四中「流石文學獎」。「平和，恬淡。
一雙清澈的眼睛，嚮往著每一個單純的小幸福，她在字裡行間的訴說，
如同盛夏清晨裡的露珠：小巧，輕盈，卻裝盛著整個初升的太陽，
映散著耀眼的光芒。她善於講述身邊的點滴，筆尖裡流淌著的是生活的智慧；
她善於捕捉生活中的瞬間，卻無時無刻不傾訴著生命的大義。」
（摘自北京四中「流石文學獎」頒獎詞）

長到十四歲，父母決定讓我去見見世面。

從小便聽說，桂林山水甲天下；從小便聽說，長江寬得站在一邊望不見另一邊。那一年的七月，我懷著惴惴的心跟同學們登上南下的火車。我整天伏在車窗前向外張望，只願一窺長江真容。太陽落了下去，外面換做黑漆漆一團，老師說睡吧，大約凌晨過江。我的願望落了空。

我開始不敢，卻又按捺不住地期盼見那甲天下的山水。那艘遊輪上擠滿了喧鬧的孩子。我站在甲板上，呼吸著廣西那黏滯的空氣，頂著火辣的日頭執著地期待著。然後那無數日曆上印過的「人間仙境」，千篇一律地出現在了耀藍的天空下。我已失掉了審美的耐心，煩躁地看著眼前晃動的、黑壓壓的腦袋。同學叫我下艙裡打牌，我最後看了一眼那甲天下的山水，走下了甲板。

我想，若沒來過，我會以為世界有那麼大；來過了，我便知道世界不過這麼大。

後來在文人們的小說、散文和詩篇中，看到他們旅遊的所見所聞所感，我很羨慕，也很懷疑。我猜是那時我還「小」，不能品味

景中奧妙，不能從奇山大川中領略生命的啟示，發出深長的慨歎。

再後來，我陸續去過一些地方，收穫了加倍的無聊與煩悶。不盡然，偶而我會向著景觀學著書中的樣子感慨，但那些感悟總是隨著景色一起消失，待回到家中獨處，待開始面對現實的重複與無聊時，那些感慨從未再光臨。

走過了一些地方，我的心還是拳頭那麼大，為小事鑽牛角尖。有時我會瞎想，或許世界僅這麼大，因為我的眼睛也只有這麼大。

我向家人說起我的煩悶。他們笑我，笑我心眼小，說我受挫少。他們勸我出去走走，不然就會以為這就是全世界。那樣我終會被瑣事壓垮。

我拒絕了，不信這些。我說我懶，不愛旅遊。

姥爺抓住我的手：「誰讓你旅遊？出去走走而已。」

我們沿著那條我乘車經過無數次，卻從未涉足的田野邊的小路走過很遠。

我們沒有說話。我跟著長輩的步伐，跟著他的呼吸，邊走邊理順了我在山川大河中都沒理順的瑣事。那些真是瑣事，我的世界從書屋變成了田野，在天地間舒展，呼吸。

姥爺說，他有心事就來走走，不需很遠，世界就靜了，也大了。

是我誤解了走的含義。是該出去走走，那才是全世界。

行 走

張　程

　　姥爺喜歡散步。

　　我的姥爺，年逾七十。自退休以來很少得病。他為人沒什麼脾氣，待人很和善。平日在家也愛聽個廣播，琢磨個養生之道。但唯一一個堅持不斷的習慣，就是走，在田間散步。

　　在機場周邊的田地裡，總能捕捉到姥爺的身影。他從社區西牆邊上的小路出發，向南一直走。穿過吳各莊，順著兩排高大的楊樹向前走。翻過一個小土坡，到了溫榆河堤，沿南坡走下去，腳下的路就被他走盡了，只剩綠色的河水在腳邊流淌，野鴨在河中遊蕩。

　　姥爺總是自己走，偶而我跟著他走，但從不跟鄰居的老伯一起走。社區中常年不衰的「老年遊行隊」中，總也覓不到姥爺。偶而碰上了，也熱情的寒暄，然後，他們往北走，姥爺自往南去。

　　我總認為，那些靜謐的小道，藏著姥爺心中的秘密。舅舅自作主張，把原來的老房子賣了，沉默不語的姥爺靜坐了半天。我們都不知道該如何勸他別生氣。他只說：「我，出去走走。」回來時，他面色平和了不少，只說：「反正那房子誰也用不上，賣了也好，免得空著浪費。」大家緊張的心鬆了下來。籠在房頂上的陰雲就這樣「走」散了。

　　我和媽媽向姥爺彙報我的中考成績。姥爺高興地說：「走，跟

我出去走走！」他在前，我在後。他走得比以往快了不少。他沒跟我講一句話，只是順著那些小路走著，背著手。經過楊林道時，他輕快的腳步漸漸慢了下來，漸漸穩了下來。一下一下，腳步聲沉穩有力。我跟著他走，喜悅的心也漸漸沉下來，靜下來。

到最後一棵樹旁，他停下腳步，微笑著，眯著眼看樹梢挑起的一縷縷陽光。我走到他旁邊，他說：「還得踏踏實實，繼續前進啊！」我看著他，點點頭。這是走出來的哲道。

他總說，日子要過得平平常常，平平安安，平平靜靜。姥爺，是對我影響最大的人之一。

他住院的那幾天，我常心煩意亂，覺得少了什麼。空虛，無助。我決定，去走走，邁著步子，向南走去，一直走到溫榆河的岸邊，走到姥爺常常駐足的地方去。

一個人，走著，穿過吳各莊的村路，沿著兩排楊樹。我走著，腳步越發沉穩。心事如流水順著行走的腳，順著這條路，向前向後，散開來去。腳步越發沉穩，看著河中的野鴨，我身邊沒有姥爺，心中卻湧起了新的平靜。

這是走出來的人生哲理。

路上，融著姥爺的生活瑣事，融著他的笑聲，他的歎氣。

現在還有我的，哀傷，禱告，祝福。

我忽然明白了行走的秘密。這是走著，讓心平靜，走著，把心埋入腳下的土裡。

這是，行走的哲理。

讀了這兩篇文章，你是否很羨慕張程同學有這樣一位姥爺呢？你是否也像張程同學一樣，曾經誤解了「出去走走」的意思？是否也誤解了我所謂「行走」的意思？張程同學就曾經誤解了

很長一段時間。她去旅遊，去桂林，去很多地方，卻大失所望，她沒有從旅遊中收穫到書本上所寫的東西，也沒有收穫到父母所期望的東西。

幸而有「姥爺」。「姥爺」的人生智慧，就是「走」出來的。並不是要東西南北，並不是要跋山涉水，而只要是走，就好，哪怕就是一條田間小路。

腳下有路，斯文在茲。

黃春

且行且尋

劉適也

北京四中二〇一二屆，現就讀於美國聖母大學。

因為熱愛生活，所以也就熱愛寫作；因為熱愛生活，所以也就熱衷公益。

我開網店，幫助摩梭女孩銷售手工工藝品，很多年了哦，歡迎你光顧。

行走，是為尋找。

我們終其一生地行走著，是因為我們一直在尋找著。尋找著些什麼？古往今來的哲人們也都對這個問題感到迷茫。有人說：我們在尋找我們想要的。那麼，我們想要的又是什麼？是好的生活、足夠的學識、被人敬畏、被人喜愛？還是金錢、權力和驕傲的資本？我們不知道該回答些什麼，於是行走時跌倒了，沒有到達那個初定的地方，我們之中的一些人再也爬不起來。

我想知道我在找些什麼。

初中畢業同母親在印度洋上一個美麗的小島。那裡有透亮的陽光、豔麗的花朵和碧藍如洗的晴空。母親說著，要帶我去一個花園，說那裡很著名，只不過在比較遠的地方。我們相視一笑，不約而同地說：「走著去。」

記得當時是下午三四點光景，那陽光雖沒了中午的燎人，卻也還是明媚如我和母親的笑容。我們走在海灘上，把腳埋在滾燙的沙子裡，或是浸在清涼的海水中。那片海很安靜，海裡只有幾隻小船，若無其事地在漂著，漂著。海很溫和，只有淺淺的浪拂過沙灘，發出刷刷的聲音。它是藍色的，是那種深深、深深的藍，藍到人的心裡去。它就是那樣廣闊而又平靜地待著，宛如一個安靜的微

笑。

　　我和母親在月牙形的海灘上靜靜走。母親摘一朵白色和粉紅色相間的花，插進頭髮裡。母親的白裙子襯著背後深藍色的海，飄啊飄啊。母親笑著，跟我講她年輕時候的事，講她如何在海邊長大，撿過多少貝殼，在海灘上寫過什麼字、埋藏過多少心事。我看著母親，彷彿看見了當年那個少女，大笑著，奔跑著。我的心裡一陣顫動。「嘩——」海風吹過，心情也變得鹹鹹的了。

　　就這樣走路許久，天色漸暗。我們這才想起此行的目的。一問漁人，那花園我們早已錯過。母親輕歎道，沒有看成，遺憾了。而我並未這樣覺得。我想起那海的顏色，想起母親的樣子，並不覺得沒看到那什麼什麼花園有什麼可在意的。我感到我的心是滿的。那些沿途得到的，雖不是開始的目標，但是也是那樣美好。這便是我所尋找的了。那麼又有什麼可遺憾呢？我擁有海風裡的笑聲和溫暖，這一切的幸福，是那麼足夠了。這便是我想要的啊。我抱著身邊的母親，看到她的嘴角也掛著微笑。

　　那間我明白，我們所追尋的，無非幸福二字。也許在行走與尋找的過程中，我們沒能達成那一個個我們強加給自己的最初的目標，但我們收穫了別的，無論是經驗、友情，還是就一點點的感動，那些其實就是我們最想要的幸福。

　　這些幸福，不用分數計算，也不用元角分衡量，但只有它才是我們最終所要尋找的東西。就這樣行走吧，沿途的幸福有很多，我們一起，且行且尋。

　　將「走路」與「人生」聯繫起來，將「尋找風景」與「探尋生命意義」聯繫起來，這當然是書寫「行走」的最高價值。我們並非沒這樣寫過，而是我們所寫的往往十分相似。比如，借

「行走」寫選擇，寫方向，寫目標，寫勇氣，寫堅持，寫克服困難，寫挑戰自我……我們在很多作文裡，探討了太多的「如何造就成功人生」，但是，我們很容易忽略了一個大問題：何謂成功人生？人生的意義在哪裡？我們找尋也好，堅持也罷，為的是什麼？

這個最大的問題，我們卻常常忘了去思考。劉適也同學的這篇文章，恰恰是「走」出了「人生的意義」：幸福。她和媽媽一起走，走著走著，目標不記得了，或許還走錯路途了，可是這都沒關係，因為她和媽媽走，走著走著，就覺察到「幸福」了，難道這還不夠嗎？

劉適也同學的作文，歷來都有一種關乎人生的大氣象和大格局。這種氣質，不是光靠課堂和書本就能獲得的。你看，她「初中畢業同母親在印度洋上一個美麗的小島」上旅行，多讓人羨慕啊！不過，我知道，旅行，其實很容易，有錢即可；難的是像劉適也同學（和她媽媽）這樣旅行，「我們相視一笑，不約而同地說『走著去』」，這是不容易的。

因為，這樣的行走，讓人思考，催人思考。

黃春

城市行走

羅琪

北京四中二〇一二屆，現就讀於清華大學。

雖然一隻腳已經踏上了實驗室苦工的不歸路，但我是一個會思考的實驗室苦工，不僅有理科的思維，還有人文的情懷。雖然大學裡不再有人強迫你學習語文、寫作文，《大學語文》只是一門虐心的選修課，但我們的一生都已經和語文綁定。這種綁定關係不是強買強賣，而是互惠共生。在它的陪伴下，即使你每天面對的都是枯燥而無趣的滴定，你也能在錐形瓶間發現彩虹。

這是個匆匆的城市，車水馬龍人流如織。細密鼓點般的腳步聲，疾馳的轎車捲起汙濁的風，頻催我們：快點走。我卻獨願時時慢下腳步，以平和自如的步調，行走於此。

那並不一定要用鞋子丈量街道：自行車輪的轉速降下來，公交靠站時完成減速曲線運動，都給我漫步城市的機會。

從家到學校，騎車平均要三十分鐘，街上的人還不太多，學生背著碩大的書包、啃著麵包走向校園；環衛工人橙紅色的制服有朝霞和塵埃共同染過的效果；睡意蒙矓的小店店主正嘩嘩地拉著鐵門。我依次經過碧綠的爬山虎牆、晨光映照下剪影莊嚴的鐘鼓樓和水紋靜謐的湖畔，當然，更多的是灰色樸素的樓房與擁擠漸生的十字路口，交通引導員手中揮動三色或紅色的小旗子。這一段空間還不太大，在全市地圖上畫一畫，只有幾釐米的小小一段，卻印下我許多年的腳印。

在時間之中，行走的意味更為明顯。春天，每一次經過都能發現新的迎春、桃花、丁香吐露芬芳；夏日，五顏六色的衣著更早地為巷子鋪上色彩，我也剛好能迎著初升的紅日、讚歎著樹影之美行走上一小段路；秋時，滿徑黃葉沙沙低語，雀兒站在梢頭更像一枚

俏皮的葉子；冬至，寒風中溫暖枯黃的路燈，會陪我走過很長的路程，裹在厚棉襖中的公車售票員，攏著雙袖的姿勢活像個彩色的泥娃娃，甜笑著。

有點像看攝影展，有點像一齣未經剪輯的電影。一邊行走，一邊觀看。一邊行走，一邊將自己走入這場展演中去。

一些人行走為了到達，一些人行走只是延續出發。大概，我所熱愛著的行走，是為了行走的過程本身。走過那許多公里數，走過四季的枯榮。生命本就是一段行走著的旅程。

會有些累嗎？嗯，要消耗不少能量的，也有時會想停下來歇一會兒。不過，駐足是暫時的，而行走總有繼續的時候。

會厭倦嗎？即使一千次都是別無二樣的那段路，說不定，懷著第一千零一次的期待，每天的行走就會給你一個細微卻美麗的驚喜。

這一程，我平和悠然地走過。狂奔和停滯是偶而的。不急不緩地行走，在精彩的或平實的世界中，我願以這種姿態，迎來每一天的日出，並在夕照中期待下一次新生的朝陽。

羅琪同學是知道老師的意思的，「行走」，未必要萬水千山，未必要南北迢迢；生活，無論哪種形式的生活，其本身便已經是一種「行走」了：上學下學，上班下班，開張打烊……
對於學生而言，每天的上下學，比任何人都更是在「行走」，有目的，有計劃，有路線；於是便可以有風景，有思考，有感悟；還有一天又一天一年又一年的疊加的足跡呢。記得我的同事劉葵老師說：「如果腳印有厚度，那麼，那條路，該被我走成一堵牆了。」說到行走與時間的關係，羅琪同學忽而想起：行走，也未必是在空間裡的位移；人在時間這條橫坐標上的一

天天一年年的歲月更迭，不也是一種「行走」嗎？你看那四季的變化，你看每個人走過孩提，走過年少，走過青壯，走向衰老。

更加難能可貴的，是羅琪同學這樣一個十幾歲的小姑娘，在自己的人生路上，走得這麼從容。因為從容地走著，方能從容地寫作。

黃春

石窟之中

郝可欣

北京四中二〇一二屆，現就讀於對外經濟貿易大學。
寫作是一件很好玩兒的事兒，也是一種莫大的自由。
寫作要求人的感受力和表達力，我覺得我打小這兩種能力就挺強的，
文字和繪畫成為了我人生的兩種最好的表達方式，能這麼寫下去畫下去太幸福了，
太自由了，太好了。

寒假的時候，我與父母一同去越南和柬埔寨旅遊。途中我用相機拍攝出很多我很滿意的照片，有胡志明市的摩托車流，路邊的老婆婆和吳哥窟的日出……我把旅行的意義多半歸結於拍照，經常分不清旅途中愉快的來源是景色本身還是照片。我無時無刻不捧著相機，對那些照片倍感珍惜。

但是在遊覽女王宮的時候相機出了一次事故，儲存卡莫名其妙地損壞，一千多張照片灰飛煙滅不知所蹤。我們試過了所有的救治辦法始終不奏效。

可以想像一下我當時的驚恐和悲傷，彷彿心被扯去一塊，彷彿旅行再也沒有意義和必要。我在女王宮途中折返上車，失聲痛哭，哽咽著對爸媽說，回北京吧；在飯桌上不顧異國人的目光撇下筷子開始抽泣；我把臉埋進手心煎熬著度過一個又一個漫長的車程。誰也不能把我安慰好。

痛失照片後的第二天，我們去柬埔寨的某座石窟遊覽。一座又一座的石窟景觀，讓我記不得每一座的名字，弄混每一座的外形和歷史。但是這些「看來看去無非就是大石頭的東西」讓之後回到北京的我格外想念。

當時情緒低迷，我便開始敷衍這次遊覽。自己也真是多愁善

感，觸景生情又想起了吳哥窟的種種，想起了那些照片。我讓爸媽別管我先走，我一個人就在一堆殘垣斷壁裡坐下。

這是一個由石頭砌成的正方形空間，長寬不足四米，頂已塌陷，壁上鑿空一個「窗」。我坐在一塊橫倒在地上、似乎是已與地表融為一體的石柱上，可以從鑿開的窗裡看到外面廣闊的草地和巨大的植株，可以聞到苔蘚的潮味，似乎也能聽到遠古的迴響。

就這麼坐著，眼淚漸漸被風吹乾，也漸漸進入呆滯的狀態，或許是這居室圍起的空間有一種難以名狀的作用。

我開始細細端詳石柱上殘缺不全的雕刻。繁華的宮殿景象，神氣活現的諸神，赤裸上身的神女，威武的大象和彎著腰的朝拜者……我起身，開始撫摸這些雕刻，想著這些場景和人物都曾那樣光榮、快樂地存在著；那些虔誠的雕刻匠曾經向我手指之下注入了多少炙熱的熱情和使命感，而如今全部是長滿青苔的冰涼和飽受侵蝕的鬆散……

當年，有人像我一樣坐在這裡，或許是一位國王倚靠著這樽石柱飲下一杯酒，混著十二世紀的那輪太陽的醇香？

當年，窗外之景可如這般寧靜？是不是就在那裡，有一列朝拜的隊伍，五體投地地攀爬著陡峭的階梯？

……

無數遠古的遐想在我腦中展開，然後一陣喧囂漸漸低下去，紛亂的幻彩漸漸遠去，一切都失去了……

石窟在時間的激流之中失去了多少呢？

白雲蒼狗，滄海桑田，誰失去了多少，又有誰計算得過來。歷史就是由一段又一段的失去組成。

而這些石頭，這些建築，似乎帶著一種驕傲的神態，在它出生的這幾方土地上進行著，實現著它對自己所承諾的永恆，站立，站立，永遠站立下去……

它所包含的光輝萬象，光榮和恥辱，戰勝和戰敗，嫁娶和死亡，朝拜和祭祀，也帶著一種「永恆」的姿態，驕傲地存在於外人看不見的建築的「內心」中、「細胞」中。幾百年後的我們正在幻想，正在徒勞地窺探，但不知那是石窟的美麗的祕密。

我有些釋然。

就讓我的那些照片，變成我美麗的祕密吧！哪怕有一天把那些取景聚焦和色調全部忘光，我也會記得越南胡志明的那個被摩托車塞滿的傍晚，那些淳樸、黝黑的深眼窩的臉，那個老婆婆往孫子頭髮上塗抹的紅色顏料和 V 字形手勢，那一輪順著吳哥窟寺頂緩緩爬升的太陽⋯⋯

丟照片這件事我想通了。等爸媽回來，我就要給他們一個巨大的微笑。

好像，是這石窟安慰了我？但是，更像是這座石窟以一個老師的身份教會了我要怎樣安慰自己。

我擁抱這一片寂寥和空靈，在石窟之中。

「上車睡覺，下車尿尿；到了景點，抓緊拍照；回到了家，全都忘掉。」這是流傳很廣的一句「旅遊札記」。郝可欣同學也是這麼旅遊的，我也是，你呢？

以前還用膠片照相的時候，常常會為「閉了眼睛」遺恨許久；如今有了數位相機，卻也難保記憶卡不出問題。郝可欣同學關於她的一千多張照片的經歷，我也有，你呢？

從寫作而言，郝可欣同學的「旅行觀念的轉變」，這不是一個太新鮮的話題，很多人這樣寫過。不過，本文的最可貴之處，就在於作者能將這個轉變的過程，寫得如此細膩，寫得如此翔實。正因為此，這種轉變才是真實的，才是能夠引發讀者共鳴

的，才是能觸動他人的記憶和體驗的。

而今，我出門旅行，一般不帶相機，這多半是我自己的徹悟，

不過，也有來自郝可欣同學的這篇文章的教唆和慫恿。

黃春

偶而遠行

李曼褘

北京四中二○一二屆，現就讀於北京外國語大學。
到了大學，由於專業的緣故我總會思考如何學好一門語言。
聽，是語言學習的基礎；說，是鍛鍊思維的過程；讀，是探求文化或知識的最好途
徑；而寫，則是尋找語言精髓與反思自我的必要實踐。
對我而言，正是這寫的過程引起了我靈魂深處最強烈的震顫。

作業寫到得意時，我長舒一口氣，懷著小小的愉悅抿一口熱茶，雙眼凝望著窗外靜謐的夜空。近些日子怕是被壓力與焦慮折騰得有些身心疲憊，尤其是那如無底洞般的迷惘，彷彿是層層的圍牆橫在心房，走出一層便又會撞到新的一層。這令人憂心的事大概是從初二就開始縈繞在我心上，可我漸漸發現，唯一能夠突破迷惘的就是旅行。

旅行之於我，不只為看沿途異域美麗的風景，更是為了在這個大大的世界尋找自己，在一個令我無法想起壓力與焦慮的環境中釋放自己，去思考這個世界之於我的意義。雖說我想得膚淺，但我不能忘記每當踏上回程的飛機時，內心的釋然與輕盈，儘管迷惘還會再次光臨。

那個夏天，我拖著沉沉的旅行箱與空空的背包向海關外的父母揮揮手，踏上了前往倫敦的飛機。當時的我正是十三四歲的年齡，對於外界無限嚮往，充滿熱情，卻又不諳世事，怕陌生環境。或許正是這樣，總時時感到窗外的世界紛繁複雜，充斥著壓力與莫名的恐懼。啊！那時的情景彷彿還似昨日般清晰：是誰行在那攝政街上，望著古老的燈，眼神迷惘；是誰靠在跨越世紀的雕像上，久久凝望著鑽藍的天，默默癡想；是誰，奔跑在不夜城裡，聽著他鄉的

語言，睜大眼睛，卻感傷。為什麼，人的一生只有兩天，一天用來幻想，一天用來迷惘。空背包中只有一桿筆一個本，因為我帶不走異域的空氣、精美的雕像。

但我能帶走我的思考、我的心情，能記錄我的成長。

在英國鄉下，我的心浸在純淨的空氣裡，漸漸明亮起來，小鎮單純甚至單調的生活撫平了我的憂慮，打開了厚重的心門。記得，一個人安靜的時候向窗外望去，總能看到水藍色的空中遊蕩的白雲，聽到風吹樹葉嘩嘩的聲響。再遠處，便是金黃色的麥田，一捆一捆的麥垛躺在大地上，一切都是那麼靜謐深遠。

偶而自己也約上朋友到海邊走走，海風刮得猛烈，海浪一次又一次地拍在岸上，海鳥從天邊飛來，鼓動著翅膀，在海灘上還未站穩腳便又再次飛向遠方。

這些，彷彿亙古以來從未改變。那麼變的是什麼？我可以對麥垛傾訴，對海鳥歌唱，對風吟詩，對樹微笑。那我為什麼不可以以坦誠寬容的心面對世界？世界並不複雜恐怖，複雜恐懼的是我。就像窗內與窗外本是一個世界一樣，只是我將它們分開了。

中考過後，我又陷入了苦惱與哀愁。同時，漫長的夏來臨。燥熱的不只是空氣，還有我的內心。告別同學的傷感，面對未來的迷茫，沒有目標的生活，哪怕只有一天呢，都是種折磨。於是，再次帶上一桿筆一個本，飛過茫茫遼闊的針葉林、雪雨匯成的葉尼塞河，踏上了北國俄羅斯的土地，再次開始一段探索自我的旅程。風拂過聖彼德堡的海面，一個個微小的海浪湧起，像小山尖，又像油畫中突出的色彩。每個浪尖都安然地捧著陽光，點點如星，聚集在一起，歌頌著盛夏光景。

原來生活可以如此美好悠閒。可以一下午在河邊讀書，漫步；可以在興起時去賞芭蕾、看馬戲、聽音樂會；可以在心煩的時候乘上遊輪，寫詩觀景。莫斯科河靜靜地流淌，風兒灌進我的胸膛。河

上的光輝如鑽石般閃亮，這就是我夢中的天堂。這一個月改變了我的生活態度。突然覺得：人應該學會生活而不只是存活，學會在空餘時間去觀察美麗的生活，思考神聖的生命，去與老朋友聚聚，和父母聊天談心，而不是處心積慮地多做一道競賽題，制定無法實現的人生目標。

茶，冷了；可我的心，卻炙熱。我發現，通過旅行，我在漸漸完善自己。

思考產生迷惘，而生活給了我答案。擁抱逝水年華，頓時有種想哭的感覺。明天的生活還要繼續，在迷惘中的我還須不懈地奮鬥、思索、前行。或許，不久的將來，我還會背上一杆筆一個本，繼續遠行。

「背包中只有一杆筆一個本，因為我帶不走異域的空氣、精美的雕像。但我能帶走我的思考、我的心情，能記錄我的成長。」徐志摩說「揮一揮衣袖，不帶走一片雲彩」，那是詩人的浪漫；一般旅行者，都是要帶走一點東西的。個人想帶走的東西大不一樣，什麼最有意義？當然是李曼禕同學所說的「思考」「心情」「成長」。

只有這樣，旅行才能成為人生的驛站。當她再次感受到生活的迷惘時，「於是，再次帶上一杆筆一個本，飛過茫茫遼闊的針葉林、雪雨匯成的葉尼塞河，踏上了北國俄羅斯的土地」。

我帶過李曼禕同學去四川，去臺灣；她自己跟著人文實驗班的同學們下江南，走西口，過敦煌，走中原……她的確是喜歡帶上一杆筆、一個本的。

黃春

旅途，結束之後

康子奇

北京四中二〇一二屆，現就讀於北京理工大學。

是四中激發了我對文學的嚮往與愛，給了我抒懷吟詠、記錄自己心靈旅途的機會。

願諸位學弟學妹在文學、人生的路途上都能昂首前行。精彩旅途，永不結束。

一列火車，我們都是車裡的乘客，列車駛過的，便是我們人生的旅途。誠然，火車的終點未必便是我們旅途的終點，我們這些乘客也未必在同一站下車，但我們終究要和一些人一起度過一段又一段的旅途。

在我拖著行李上車時，車裡已有了一些人，其中有兩個人為我佔了一個座，我很感謝他們，他們什麼都問，好像想讓我待得更舒服。

過了好幾站。

之後，我與這兩個同乘的人沒有話說了，他們太囉唆了，於是我默默地坐著，他們說什麼我也不想聽。在我很無聊時，對面有一個孩子同我打了個招呼。

原來他和我是在同一站上來的，他也有兩個人給他佔座，但和我一樣，一會兒他就不願意跟他們聊天了。於是我們兩個說得很開心。

又過了好幾站。

漸漸的，我發現在別的車廂裡，有更多更多和我聊得來的人。於是，我興沖沖地走向了別的車廂，而那兩個人，似乎話也變少了。我乾脆在別的車廂不回去了，反正行李有那兩個人給我看著，

我只想聊得盡興。

過了兩站。

我發現一個女孩，很可愛，很開朗。漸漸的，我覺得和她說話的感覺同別人不一樣。一問，哈哈，原來她也是這麼覺得的。於是我從那兩個人那裡拿來了我的行李，她也是一樣，我們坐在一起，她說要和我一起坐到頭，真高興。

只是突然想起，從開始時那兩個人手裡接過行李時，他們的眼神裡有一種感覺，有點欣慰，又有點憂傷，說不清楚。哎呀，不管了，反正還會去找他們的。

過了好多站。

她拍拍我的肩膀說，你看，車廂裡好多人，一會兒有個孩子要上來沒地方坐怎麼辦？我們給他占個座吧。我想起我上車時的情景，點了點頭。

過了兩站。

果然有個很可愛的孩子上來了。來吧，我們一起坐。我把他抱過來，有好多事情想跟他聊。問他行李箱沉不沉，有沒有帶一些吃的來，車票保管好了嗎，渴不渴……

每每他認真地看著我的眼睛，回答了我的問題，我都覺得一種很輕很柔和的溫暖在心裡打轉轉。

過了好幾站。

漸漸的，這個小乘客越來越會打理自己的事情了，什麼時候看看風景，什麼時候聽聽音樂，吃飯喝水都不用我們幫忙了。我很高興，但也發現我跟這個小乘客交流起來不像以前那麼順暢了。每當我問他話的時候，他都不看著我，要麼「哦」一下，要麼話也不回，對她也是一樣……反倒是對別的乘客，他好像更有的說。有個小男孩跟他招了一下手，他立馬就跑過去了，倆人一起分享著一個遊戲機。看到他快樂，不知為何，自己雖被冷落，卻仍擋不住心裡那一

點實實在在的喜悅。他回頭也向我招了招手，好像是想到更遠的地方看看。我笑著點了兩下頭，那裡有你的快樂，就去吧。

過了好多好多站。

最開始時幫我占座的那兩個人，找到了我。他們抱歉地說，他們要下車了，不能跟我們一起坐到終點了。我很驚訝，以為他們會一直陪伴著我們。好難過，早知道多陪他們一會兒了，他們好像還說了什麼，沒聽見。目送著他們下了車，我默默不語。那個可愛的孩子也去別的車廂了，一那，我覺得坐在這裡，真沒有意思。

就這樣，過了不知多少站……

累了，疲倦了。偶然掏出我的車票，啊，下站我也要下了……怎麼這麼快？忽然覺得很捨不得，看一眼周圍，原先和我聊天的幾個同乘的朋友，都陸續地下車了，周圍還認識的人真少啊。對了，之前我們幫忙占座的孩子呢？跟他說一聲吧。走到他的車廂，他也拉著一個女孩子的手，很愉快地聊著天。我真高興，他也有了一直陪伴他的朋友。不好意思打破他們的氣氛，我拉著她的手悄悄下了車，只是突然回頭，看到他發現了我們，一臉驚恐，拼命在招手。

怕什麼？好好坐你的車吧，我們會想你的……

旅途好短，不，好長，不……怎麼說呢……

不管列車會開多遠，我終究只能坐那麼幾站。但是，細細回想，開始時那兩個幫我占座的人下車後，我總是覺著，他們依舊在我身邊，陪伴著，祝福著。

也許只有在下車之後才會想，真想再坐一次這趟列車，再真切地體驗一遍，那一種種自然而美麗的情感。但，下了車，就體會不到了嗎？也許已經烙在心底了吧！

總覺得在這樣的詮釋裡，生命是無盡的。一站又一站，一個又一個美好的重複，旅途結束了嗎？沒有，不會的。

這篇文章寫得很好，只是沒被限定在考場裡，於是，一寫就寫長了些。

旅途結束，之後，你會做什麼？補覺？倒時差？整理照片？寫篇遊記分享到博客？

呵呵，康子奇同學的這篇文章，說的可不是這個事情。

他說「火車」、「車站」、「乘客」、「座位」……他說的是人的一生。

「在我拖著行李上車時，車裡已有了一些人，其中有兩個人為我佔了一個座，我很感謝他們，他們什麼都問，好像想讓我待得更舒服。」我們就是這樣來到這個世界的，那迎接我們的兩個人，被喚作「父母」。

然後是自己長大，父母老去——下了車；然後是自己老去——下了車。

人生，就是一場火車旅行，很有意思。

把人生比作火車旅行，這個想法，應該是康子奇同學 COPY 來的；但是，他能將這趟旅行，用自己的理解詮釋得這麼形象且多情，是他自己的功勞。

黃春

不　尋

李心雅

北京四中二〇一三屆，現考取清華大學。
空有一顆嚮往小清新的心，可惜神經大條，性格奔放，臉大肉多，
好一個標準的女漢子。冬天怕冷夏天怕熱，因此對一切戶外運動深惡痛絕。
喜歡做不著調的事，喜歡和別人不一樣，卻過著最正常的生活。
目前最大的目標是養一對羊駝。

你問我要去向何方，我指著大海的方向。

尋找似乎是人類與生俱來的熱愛，山裡的孩子嚮往峻嶺背後蔚藍的浪花，海邊的漁人卻追尋夢中森林的青蔥。可這些美好的憧憬卻往往難以獲得，冰心先生苦苦地盼春尋春，卻每每徒留芬芳已盡春意闌珊的遺憾；宗璞先生渴求體味秋日的韻致，卻在奔波流連中染滿疲倦。最會做夢的文人都在追尋夢的旅途中落敗，又何況我們這些平凡人。夢想大概只能是夢想，就像桃花源，明知在那裡，卻永遠到不了。

然而，人生總是充滿老天善意的玩笑。一日的春光盡在友人小園的海棠花蕊中，不在遠方，不在深谷，在眼前；秋韻也在照例的每日晨跑中邂逅，無須跋山，無須涉水，在身邊。這是怎樣令人懊惱的巧合，最美的風景唾手可得，卻總要兜兜轉轉才發覺。他們用最敏銳的心觀察世界，卻依舊與平凡中的美擦身而過，並非沒有善於發現的眼睛，而是心中有個過於執念的夢想。好似開車的人最難注意路旁的風景，一心一意關注前方的路，便再也分不出一隻眼給那片身邊的美。

人生本不必執著於所謂的夢想，因為它太宏大，像一堵高牆投下暗影，讓一切細微的美好黯然失色。也曾在稿紙上瘋狂地排列字

句，只求一篇精緻的作文，稿紙撕了一張又一張，題目換了一個又一個，可始終是徒勞。當我不得不承認自己的無能為力，卻在某個昏昏欲睡的下午突發奇想，破破爛爛的卷子背面，亂糟糟的字跡掩映著不時的錯字，不管什麼立意，不管怎樣寫法，隨意而為卻滿意而歸。大概是因為放下了，不掛念遙遠的一篇佳作，不執念虛無的唯一，便在平平常常中遇見美好。雖只是一朵野花，卻勝過天涯海角可望而不可即的大片玫瑰，因為我不必嚴陣以待在露水未乾的黎明嚴肅地採擷，我可以笑著體味它的美。

總眺望遠方的山峰，卻錯過轉彎的路口；總尋找大海的盡頭，卻忽略蜿蜒的河流。何必如此執念，放輕鬆，笑著隨意走走。海邊也有油綠的椰林，山林也有清澈的泉。你會發現身邊盡是美好，雖不似夢中的極致，卻始終在你左右從未離開。

「歸來笑拈梅花嗅。」笑了，放下了，平凡即是美好。追尋中錯過的在相守中彌補，奔跑中遺失的在漫步中領悟。不再想大海，花房中醉人的迷香同樣美好，還有位世上最善良的姑娘。

那都是不尋的美。

為什麼要「尋」呢？「不尋」，可不可以？

李心雅同學說：「不僅可以，而且還可能更好。」作者旁徵博引了很多內容——比如冰心的《一日春光》，儘管看似讀書所致，而實際上作者自己也一定是一個常常行走，常常尋找的人，要不然，她怎能對「一日的春光盡在友人小園的海棠花蕊中」體會得這般深切？

我始終相信，閱讀和寫作，是一回事兒；我也越來越願意相信，生活和閱讀，是一回事兒；生活和寫作，也是一回事兒。「為賦新詞強說愁」，是「愁」不遠的；只有自己真的「斷腸」

過，才能對那一樹「枯藤」「昏鴉」，產生閱讀的淋漓之感。

正如作者自己所言：「也曾在稿紙上瘋狂地排列字句，只求一篇精緻的作文，稿紙撕了一張又一張，題目換了一個又一個，可始終是徒勞。」不必去尋「寫法」，不尋，更好。好好地行走，好好地生活，你的作文，也會有「不尋」的美好。

黃春

覓 荷

韓陌

北京四中二〇一三屆，現考取北京理工大學。
喜歡老歌，太極，讀書。我是個安靜的人，
高中住宿期間很多的快樂和感受來源於在校園中漫步。三年來，自己的心境不同，
所見的景致也各異。平實的生活中，我漸漸地感受到了自己的成長。

　　清晨，空氣中還有些濕潤，灼人的陽光還沒有完全灼乾夜裡積澱下的一絲清涼。我的背包裡只裝了一瓶礦泉水，在龍山腳下，輕裝前進。

　　龍山並不險峻，幾年前我還曾跟隨父母驅車上去看荷花。或許那時年齡太小，不太懂得個中意蘊，雖有滿塘盛開的荷花，卻也無心去辨認粉色與紫色的深度，只對悶熱的天氣叫苦。這一次，頭腦中有季羨林筆下「季荷」打的底子，應該可以好好賞味一番。

　　雖然是盛夏，山路上卻沒有什麼陰涼。兩邊時而有些棗樹和籬笆，那是山上的農民種下的。上一次來時，當然沒有這樣細心看過這些樹，更不在意身下是否有樹冠的投影。太陽很快變成了一枚金色的小球，今天萬里無雲。結實的大地上蒸騰起熱氣。水瓶已經空了一半了。

　　還是今年春天的時候，鄰居一位德高望重的老教師對我說：「要是想看荷花，就爬上山去，不要坐車。」我不解，他卻執意勸說。我於是拍著胸脯說：「爬山不是問題，關鍵是看荷花呀。」就這樣，我徒步來了，信心滿懷直向山頂的公園。

　　山路並不完整，有時要走土路。在人們踩出來的路上，我已喝乾了水，上衣濕淋淋的。已經不能再想「若是坐半程車也好」的事

了，只是暗自不平：那未名湖邊的賞荷人大可不必走這些磕磕絆絆的山路吧！那荷花不是照樣引發了極大的驚喜？不過既然走上來了，就索性堅持吧，誰讓我家旁邊沒有那麼一個荷塘呢！

過了正午，我才幾乎「爬」到了公園，見到似曾相識的荷花。我的雙腿又酸又軟，而且喉中乾渴難耐。但終究是見到了！滿塘荷葉，花已經謝了一小半。放眼望去，幾乎看不見水面，油綠的荷葉大片大片地挺在水面上，每片葉子都反射著奪目的油光。上一層是稍淺些的綠色，相比之下，竟有天然形成的層次感。淺綠之間交雜著令人心怡的嫩粉，每片花瓣，粉色彷彿有了重量一般慢慢地細緻地沉澱下來，直至花瓣的根部，有些已將近紫色。被巧妙地遮蓋在一片大荷葉下的花瓣上，竟還凝著極細密的水珠，嵌在那纖弱的絨毛上。葉與花高低錯落有致，可謂自然之妙筆。

我靜靜地沿著荷塘走，在水邊，清爽的空氣亦使我頓時放下了來時的燥熱。

我忽然明白，「季荷」的盛開，寄託著作者多少日夜的相思和期盼！每天站在窗前的祈禱，又傾注著多少難言的心血！荷花的清麗已不僅在花本身，更有其間的一番心思啊！

終於感謝上山時的辛苦，它讓我更深刻地感悟了「季荷」。尋尋覓覓之中，已為最後的結果積澱下感動和珍惜。

「這一次，頭腦中有季羨林筆下『季荷』打的底子，應該可以好好賞味一番。」這簡直就是「讀萬卷書，行萬里路」的絕好例子。並且，比起那些學過〈荷塘月色〉後就到清華園去尋「朱荷」的很多人來，要自然得多。

「要是想看荷花，就爬上山去，不要坐車。」當有人如是勸說的時候，作者並沒有「固執己見」地坐車上山，然後寫一番遺

憾之後悔恨「未聽老人言」的感慨，那樣太俗套。韓陌同學「拍著胸脯說：『爬山不是問題，關鍵是看荷花呀。』就這樣，我徒步來了，信心滿懷直向山頂的公園」。

之後，在真的爬上山去的過程之中，明白了老人的意思。

也是在這趟爬山的行走之後，韓陌同學真正理解了「季荷」。

不走，怎麼行啊！

黃春

走　過

韓希悅

北京四中二〇一三屆，現考取香港大學。
喜歡讀策蘭、曼傑施塔姆、特拉科爾。喜歡他們那些黑色的意象，
喜歡他們留下的緻密的空氣。我寫作更多的是在努力地創造一個對抗失憶的世界，
與重現那些自己所在乎的眼神與氣息。

如果有人問我，北海離四中有多遠，我會告訴他走十分鐘就到。而且，我還會告訴他這個距離比地圖上的幾百米、幾千米都精確。因為它確鑿的在這個空間中發生過、走過。

如果要讓我說出這詩的含義，我更願說：他在春天中認真地走過，所以他找到了春。

如果說照片上的草原是空虛的、苦悶的，那我絕對會同意。當我第一次看到照片中的草原時，那被緊緊鎖進書頁中的綠色失去了一切生機，而那被壓扁成薄板的藍天也退化成了「小朋友」們粗糙而不真實的塗鴉。於是，我對草原的印象自然而然地停留在這乾澀的照片上與北京滿天的黃沙中。

直到我親自邁上草原後，我才終於理解「天蒼蒼，野茫茫，風吹草低見牛羊」的曠遠，才理解「野火燒不盡，春風吹又生」的勃勃生機。我的腳下是青嫩的草，是一根根呼吸著陽光的生命，而遠方飄來的是不羈的馬蹄聲。我感覺整個草原都在努力地生長。一年一年，發芽，生長，枯黃又發芽。這些草的的確確在生長著。

我想起了那些無名的話：「用雙腳丈量祖國的土地。」如果祖國僅限於枯燥的地圖，那麼誰也永遠不會知道祖國有多大。

走過，才會了解，才會發現。

我一直很羨慕策蘭詩中隱晦的意象：「上帝的光環是千萬顆粒的愁苦。」我也嘗試用詩句寫下同樣的一抹灰色，但那總是空虛的。過去，我常常以為這是審美能力上的差異。直到我了解了他的一生，我才明白，這些詩句並不是天才的詩興大發，而是因為策蘭在奧斯威辛的黑暗中，在一個靈魂熄滅的時代中努力地行走著，活著。

　　那千萬顆粒的愁苦正是策蘭在死亡的陰霾中對人性的叩問，更是在父母的屍體前對生的渴求與絕望。他在靈魂的隧道中挖尋著答案，而這便是他的回答。

　　而他在痛苦與絕望中的一個個幻想，一個個不解的謎團終將凝結成詩句——獨自對抗著一個被失憶抹去的時代。

　　只有走過，體會過，努力地活過。也許在前方的蘋果樹下等待著你的，便是生命的綻放。

　　從北海到四中，有多遠？十分鐘的距離。用時間來描述距離，其本身就證明了描述者一定「走過」。很多時候，很多問題，只有走過，才能理解。你走過草原，你才能真讀懂「天蒼蒼，野茫茫」；你走進別人的世界，你才能讀懂別人的話語。

　　記得北京交通廣播電臺有個節目叫「行走天下」，片花裡有段問答：「天下是什麼？」天下，可以是一張地圖，可以是一本故事；天下，可以是雙腳的距離，可以是雙眼的高度；可以是心的寬度，可以是夢的長度；當然，也可以是井口的形狀。

　　走過，你才知道。

　　就好比你現在在翻閱的這本書。我想你應該很容易就會認同我的觀點：「寫作要寫真性情，但是，只有當你真的有了『真性情』，你才能寫出『真性情』來。」甚至，只有當你也有過「真

性情」，你才能理解，何謂「真性情」。

黃春

高山剪影

冀淩波

北京四中二〇一三屆，現考取北京郵電大學。

在陌生人看來，我性格很安靜，但熟識的朋友知道我其實也可以滔滔不絕。看書、畫畫、運動……我的愛好很多，但沒有一樣精通。其中，我讀書的「歷史」最久，從很小的時候就與書為伴，卻是在長大後才明白，與閱讀相比，思考更重要。

說起祖國的名山大川，作為中華兒女的我們總是頗為自豪——巍峨的五嶽，詩情畫意的廬山，九曲溪聲叮咚的武夷山，哪一個不四海揚名，在詩人興致勃發的吟哦中載入萬古詩篇。

可是，在我的心中留下的高山剪影卻沒有它們的風采。真正的「高山」印象鐫刻在我的記憶中，獨特而真實——那是個數九寒天，我們一家回到山區姥姥家走親訪友。大雪下過，父親不知怎的熱情高漲，要帶我走進「無名大山，探究另外一個與眾不同的世界」。就出於這種看似荒謬的目的，我們父女倆真的套上了厚厚的羽絨服，在這樣一個數九寒天裡徒步走進了積雪的山谷——那些不知被世人遺忘了多久，此刻在皚皚白雪的掩蓋下依然沉默的無名的山川。

在雪地裡行走是一件無比艱難的事，但最難熬的還不是在雪坑裡摸爬滾打的疲憊和焦躁，而是面對那些靜默的大山時心中難言的寂寞。孤獨感伴隨著那眼前或灰或白的山的影子悄悄襲來。好不容易到達山谷中央，我深深地吸了一口山谷裡冰涼的空氣，而後仰頭觀望周圍蒼茫的雪野，那在冬日裡銀灰色天空的映襯下唯一凸顯出的，只有山脈跌宕起伏的曲線。這景象實在沒有我期待中的那份輝煌壯麗，或是半點氣勢雄渾，卻只是粗糙、單調而貧乏。我開始懷

疑如此辛苦跋涉的意義，難道只是為了這些啞然無語的大山嗎？我有些許沮喪。

父親彷彿從我失望埋怨的眼神中摸透了我的心思：「你從小到大也遊覽過不少山山水水了吧？今天我們出行的目的，就是來游一遊這些普普通通沒有名氣的大山。你……對它們有什麼印象？」說完，父親細心地把望遠鏡的焦距調好，遞到我手中。鏡片瞬時縮近了我與山谷四壁的距離。我看到了那大雪重壓下隱隱顯現的深綠色的松針——成群的松樹在土壤沙化、岩石裸露的山體上艱難紮根，生命竟然在如此惡劣的氣候條件下都能存活，立於數座高山谷地的我，尚能感受到時時刮過的西北風的冰涼刺骨。我和父親穿越雪地走到對面的那座山下，脫下手套拍拍那冰冷、堅硬如鐵的大石塊，它們生的就像北方的漢子一樣粗獷豪放，有著生硬的線條。這些山石在捍衛著什麼呢？我從山的底部向上仰望——此時此刻心情瞬間改變，我真正領悟到：這是一座真正的高山。

沒有一年四季熙熙攘攘的遊人留下的讚美之詞，只有松林裡築窩的老鴉呱呱的吵鬧聲；沒有風和日麗的天氣和適宜的雨水，只有猛烈的西北風和紛飛的大雪。這些使它們保持沉默，遠離一切美名。歷史上沒有記載下它們的名字，沒有為它們譜寫的詩篇，可是在此刻我的心中，那道灰色天空映襯下分明的山脊，雖然不秀美不夠挺拔高聳，卻成為了真正的高山的剪影：默默無名，不爭功利，卻以一種最堅韌、最剛強的姿態，倔強地挺立在那片它堅守的土地上！

登一座無名小山，也能登出味道來。

冀淩波同學的父親，應該是一位很有意思的大小孩兒。帶著女兒，在一個大雪天，去爬一座無名小山。

我始終強調寫作要寫真性情，其基礎就是寫「真事兒」。你真做過，就寫；真想過，也可以寫；萬不可臨時編造。我相信冀淩波同學真的是在雪中登過山的，因為我也登過，感受出奇的一致：「在雪地裡行走是一件無比艱難的事，但最難熬的還不是在雪坑裡摸爬滾打的疲憊和焦躁，而是面對那些靜默的大山時心中難言的寂寞。」編故事的人，就會大書特書「雪地登山之艱難」，大書特書「摸爬滾打」；其實遠不止這些。「行走」的最大困難，不在路上，而在路旁；沒有風景的路途，最艱難，比如雪天。

冀淩波同學發現了「成群的松樹」，在大雪的覆壓之下，堅強挺立。她想起了歷史上成群的無名英雄，「默默無名，不爭功利，卻以一種最堅韌、最剛強的姿態，倔強地挺立在那片它堅守的土地上」。

容貌不甚分明，唯有剪影。

黃春

雨中‧歸途剪影

張曉陽

北京四中二〇一三屆。
我性格開朗樂觀，喜歡幫助老師和同學。平時我熱衷於各種球類運動，
也喜歡聽音樂、看電影。我最擅長的學科是理綜，尤其對物理感興趣。
在四中的三年我認識了許多友善且具有個性的老師和同學，在四中的生活使我受益終生。
我的夢想是成為一名電子工程師，為祖國的發展貢獻力量，做傑出的中國人。

烏雲一整天都佔領著天空，我的心裡彷彿也一直被遮蔽著，越發煩悶。只想快些放學，快些回家。

鈴響了。我沒有過多滯留，直接騎車上路了。走了一小段，昏暗的天空似乎終於耐不住寂寞，細密的雨點飄了下來。我暗叫不好，早上走得太急，沒來得及拿雨衣，偏偏現在又已經遠離了學校。我想不出別的辦法，只有硬著頭皮往前走，指望雨能早點停，我能早點到家。

可老天爺好像故意同我作對，走到近一半時，雨點漸漸變大，夾在風中砸向我。我頓時感覺涼意從四面八方襲來。我越來越生氣，握緊了車把，倔強地使勁蹬著車。林蔭道上，一對老人走進了我的視線。他們身高相仿，年紀似乎都很大了，共撐著一把傘，沒有十分保暖的衣服。然而他們只是那樣攙扶著彼此，幸福地前進。雖然只在我眼中一閃而過，我卻感覺有一股力量，在漸漸平復我的內心。

走到一個大路口，遇上了紅燈。看著指示燈鮮紅的兩位元數字、街道上川流不息的車輛及我面前大隊的騎車等紅燈的人，我無奈地歎了口氣。忽然，我看到正當前面一個女人手足無措地護著自己買的菜時，旁邊的交通協管員主動站了出來，把她讓進了原本自

己站著的大傘下，而自己則站在外面，任憑風吹雨打。我不再關心紅燈的秒數，而是把注意力放在了那位協管員身上，那樣瘦小的人在那時彷彿真的高大了起來。綠燈亮起，經過他身邊的時候，我給了他一個真誠的微笑。

走過了大半段路，雨勢依然不減。街上像我這樣不打傘、不穿雨衣的人漸漸少了。然而在我經過一個路口時飄進耳畔的一句話震撼了我的心。「寶貝，別管媽媽，你自己打好傘。」我猛然回頭，那是一位母親，騎著車，後座上帶著自己的女兒。一瞬間，我回到了五年前的一個雨天，那時的我坐在父親的車後座上打著傘，也聽到過同樣的話。淚水慢慢湧上眼眶，同雨水混在一起，使我看不清方向……

天黑了，我快到家了，我已不似先前那般騎得很快。到了家門口，我怔住了。在朦朧的路燈下，媽媽打著傘，向著我回家的方向眺望。那一刻，所有的寒意都消散了。

雨下了一整夜，而我的心裡卻只有無限的溫暖。

上學下學的那條路，人人有，天天走，再熟悉不過了。熟悉的不僅是路邊的風景，也是行走的感覺，行走的故事。

張曉陽同學在這條路上的行走，於一個下雨的日子，變得特別起來了。因為有幾個鏡頭，抓住了他的心思，撥動了他的情弦。其一，老伴相扶；其二，協管員讓傘；其三，媽媽讓傘。幾個場景，一個比一個更接近自己的生活，慢慢地和自己相關，直到自己的腦海裡浮現出當年父親相同的一句話來，於是，淚如雨下。

當然，最高潮的部分，還是眼前自己的現實的溫暖：路口，燈下，媽媽，打著傘，翹首以待，等我回家。

題為「剪影」，作者很好地理解了這個詞的含義，抓住一瞬間的場景，進行定格描寫。四個「剪影」，由遠及近，由人及己，串聯在自己回家的路上。

這樣的行走，很是幸福。

黃春

簡　單

單冰清

北京四中二○一二屆，現就讀於北京林業大學。
我是設計類學科的忠實愛好者，對一切融合藝術與科學的產物不具絲毫抵抗力，
享受生活，熱愛觀察身邊的事物，喜歡徒步旅行的感覺，對北海的夕陽有一份執念。
典型的感性女生，內心堅信愛與信念的力量，對探尋未知的未來充滿好奇與希望。

　　我對簡單二字情有獨鍾，這也許和我的性格有關。我愛簡單的黑色線條畫、愛沒有圖案裝飾的純彩毛織物……於我看來，簡單未必意味著沒有內涵，反而更加充滿意味，甚至正是因為簡單才成就了大氣，達到超凡脫俗的境界。

　　這是半年前我去看過一次展覽後才想明白的。我曾一度對日本品牌「無印良品」產生過濃厚興趣。走在商場裡，各種各樣的繁複商品進入眼簾，唯獨無印良品能讓你眼前一亮，清新淡雅，如同一陣清風。於是我不禁好奇起來，這樣一個簡單的日常用品銷售品牌是如何在中國市場上立足的？這次展覽也正解決了我心頭的這一困惑。

　　展區里第一件令我記憶猶新的作品是一卷衛生紙。與平常使用的紙的唯一不同是，它的內紙殼被做成了方形。這個小小的改變讓我覺得非常不可思議，這樣的簡單改造能有效增加它與紙巾筒壁的摩擦力，使人們撕取的不必要紙巾得到減少，從而達到節約的目的。轉而一想，其實這個產品的設計一點也不複雜，它來源於最基本的生活元素，但生活便因此有所不同。一個產品的設計可以是簡單的，但是簡單的設計又流露著不凡，如何用簡化的產品來簡化我們的生活，這是一個好的設計本該擁有的最初出發點。

繼續往前走，迎接我的是一張海報。由一個俯角拍城郊，大地上大面積平鋪著的白雪充盈了整個畫面，成為了整個海報的唯一主角，旁邊矮小的房屋和過往的車輛在它面前都只有當陪襯的份兒。從構圖角度看，這並不盡如人意，哪裡有這主角是蒼茫白雪的？可讀了旁邊附著的「無印理念」，才讓我恍然大悟。

　　這樣大面積的簡單留白是為了保留人們想像的空間，這正體現了無印的設計理念——空。我不禁聯想到它的諸多產品，沒有日期的空白日曆，不加絲毫多餘修飾的筆記本……你會注意到它們大多是以半成品的形式展現在你的眼前，沒有多餘的框框架架，餘下的空白全由你個人去契合填補，或是自由填補日期以滿足自身時間安排的需要，抑或是在自己本子封面隨心所欲地繪畫進行自我的詮釋，但最終目的都是為了融合出屬於自己的獨有物。誰說這樣的簡單理念沒有魅力可言，它不僅能滿足人們最基礎的需要，還能繁衍出世界上最獨一無二的產品。這種設計方式才是活生生的設計，才是如今社會上真正缺少的設計！

　　回過頭你遇見了有法式浪漫奢華情調的大牌，卻不料一轉身撞上了赤裸裸出現在你面前的無印良品，簡單樸實到不加絲毫修飾，如同古羅馬時期的雕塑，簡單平實，卻又透著剛勁，美得天然，美得純粹。它也從不為自己沒有豪華裝扮而不敢見人，反而以自己簡單的面容真誠的性格招來世界的喜愛。它因簡單散發的美，如此大氣，又如此不凡。

　　本文作者借自己的一次參觀展覽的經歷，來寫就作文話題「簡單」。

　　「無印良品」是個日本品牌，在中國也非常著名。它的著名之處，就在於「簡單」：設計簡單，製作也簡單。估摸在他們的

價值觀裡，對美的最高境界的追求，就是「簡單」吧；換而言之，講究的最高境界，就是講究「簡單」。

看一場展覽，對於如今的城裡人來說，已經是一件十分日常的事情了。尤其在北京這樣的大都市裡，每天都有各式各樣的展覽，供我們參觀、欣賞。正在如火如荼地進行著的園博會，就是一個很好的去處啊。藝術的、科技的、歷史的、文化的……各種各樣的博物館，也比比皆是。更好的是，它們很多都免費呢。

因此，主題博物館，專題展覽會，都是我們「行走」的好去處，更何況，還不必走得太遠。

當你走進展覽會，當你近距離地饗餮到大量的實物，你對「無印良品」的「簡單」風格，便頓時會從之前抽象的感性的直覺，提升為具體的理性的思考。

很多之前的複雜的疑團，一下子就會變得「簡單」起來。

黃春

筆尖上的成長　A0900003

筆尖上的成長：名師教你寫作文　卷二　上冊

編　　著　黃春
責任編輯　蔡雅如

發 行 人　林慶彰
總 經 理　梁錦興
總 編 輯　張晏瑞
編 輯 所　萬卷樓圖書股份有限公司
排　　版　菩薩蠻數位文化有限公司
印　　刷　百通科技股份有限公司
封面設計　菩薩蠻數位文化有限公司

出　　版　昌明文化有限公司
桃園市龜山區中原街 32 號
電話　(02)23216565
發　　行　萬卷樓圖書股份有限公司
臺北市羅斯福路二段 41 號 6 樓之 3
電話　(02)23216565
傳真　(02)23218698
電郵　SERVICE@WANJUAN.COM.TW
大陸經銷
廈門外圖臺灣書店有限公司
　　電郵　JKB188@188.COM

ISBN 978-986-94917-3-0
2020 年 4 月初版二刷
2017 年 5 月初版一刷
定價：新臺幣 400 元

如何購買本書：

1. 劃撥購書，請透過以下郵政劃撥帳號：
　帳號：15624015
　戶名：萬卷樓圖書股份有限公司
2. 轉帳購書，請透過以下帳戶
　合作金庫銀行　古亭分行
　戶名：萬卷樓圖書股份有限公司
　帳號：0877717092596
3. 網路購書，請透過萬卷樓網站
　網址 WWW.WANJUAN.COM.TW

大量購書，請直接聯繫我們，將有專人為您
服務。客服：(02)23216565 分機 610

如有缺頁、破損或裝訂錯誤，請寄回更換
版權所有·翻印必究

Copyright©2020 by WanJuanLou Books CO., Ltd.
All Right Reserved　　　　**Printed in Taiwan**

國家圖書館出版品預行編目資料

筆尖上的成長：名師教你寫作文. 卷二 ／ 黃
春編著. -- 初版. -- 桃園市：昌明文化出版；
臺北市：萬卷樓發行, 2017.05
　冊；　公分
ISBN 978-986-94917-3-0(上冊：平裝). --
1.漢語教學 2.作文 3.中等教育
524.313　　　　　　　　　　106008398

本著作物經廈門墨客知識產權代理有限公司代理，由華文出版社有限公司授權萬卷樓
圖書股份有限公司出版、發行中文繁體字版版權。